本书系国家社会科学基金"十三五"规划
2020年度教育学一般课题"类型教育视野下我国高层次
应用型人才培养模式变革研究"的阶段性研究成果。
（项目编号：BJA200106，项目主持人：高明）

职业教育 人才培养模式 改革研究

ZHI YE JIAO YU REN CAI PEI YANG MO SHI
GAI GE YAN JIU

高明 等◎著

辽宁人民出版社

© 高明　等　2024

图书在版编目（CIP）数据

职业教育人才培养模式改革研究 / 高明等著. — 沈
阳：辽宁人民出版社，2024.2
ISBN 978-7-205-10916-5

Ⅰ.①职… Ⅱ.①高… Ⅲ.①职业教育—人才培养—
培养模式—研究—中国 Ⅳ.①G719.2

中国国家版本馆CIP数据核字（2023）第201620号

出版发行：辽宁人民出版社
　　　　　地址：沈阳市和平区十一纬路25号　邮编：110003
　　　　　电话：024-23284321（邮　购）　024-23284324（发行部）
　　　　　传真：024-23284191（发行部）　024-23284304（办公室）
　　　　　http：//www.lnpph.com.cn
印　　刷：辽宁新华印务有限公司
幅面尺寸：170mm×240mm
印　　张：15.25
字　　数：260千字
出版时间：2024年2月第1版
印刷时间：2024年2月第1次印刷
责任编辑：张婷婷
封面设计：G-Design
版式设计：新华印务
责任校对：吴艳杰
书　　号：ISBN 978-7-205-10916-5
定　　价：68.00元

前　言

当前我国职业教育发展实现了历史性的新跨越，进入了"黄金时期"，站在新的历史起点，推进职业教育高质量发展已成为"国之大者"。在全面建设社会主义现代化国家新征程中，统筹实施教育、科技、人才三大战略，构建现代产业体系，发展数字经济，实现区域协调发展，推进乡村振兴，打造高水平对外开放新格局，促进人的全面发展，为新时代的职业教育发展提出了新课题。职业教育人才培养模式一直是我国职业教育领域改革关注的重点问题。习近平总书记在2014年和2019年对职业教育工作的重要指示中先后提出"创新各层次各类型职业教育模式，坚持产教融合、校企合作，坚持工学结合、知行合一""优化职业教育类型定位，深化产教融合、校企合作，深入推进育人方式、办学模式、管理体制、保障机制改革"，为准确把握职业教育的人才培养定位和全力推进职业教育人才培养模式变革提供了方向和根本遵循。

职业教育人才培养模式是加快发展现代职业教育和加快构建中国特色现代职业教育体系的落脚点，也是新时代职业教育高质量发展和实现职业教育"现代化"的重要组成部分。用历史的眼光审视职业教育人才培养模式改革实践，特别是中国共产党成立100多年来，始终将职业教育与不同时期的党的重点任务相结合，领导职业教育走出了具有中国特色的发展道路，为新时代职业教育人才培养模式改革提供了宝贵经验。职业教育是舶来品，借鉴国外发达国家做法一直是我国职业教育改革的主要举措。随着教育数字化、信息化和国际化的不断发展，国外职业教育人才培养模式通过改革和创新，以更好地适应经济社会发展、行业企业需要、重大疫情防控、人的全面发展和个性化发展需求。我国职业教育目前仍是短板，与国外职业教育领先国家还有明显的差距，为此，我国职业教育人才培养模式改革要坚持放眼看世界，学习和借鉴国外职业教育在人才培养模式改革和创新方面的新方向、新举措和新方法。新时代的职业教育人才培养模式改革，要以习近平关于职业教育的重要论述为指引，深入贯彻和落实习近平总书记关于职业教育的批示和指示精神，把党中央国务院的任务和要求落实在职业教育人才培养模式改革的实践中，提高职业教育人才培养的质量和适应性，为高质量发展培育英才，为建设人才强国和实现中国式现代化做出新的更大贡献。职业教育人才培养模式改革中，要增强自主培养能力，要预测改革中可能遇到的挑战和困难。特别是服务新发展格局、制造强国、数字转型、终身学习等为职业教育培养的人才提出了新的更高的要求，为此，要从当前实际出发，对未来职业教育人才培养模式改革提出具有一定前瞻性的对策建议。

党的十八大以来，职业教育被摆在了前所未有的突出位置，被提升到前所未有的政策高度，职业教育面貌发生了格局性变化。职业教育人才培养模式一直是人才培养供给侧和经济社会需求侧深度融合的关键环节，但对于职业教育人才培养模式的理论研究尚不完善。虽然职业教育人才培养模式"耳熟能详"，但又"不明所以"。本书在对我国学术界对于职业教育人才培养模式改革的动因、理念、要素、原则、方法和制度保障等相关研究的基础上，界定了职业教育人才培养模式的内涵、特征和要素。对党领导职业教育发展历程的回溯，梳理了中国共产党领导职业教育改革发展的历史脉络，既是我国职业教育人才培养模式追根溯源的需要，也是将党史教育，新中国史、改革开放史与职业教育人才培养紧密结合的需要。对我国典型职业教育人才培养典型模式和探索实践的总结，既增强了我国职业教育人才培养的道路自信和模式自信，更是对"矮化"和"窄化"职业教育的有力驳斥。对国外职业教育人才培养典型模式的理念、要素和特点的分析，既可以了解和掌握世界职业教育人才培养模式发展的最新动向，也可以取众家之长，为国内职业教育人才培养模式改革提供参考。新时代职业教育人才培养需要新作为，不仅要勇于实践、敢于探索，还要在理论上下功夫，对于职业教育人才培养模式理论基础、指导思想、基本原则和价值取向的探讨，有助于丰富我国职业教育人才培养模式理论。而中国特色现代学徒制、中国特色企业学徒制和以学习者为中心的职业教育人才培养模式，可能是未来我国职业教育人才培养模式改革的方向和抓手，从内涵特征、挑战困境和对策建议等方面，为我国职业教育人才培养模式改革提出可操作性的对策和建议。

在写作过程中，笔者援引和参考了与"职业教育人才培养模式"相关的著作、论文、报纸文章、研究报告等科研成果。在本书付梓之际，对书中所起奠基作用的各位专家学者以及引用和参考资料的作者们致以最诚挚的感谢。谨希望本书能够引发对我国职业教育人才培养模式改革更为广泛和持续的关注。由于笔者水平有限，本书的不足和疏漏之处敬请广大读者朋友斧正。

高明

2023 年 5 月

目　录

第一章　职业教育人才培养模式的理论概述

人才培养模式是职业院校实现人才培养目标的桥梁，是统筹职业教育、高等教育、继续教育协同创新的着力点，是推进"职普融通、产教融合、科教融汇"的落脚点，是优化职业教育类型定位出发点。随着教育体制改革的不断深化，社会和个人对于教育的需求趋于多样化和个性化，人才培养模式问题逐渐成为我国职业教育改革与发展的重要议题。时至今日，人才培养模式的改革与创新依然是现代职业教育发展的关键环节。回答好我国职业教育培养什么人、怎样培养人和为谁培养人的根本问题，必须认真研究职业教育人才培养模式的内涵理念、发展历程、使命要求和目标任务，探究职业教育人才培养改革创新路，助推职业教育人才培养目标的实现和人才培养质量的提升。

第一节　职业教育人才培养模式

一、模式

"模式"在现代东西方自然科学、社会科学及人文科学的研究中极为常见。模式的英文为mode，《牛津字典》释为"方式方法、样式风格"等义，在《朗文当代高级英文词典》解释为"运行方式、状态、模式"。而在我国古代，"模式"是指"标准样式"，如宋代张邦基《墨庄漫录》卷八："闻先生之艺久矣，愿见笔法，以为模式。"1989年版《辞海》的解释为："模式，亦译为'范型'，一般可作为范本、模本、变本的式样……"此外，《汉语大词典》的定义是"事物标准的样式"。《现代汉语双向词典》的注解为"某种实物的标准形式或可以照着做的标准样式"。由此可见，模式的一般解释是指某种事物的结构特征与存在形式。

在学术研究领域，国内外学者在模式一般定义的基础上，结合自身的专业和研究领域界定模式的概念。梅文·席尔曼认为："模式是一个过程或情境的一个质（或）量的表征，它显示我们达成预定目的重要因素。"①多伊奇认为："模式向人们提供某一事物的整体形式和明确信息，具有构造、解释、启发、预测等多种功能。"②英国著名社会学家丹尼斯·麦奎尔认为："模式表明事物的结构或过程中的主要组成部分以及这些要素之间的相互关系。"③美国学者罗伯特·伯恩姆认为："模式是现实的抽象化，模式如果十分完善，将有助于我们认识（有时预测）它所代表的能动系统的某些方面……它的作用在于为我们考察组织运行的不同方面提供或多或少的便利……模式构成认知框架和认知世界的窗口。"④国内学者张阳、何似龙认为："模式通常是事物的某种抽象与概括，模式是将抽象的理论系统具体化的有效途径，是客观事物脱离了具体内容的某些属性的表述。"⑤

在教育领域，"模式"一词最早与"教学"一词相结合而形成了"教学模式"的概念。而"教学模式"这一概念的广泛运用，为"人才培养模式"概念的提出提供了社会认同。20世纪70年代初，美国师范教育专家乔伊斯和韦尔对教学模式问题进行了开创性研究，发现了大量的教学模式，既包括简单的教学程序，也包括复杂的教学策略，他们在调查与研究的基础上于1972年出版了《教学模式》一书，该书的问世在世界上产生了广泛的影响。乔伊斯和韦尔在书中给教学模式下了这样的定义：它是构成课程（长时间的学习课程）、选择教材、指导在教室和其他环境中开展教学活动的一种计划或范式。自20世纪80年代以来，对教学模式的研究也成为我国教育研究领域的重点之一。在实践中，人们逐渐感到"教学模式"这一概念不足以概括人才培养活动的全过程、全要素，而"教育模式"这一概念的外延又过大，于是就有了人才培养模式的概念。

二、人才培养模式

"人才培养模式"的概念在我国教育教学改革实践中诞生并不断发展。南京大学校长曲钦岳在国家教委直属高校工作咨询委员会（1980）的发言《坚持社会主义办学方向，深化综合大学教育改革》中，最早明确提出"人才培养模式"

① [美]梅文·席尔曼：《科技管理学》，牛顿编译中心译，牛顿出版社1986版，第61页。
② 唐玉光、房剑森：《高等教育改革论》，广西师范大学出版社2002年版，第93页。
③ [英]丹尼斯·麦奎尔、[瑞典]斯文·温德尔：《大众传播模式论》，祝建华译，上海译文出版社1987年版，第3页。
④ [美]罗伯特·伯恩姆：《大学运行模式——大学组织与领导的控制系统》，别敦荣主译，中国海洋大学出版社2003年版，第79页。
⑤ 张阳、何似龙：《两个管理模式的界定与比较》，《江海学刊》2000年第2期，第10页。

的概念。在学术界，刘明浚等人在1993年的文章《大学教育环境论要》中，首次界定了"人才培养模式"，认为其是"在一定的办学条件下，为实现一定的教育目标而选择或构思的教育、教学样式"。在《高等教育面向21世纪教学内容和课程体系改革计划》（1994）之后，随着国家教委开始启动各种改革项目，"人才培养模式"逐步频繁地出现在报纸杂志的文章中。《教育部关于深化教学改革，培养适应21世纪需要的高质量人才的意见》（1998）中，将人才培养模式定义为"学校为学生构建的知识、能力、素质结构，以及实现这种结构的方式，它从根本上规定了人才特征并集中体现了教育思想和教育观念"。

　　国内学者对"人才培养模式"进行了定义，代表性的观点包括：一是"要素说"，认为"人才培养模式"是人才的培养目标、培养规格和基本培养方式等要素的集合；也有学者认为他是以一定的教育思想为指导，为实现某种规格的人才培养目标而采取的系统化教育教学活动和运行方式，是对某类教育培养目标、培养过程、培养途径、培养方法等要素的综合概括。二是"方式说"，将"人才培养模式"定义为一种方式。有学者认为它是学校为学生构建的知识、能力、素质结构，以及实现这种结构的方式，也有学者将其定义为依据相关的教育思想和教育理论，按一定的规律将教育思想、教育观念、课程体系、教学方法、教学手段、教学资源、教学管理体制、教学环境等方面有机结合成一种整体的教学方式，反映教育的本质。三是"总和说"，将"人才培养模式"定义为人才培养模式是在一定的教育理论、教育思想指导下，根据特定的培养目标和规格，以相对稳定的教学内容和课程体系为依托，不同类型专业人才的教育和教学模式、管理制度、评估方式及其实施过程的总和；也有学者认为它是教育思想和教育理论，特定培养目标和规格，课程体系，教育教学模式，管理制度，评估方式和具体实施过程的总和。四是"样式说"，认为"人才培养模式"是一种式样。有学者认为它是在一定的教育理念指导下，教育工作者群体所普遍认同和遵循的关于人才培养活动的实践规范和操作样式，它以教育理念为基础、培养目标为导向、教育内容为依托、教育方式为具体实现形式；也有学者认为它是在一定教育思想和教育理论指导下，为实现培养目标而采取的培养过程的某种标准样式和运行方式。五是"结构说"，认为"人才培养模式"是一种结构。有学者认为它是为在现代大学培养理念和理论指导下建立起来的比较稳定的大学人才培养活动的结构框架和活动程序；也有学者认为它是在一定教育思想指导下，为完成特定的人才培养目标而构建起来的人才培养结构和策略体系，是对人才培养的一种总体性表现。

三、职业教育人才培养模式

有学者从办学模式和教学模式的角度界定职业教育人才培养模式，认为职业教育人才培养模式是指"在普通教育基础上培养职业技术人才的制度形式，其实质在于宏观上如何培养职业技术人才的办学模式与微观上培养什么样的职业技术人才的课程模式"，把人才培养模式等同于办学模式和课程模式。有学者从把握人才培养模式的内在联系和要素出发界定职业教育人才培养模式，认为"所谓职业教育培养模式，是指根据办学主体、培养目标和学制形式等主要特征划分的关于职业教育最基本的运作方式，其实质是如何培养人才"。有学者认为它是在一定的职业教育理念的指导下，职业教育工作者群体所遵从的关于技能型人才培养活动的实践规范和操作样式，包括教育理念、培养目标、培养内容和教学方式等要素。有学者把职业教育人才培养模式界定为在一定的职业教育理念的指导下，职业教育机构和教育工作者群体所遵从的关于技术技能型人才培养活动的实践规范和操作样式，它以现代职业教育理念为基础，以形成学生的职业能力为目标，以技术知识和工作过程知识为主要内容，以行动导向教学为主要的教育方式。

（一）理念要素

教育理念是教育主体在教育实践及教育思维活动中形成的对"教育应然"的理性认识和主观要求，对教育主体的教育实践产生巨大的影响。职业教育理念是指人们对职业教育的理性认识、理想追求及其所持的职业教育思想观念。它是职业教育人才培养模式赖以产生和完善的理论基础。人才培养模式的形成主要有两种方式：一种是对人才培养活动的实践进行提炼与升华而形成一种模式；另一种是依据一定的人才培养理论，对人才培养活动进行整体设计，提出一种方案，然后经过实践验证、修正和完善而形成一种模式。前一种需要在实践经验的基础上提炼出人才培养的理论，后者是以一定的人才培养理论为基础建立起来的。人才培养模式是理论与实践结合的产物，凝结着一定的教育理念。杜威"做中学"的人才培养模式凝结的是实用主义的教育理念，现代较为流行的通识教育人才培养模式凝结的是人文主义的教育理念。我国当前进行的职业教育人才培养模式创新，就是要力求体现和落实就业导向的教育理念。因此，教育理念是人才培养模式中的灵魂因素，对职业教育人才培养模式中的其他因素具有统领和指导作用。

（二）目标要素

培养目标是教育工作的核心，是一切教育活动的出发点和归宿，同时也是确定教育内容、选择教育方式的依据。任何人才培养模式都有其特定的目标因素，都是为了培养一定的人才而创立的。没有适用于任何人才培养的万能的人才培养模式。因此，目标因素是人才培养模式的核心，其他因素是为实现该目标服务的，必须紧紧围绕着目标起作用。"做中学"模式中的目标因素就是实用人才、创业人才；通识教育人才培养模式中的目标因素就是"通才"，即通用人才，适应面宽、综合素质强等。职业教育人才培养模式是为实现职业教育的培养目标而建立的。具体地讲，一是总体培养目标，即培养德、智、体、美等全面发展的高素质劳动者；二是专业教育目标，即培养具有综合职业能力和创新精神的技术型、技能型人才。

（三）内容要素

教育内容是为实现培养目标经选择而纳入教育活动过程的知识、技能、行为规范、价值观念、世界观等文化总体，一般以课程的形式体现，是人才培养模式中的关键因素，因为任何培养目标都是通过教育内容来实现的。教育内容是为实现培养目标服务的，今天的内容结构就是学生明天的素质结构。在职业教育人才培养活动中，教育内容包括课程门类及其结构，职业教育的课程应是以项目课程为主体的，并按照职业能力的形成规律构建课程结构。

（四）方式要素

教育方式是为实现培养目标、掌握教育内容而采用的程序和方法的总和，涉及实现目标所需要的各种手段，既包括教育者施教的方式，也包括受教育者学的方式；既包括教育活动的方法，也包括教育活动的程序。由于方式与目标相对应，因此，不同目标的人才培养模式，其方式因素是不同的。任何一种人才培养模式，都有一套独特的人才培养方式，来完成人才培养任务，实现培养目标，它是人才培养模式中不可缺少的重要组成部分。由于职业教育是以形成综合的职业能力为目标，因此其培养方式是强调做中学，行动导向教学是其主要的培养方式。

四、职业教育人才培养的典型模式

人才培养模式是20世纪80年代后才使用的概念，但是根据人们对人才培养模式的界定，从历史的维度，职业教育人才培养模式类型包括传统学徒制、学校形态和合作式三种类型。

（一）传统学徒制的职业教育人才培养模式

"学徒制度"是中世纪手工业行会的显著特点之一，在行会的监督和领导下，学徒制度成为维持生产、发展生产以及传授技艺的制度，是师傅传授技艺给徒弟所进行的一种教育，11—17世纪经历了一个由盛到衰的历史过程，与行会的壮大和衰退同向同行。但作为培养熟练工人的人才培养模式，以传授生产性的技术技能为主，在现代社会的某些行业中仍然存在。该模式在学习内容上突出技能传授和职业道德养成，学徒跟师傅学习与本职业有关的技能和行业规范，教学是以提高学徒的技能、养成职业规范为根本宗旨，在技能上达到社会认可的熟练程度，在行为上符合行业规范。教学方式上以"言传身教"为主，在技能传授过程中，师傅亲自演示，手把手演示具体的操作过程，将摸索的经验传给徒弟，使之明确相应的规范；同时，将一些技术经验以口诀或行话的形式传授给学徒。教学组织形式以现场学习为主，贯穿于整个工作过程之中。学徒在现场观察、学习和模仿师傅的技术动作，遵循师傅的操作程序，从打下手、模仿、简单操作、师傅指导操作，到可以独立地胜任工作。此外，学徒要从认识、鉴别和挑选原材料开始，在工作之余还要学会修理和保养器具，可以说学徒的学习内容超出了技术技能的范畴，不仅对自己从事的职业，对整个行业都要有全面的了解。

（二）学校形态的职业教育人才培养模式

从18世纪后半期开始，西欧各国先后完成了工业革命，机器大生产逐渐代替了传统的手工业生产，需要大批的熟练工人。传统的学徒制已不能适应社会生产发展的需要，逐渐被新的职业教育形式——学校职业教育所取代。该模式主要为工业大生产培养批量的适应某一类工作岗位需要的技术工人，无论是在培养目标还是在培养方案上，都强调统一性和一致性。可供学生选择的学习空间较小，学生多样化的学习需求难以满足。在教学场所上以课堂为中心，教师主要在教室、专业室，通过讲授或示范的方式传授知识和技能。学生在学习期间很难接触到真实的工作情境，缺乏对整个职业的整体把握和对生产过程的总体了解。在教学内容上，理论课以系统的学科知识为主体，以概念原理性知识为核心，其目的是掌握系统的学科理论知识，学科知识与职业世界的联系是有限的、间接的。实践课则以训练基本的操作技能为核心，而这些基本技能是从具体工作情景中抽象出来的，是去情境化的，与具体的职业工作缺乏相关性。为此，行业企业认为学校职业教育脱离工作实际，培养的技术技能型人才不能满足行业企业的要求。职业学校的毕业生走上工作岗位后在短期内不能胜任工作岗位。教师在教学过程中处于中心地位，教是教学过程的核心；学生被动地接受知识，学还没有引起人们的充分关注，教师也没有为学生建构知识提供相应的条件。学生经历的不同背景、原有的学习基础和兴趣等也没有得到教师的充分关注。

（三）合作式的职业教育人才培养模式

合作教育是针对传统的学校教育与社会脱离、理论与实践相脱离的弊端而产生的，最早可追溯到20世纪初的英国，在桑德兰特技术学院的工程、船舶和建筑系，最早采用的"三明治"教育模式是合作式教育模式的雏形。在这种模式下，实现了在校学习与实际工作的交替，促进了理论知识与工作实践的结合，提高了学生对理论知识的接受能力，也帮助学生更好地适应毕业后的工作。20世纪60年代以后，合作教育得到迅速发展，如美国的学工交替的"经验学习"教学、德国的"双元制"教育模式、日本的"产学协同"教学模式等。该模式在培养目标上，强调学生职业能力的形成，关注企业对人才素质的需求。在培养方案上体现了标准化和灵活性的统一，标准化是使学生毕业后能达到某种职业进入劳动力市场的统一标准，而灵活性则体现企业自身的特殊需求。在学习内容上，强调理论与实践紧密结合；通过学校的理论学习和职场的工作学习交替进行的方式，提高学生对知识的理解能力和运用知识解决实际问题的能力；同时，无论是学校的理论学习，还是工作中的实践学习，都有规范而严密的学习计划，遵循技能型人才的培养规律。在学习方式上，无论是校内学习和校外实训，都强调学生的主体作用，强调在做中学。小组教学和项目教学成为教学的主要形式，学生通过与教师共同完成典型的职业工作任务，学习相应的职业知识技能。学生还可以尽早接触职业实践、感受职场的工作氛围，为学生职业志趣的形成奠定了良好的基础。

第二节　我国职业教育发展的历史回顾

职业教育作为我国国民教育体系的一种教育类型，承担着培养高素质劳动者和技术技能型人才的使命。中国共产党领导下的职业教育，始终围绕着党的中心工作、服务于党的基本路线，始终贯穿于历史背景和现实使命之中，体现着时代的缩影，继承和发展了中国共产党不忘初心、艰苦奋斗的光荣传统，在提高劳动者素质、优化人才结构和增强国家竞争力等方面发挥重要作用。中国共产党自成立起，就肩负起了解放劳苦大众，提高人民技能的重任，从初创期到改革开放时期，职业教育实现了重大转变和历史性跨越，现代性日趋凸显，为新时代中国特色的现代职业教育体系形成和完善奠定了良好的基础。

一、初创期：呼吁开展技能教育，探索解放工农阶级新途径（1921—1928）

中国共产党成立初期，在封建主义和帝国主义的双重剥削和压迫下，中国产业不兴、教育不振，广大劳动人民长期处于愚昧和疾苦之中。以陈独秀、李大钊为代表的共产党人呼吁通过开展职业教育振兴国运和解放工农大众。同时，中国共产党也在全国各地进行了大胆尝试，向工农开展技能教育，播撒革命的种子。

（一）主张通过职业教育推动经济发展和解放工农

早期知识分子革命家积极呼吁通过"职业主义"进行教育改革，认为中国教育的当务之急是发展职业教育，增进生产力，改变国家贫穷落后的状况。"职业主义"可以让学生"了解个人与社会经济之关系"，使学生拥有独立自营的思想，掌握促进社会生产力发展的一技之长，具备参与社会竞争、国家发展和民族富强的能力。教育应为社会服务，要使社会了解教育"教什么"，"深知舍教育以外，不足以培成社会上经营各项事业之人才，及深信教育在社会上之实益"[①]。要遵循社会实际需要来办学，"办农业学校，宜在乡间，办工业学校，宜在省城"[②]；社会需要什么，就设什么；社会需要什么样人才，就培养什么样人才。同时，也非常关注农民教育，认为职业教育是解救农民的重要途径，可以提高农民觉悟，改变他们的心智、经济和社会地位。"我们中国是一个农国，大多数的劳工阶级就是那些农民。他们若是不解放，就是我们国民全体的不解放"[③]。因此，必须通过职业教育去帮助农民"觉醒"，让农民知道解放，并主动寻求解放，从而摆脱痛苦和黑暗，进而实现"自己打算自己生活的利病"[④]。要"使工不误读，读不误工，工读打成一片"，在城市中"多立劳工教育机关（如夜校、半日学校等）"、"多立贫民学校"；在农村，通过"耕读"为农民提供在劳动农闲之余学习的机会，使之成为有文化的"新人"。

---

① 李丽华：《陈独秀与黄炎培职业教育思想之比较》，《四川理工学院学报（社会科学）》2004年第3期，第59页。
② 李大钊：《李大钊全集（第2卷）》，人民出版社2006年版，第304页。
③ 李大钊：《李大钊选集》，人民出版社1959年版，第385页。
④ 叶桉：《李大钊平民主义教育思想对当代职业教育改革与发展之启示》，《职教论坛》2017年第16期，第93页。

（二）初创期职业教育实践的探索

中国共产党成立初期，主要是针对工人和农民开展职业教育。在工人教育方面，一批初具共产主义思想的进步知识分子和党领导组织下的各种工会创办了各类工人补习学校，探索适合工人的教育形式和内容。1921年8月，毛泽东等人创办了湖南自修大学，主张通过劳动"破除文弱之习惯，图脑力与体力平均发展，并求知识与劳动两阶级之接近"①，为革命和经济社会发展培养了一批革命干部、潜在力量和技术人才。1922年5月，安源路矿工人俱乐部正式成立，主办了许多工人补习学校，设立了"妇女职业部"，俱乐部的"教育股"自编教材，开设了缝纫、编织、国文、算术和常识等课程，帮助工人及其家属学习文化和职业技能。1922年11月，湖南全省工团联合会在长沙成立，泥木工会和缝纫工会成立了工人补习学校。在教育内容方面，毛泽东主持编写的《关于工人补习教育进行计划书》，探讨了课程、教学、编级、教材等一系列问题。李六如编写的《平民读本》，是中国共产党为工人编写的第一部公开发行课本，包含了与工人生活有关的各种问题，涵盖了社会文化、科学技术和马克思主义简单知识，深受工人欢迎。在农民教育方面，海丰县于1923年成立了总农会，创办了农校、夜校，教农民写字和珠算，培养了一批会办农民运动的人员。1924年，在澎湃等人的倡议下开办了广州农民运动讲习所，先后举办了6届，开设了统计学、农业常识等25门课程，累计培养了农民运动干部754名。第1届到第5届讲习所的主要任务是为广东的农民运动培养干部；第6届的所长由毛泽东担任，面向全国招收学员，共有20多个省市237名学员学习。1926年5月，广东召开全省第二次农民代表大会，通过了《农村教育决议案》，提出了"使农民于教育中养成其革命思想，也要增进其农业之知识与技能"②的农村教育方针。

二、土地革命时期：在苏区开展工农技能教育，服务革命战争和阶级斗争（1928—1937）

中国共产党的主要任务是土地革命、武装斗争和根据地建设。建立了中央革命根据地及其他根据地，为巩固根据地的红色政权，努力发展苏维埃的职业

---

① 李守可：《中国共产党职业教育政策的历史变迁与功能》，《中共云南省委党校学报》2020年第1期，第137页。

② 刘金录：《中央苏区、抗日根据地及解放区的职业教育》，《职业教育研究》2014年第8期，第179页。

教育。

（一）颁布职业教育政策法规

以江西瑞金为中心的中央革命根据地，先后颁布和实施了与职业教育相关的法律法规和政策，从制度层面指导和支持中央苏区的职业教育。1931年，《中华苏维埃共和国宪法大纲》规定："中国苏维埃政权以保证工农劳苦群众有受教育的权利为目的。"湘鄂省苏维埃政府在1932年5月发布的首个训令中，把教育作为进行阶级斗争的武器，为无产阶级培养政治经济领域的专门技术人才，并倡导通过劳动与教育、劳心与劳力、理论实际相结合，从而实现教育与经济社会的"三结合"。毛泽东在1934年1月召开的第二次全国苏维埃代表大会上，将"在于以共产主义的精神来教育广大的劳苦民众，在于使文化教育为革命战争与阶级斗争服务，在于使教育与劳动联系起来，在于使广大中国民众都成为享受文明幸福的人"作为中国共产党苏维埃教育的总方针。同年，中国共产党颁布的《短期职业中学试办章程》成为职业教育发展的首个纲领性文件。

（二）兴办职业学校

1931年，中国共产党在江西瑞金成立了中央军委无线电学校，开设了"有线电通信""简易信号通信"等专业，培养了无线电报、机务以及有线电话、司号、旗语等方面的3000余名专业人才，为人民军队通信事业做出了重大贡献。在闽西苏区，建立了适合革命斗争需要的职业学校。1932年，在瑞金先后成立了中央红色护士学校和中央红色医务学校，为红军和苏区培养了大批医务人员。1933年11月，中国工农红军大学成立，设指挥科、高级指挥科、上级行政科、参谋科、后勤科，培养了一大批中高级军政骨干。1934年，中央农业学校成立，专门培养根据地农业建设干部和技术人才。

三、抗日战争时期：扩大革命根据地职业教育，为抗日救国培养技能人才（1937—1945）

中国共产党加紧进行抗日民主和经济建设，在继承苏区教育优良传统的基础上，制订全面抗战的职业教育方针，在根据地开展职业教育为抗日战争服务。1938年，毛泽东在扩大的中共六中全会上作的《论新阶段》的报告中强调，"实行抗战教育政策，使教育为长期战争服务""在一切为着战争的原则下，一切文化教育事业均应使之适合战争的需要"①。为了争取抗日战争的胜利，各抗日根据地的教育方针中，都注重加强专门人才的培养。毛泽东主张学校教育与生产劳动相结合，在延安群众纪念五四运动20周年大会上，他称赞延安的青年们是抗日救国的先锋，因为"他们在实行生产劳动，开了千亩万亩的荒地……他们的政治方向是正确的，工作方法也是正确的"。②为了适应抗战和边区建设的需要，边区政府创办了一批中等职业技术学校。1939年，陕甘宁边区成立"农业学校"，主要培养农业技术干部和生产人员，两期共培养农业管理和技术干部300多人；晋察冀抗日民主根据地创办了"晋察冀军分区卫生学校"，分设"军医""药剂""护士"三期，培养医生、药剂员、护士1500余人。1940年8月，中央宣传部在《关于提高陕甘宁边区国民教育给边区党委及边区政府的信》中指出，"为了提高边区的生产，改善人民卫生及培养职业教育的师资，提议设立农业学校、畜牧学校、手艺学校、中医学校"③。1942年，边区农业学校和职业学校合并为中等职业学校，培养工农业行政工作人员、工农技术人员及商业技术人员。此外，抗日民主根据地还创办了"农纺专科学校""南区合作职业学校""胶东蚕校""纺织学校""财经干部学校"等职业学校。

四、解放战争时期：恢复整顿解放区职业教育，为解放战争胜利提供人才支撑（1946—1949）

抗日战争胜利以后，各解放区把支援解放战争和解放区建设作为中心任务。新、老解放区继续实行战时教育方针，积极恢复、整顿、改造和发展包括职业教育在内的各级各类学校教育。随着解放区的不断扩大，急需各类专业技术人员，各解放区相继颁布教育工作方案，推动职业教育制度化，职业教育得到较快发展。

1946年9月，东北政务委员会颁布了《关于改造学校教育与开展冬学运动的指示》，提出要为建立民主政治和开展经济文化建设培养大批的专门建设人才，"各地可根据当地工作的需要开办职业学校或地方干部训练班"，有效地推动了东北解放区职业教育的较大发展。同时，东北解放区组建了"东北军政大学"，创办了哈尔滨工业专门学校、东北政委会工业专科学校、白山艺术学校、哈尔滨

---

① 李蔺田、王萍：《中国职业技术教育史》，高等教育出版社1994年版，第196–286页。
② 徐家林、陈鸣鸣：《毛泽东职业教育思想的特征和产生过程》，《职业技术》2006年第20期，第26页。
③ 中央教育科学研究院：《老解放区教育资料（二）》，教育科学出版社1986年版，第321页。

第一技术专门学校、东北邮电学校、第一航空学校等一大批职业专门学校。随着解放战争形势的迅速发展，东北行政委员会在1948年颁布了《关于教育工作的指示》，强调应该拿出一定力量来办师范、工业、农业、铁路、邮电、卫生、行政等专门学校……多办"业务技术补习班"，各大企业工厂中均应附设职业学校，另外还要设立"高等职业学校"。1947年，华北解放区成立了"华北联合大学"，设四部两院，农学院以培养农业建设人才为目的，下设有经济植物、畜牧兽医和制糖等三个系；工学院主要为工业建设培养干部，大学部设电机、化工两个系，高职部设化工、机械及电机等班，培养初级和中级技术人员。1948年初，华北职工干部学校成立，招收铁路、纺织、邮电、兵工等系统以及私营企业的学员千余人，输送到政治军事经济、文化、教育等部门工作。解放战争后期，中国共产党确立了"教育需要向提高科学文化水平的'正规化'方向发展"的教育方针，在部分解放区形成了层次分明的职业教育系统。

五、社会主义建设时期：改造旧式职业教育，服务社会主义工业体系建设（1950—1965）

新中国成立前夕，在《中国人民政治协商会议共同纲领》中强调要"注重技术教育"和"劳动者的业余教育"，确立了"技术教育"的称谓。新中国成立后，中国共产党团结带领全国各族人民，遵循过渡时期的总路线，迅速完成了对旧中国教育制度的改造，向工农敞开教育之门，保障广大人民群众受教育的基本权利。

1949年12月，第一次全国教育工作会议在北京召开，开始改革旧教育制度。提出要兴办多种多样的工农速成中学、工农干部文化补习学校（班）和技术专修班，使一批工农干部、产业工人和解放军指战员达到中等文化程度，一些学习成绩好的还可以直接进入大学或高等专科学校学习。1951年6月，召开了第一次全国中等技术教育会议，明确了以调整和整顿为主的方针，中等技术教育要"大量地训练与培养中级和初级技术人才""发展方向以中级为主，目前还要多办初级的""设校分科，要逐步走向专门化、单一化"。同年10月，在政务院公布的《关于改革学制的决定》中，把"教育为国家建设服务，学校向工农开门"作为新时期学制改革的基本方针，明确了中等专业教育和业余教育在学制中的适当地位。1949—1952年间，停办了一些条件较差的中等专业学校，撤销了普通中学附设的中等技术班；并按照"单一性和专业性"的要求，将一些业务或专业相同的技术学科分别改组为单科性的学校。经调整和整顿之后，服务工业建设的职业学校在比重、数量和在校生人数方面不断增加，其中学校数和学生人数增长最多的是重工业部、燃料工业部、第一和第二机械工业部所属的学校，铁道部所属学校紧随其后。职业教育专业也朝着专业化的方向迅速调整。1949—1952年，中等专业学校由1171所增加到1710所，在校生由228845人增加到635609人。

1953年，政务院决定由劳动部门对技工学校实行综合管理。1954年劳动部成立技术工人培训司。1954年高教部颁布《中等专业学校章程》，将技术学校与中等专业学校统称为中等专业学校。从1954年以后，我国进入了以中专和技校为主体的时期。1955年，《关于发展国民经济的第一个五年计划的决议》提出，5年内需要增加两个100万人才，即100万专门人才和100万熟练工人。1957年，中专学校和技工学校的在校生844833人，普通高中在校生904000人，各占48.3%和51.7%[1]。1958年，我国进入第二个五年计划发展时期。中共中央、国务院发布《关于教育工作的指示》，提出要培养一支数以千万计的又红又专的工人阶级知识分子队伍，要求多快好省地发展教育事业，并且确定了教育为无产阶级的政治服务，教育与生产劳动相结合的工作方针，确立了"半工半读、半农半读"的职业教育改革发展的指导思想。1958年1月，毛泽东在《工作方法60条（草案）》中把勤工俭学和半工半读作为"教育与生产劳动相结合"的重大措施和培养"又红又专"社会主义接班人的重要途径，"半工（农）半读"的重要性空前提高，并成为我国社会主义教育制度的重要组成部分。1961年到1963年，党中央先后颁布《高校六十条》《中学五十条》《小学四十条》，对包括职业教育在内的教育工作全面调整、整顿，压缩规模、合理布局、提高质量。1962年，中等专业学校学生数下降至35.3万人，技工学校降至5.95万人，农职业中学降至26.7万人[2]。到1964年，共有18个省、市制定了2年试办"半工半读"教育规划，全国共有1800多所半工半读性质的中等技术学校[3]。

---

① 孟广平：《当代中国职业技术教育》，高等教育出版社1993年版，第29页。

② 吴文华：《抗日战争时期西南大后方职业教育成就综述》，《职业技术教育》2007年第20期，第75页。

③ 本刊编辑部：《新中国职业教育印记》，《职业技术教育》2019年第30期，第10页。

六、"文化大革命"时期：职业教育停滞萎缩，技能人才培养受到冲击（1966—1976）

"文化大革命"期间，职业教育事业的改革和发展停滞不前，中等教育结构的"单一化"问题严重。各行各业都亟需技术力量，但普通高中和初中毕业生除升学者外，在劳动就业方面缺乏必要的职业技能。既不利于国家经济建设和社会发展，也不利于社会安定和青年劳动就业。这一时期，大部分的专业学校，特别是农村的专业学校全部停办，而农村的技术专业学校的恢复比城市的职业技术学校的恢复更为艰难。规模较大和办得较好的技工学校也改为了工厂，其他也都全部停办。新中国成立以来的师资培养培训机构等被遣散，教学管理机构也被取消，直至"文化大革命"结束之后才恢复办学。导致职业教育少培养了几百万学生，工人队伍和技术劳动者得不到正常的补充，直接影响了技术技能人才队伍的补充和提高。

七、改革开放时期：大力发展职业教育，为社会主义市场经济改革提供人才保障（1977—2011）

职业教育形成了基本完善的法律制度体系，探索了灵活多样的办学模式，确立了覆盖广泛的学生资助体系，为我国实现从人口大国向人力资源大国的转变做出了不可替代的历史性贡献。

（一）全面恢复职业教育

1978年，邓小平指出：教育事业必须同国民经济发展的要求相适应，应该考虑各级各类学校发展的比例，特别是扩大农业中学、各种中等专业学校、技工学校的比例。1980年，《关于中等教育结构改革的报告》中提出"普通教育与职业技术教育并举"，调整中等职业教育结构成为职业教育改革的重中之重。1983年，邓小平提出"教育要面向现代化，面向世界，面向未来"，为我国各级各类教育改革和发展指明了方向。1984年，《中共中央关于经济体制改革的决定》提出一切改革"有利于鼓励广大青少年，广大工人、农民和知识分子加速提高文化技术水平"，职业教育进入迅速恢复阶段。1985年，《中共中央关于教育体制改革的决定》中提出要着重加快发展高等专科教育，积极发展高等职业技术院校，优先对口招收中等职业技术学校的毕业生以及有本专业实践经验、成绩合格的在职人员，改变本科和专科比例不合理的状况，逐步建立起从初级到高级、行业配套、结构合理又能与普通教育相互沟通的职业技术教育体系。职业教育从此跻身我国整个教育体制改革的重点。1990年底，全国共有16000多所各类职业技术学校，年招生225万人，在校生超过600万人，分别是1980年的2倍、3倍和2.5倍。1980—1990年，全国职业技术学校向社会输送毕业生1100多万人，各种短期职业技术培训约1亿人次。高中阶段职业学校和普通高中的招生数接近1∶1。[①]

（二）积极发展职业教育

1993年，《中国教育改革和发展纲要》提出各级政府对职业教育要高度重视和统筹规划，贯彻积极发展的方针，充分调动各部门、企事业单位和社会各界兴办职业教育的积极性，形成多形式、多层次的职业教育。1994年，江泽民在第二次全国教育工作会议上发表重要讲话，提出要大力发展各种层次的职业教育和成人教育，调整教育结构，提高大部分人的思想文化素质和职业技能，要多办各类职业学校，培养大量的初级、中级人才。1996年，《中华人民共和国职业教育法》颁布，确立了职业教育的法律地位，规定了政府、社会、行业企业、学校和个人的权利和义务，明确了职业教育的根本任务、办学体制和管理体制，提出了发展职业教育的方法和途径，制定了职业学校的设置标准和进入条件等，标志着职业教育走上了法治化轨道。1998年，党中央对高等职业教育提出了"三改一补"的管理思路，对职业技术学院（包括职业大学、五年制高职和举办高职的民办高校）、高等专科学校和成人高等学校进行资源整合。1999年，《面向21世纪教育振兴行动计划》再次强调要积极发展高等职业教育。2002年，在第四次全国职业教育工作会议上明确提出要以邓小平理论和"三个代表"重要思想为指导，进一步确立了职业教育在我国社会主义现代化建设中的战略地位。此次会议以及其后出台的《国务院关于大力推进职业教育改革与发展的决定》进一步明确了发展职业教育的重大历史和现实意义。从1993年至2002年底，全国独立设置的高等职业学校由83所增加至568所，招生数和在校生数分别从3.5万人和8万人增加至72万人和161万人；中等职业学校一直保持在6000多所，年招生人数由316万人增加到近470万人，2002年在校生规模达1197万人。

（三）科学发展职业教育

2004年，第五次全国职业教育工作会议提出职业教育工作作为落实科学发展观的大事要抓紧抓好，职业教育的就业导向和服务宗旨进一步明确，要着重抓

[①]　朱德全、石献记：《从层次到类型：中国职业教育发展百年》，《西南大学学报（社会科学版）》2021年第2期，第107页。

好教师队伍和实训基地建设。2005年，《国务院关于大力发展职业教育的决定》指出职业教育要"以服务社会主义现代化为宗旨，培养数以亿计的高素质劳动者和数以千万计的高技能专门人才""坚持以就业为导向""大力推行工学结合、校企合作的培养模式"。同年11月，第六次全国职业教育工作会议提出把基础教育、职业教育和高等教育放在同等重要位置；第一次提出要发展中国特色的职业教育，逐步形成完备的现代职业教育体系；要逐步增加对职业教育的公共财政投入；要扩大职业教育的规模；推进体制机制创新；提高职业院校办学水平和质量；重视发展面向农村的职业教育。2007年，党的十七大报告提出继续"大力发展职业教育"，发展职业教育是实现教育事业全面协调可持续发展的必然要求，是推进我国走新型工业化道路、全面提高国民素质、满足人民终身学习需要、提升我国综合国力、构建和谐社会的重要途径。2010年，《国家中长期教育改革和发展规划纲要（2010—2020年）》提出政府要切实履行发展职业教育的职责，以提高质量为重点，大力发展职业教育；调动行业企业的积极性；加快发展面向农村的职业教育；增强职业教育吸引力。2011年底，我国共有高等职业学校1280所，在校生744万人；中等职业学校13177所，在校生2197万人；依托职业学校和教育机构开展的各类职业培训达6000多万人次。

第三节　党的十八大以来我国职业教育的发展

党的十八大以来，党和国家推动"中国特色现代职业教育体系"的构建，产教融合、校企合作办学体制机制的改革，不断增强职业教育的适应性。我国已经建成中国特色现代职业教育体系，职业教育结构更趋合理；形成了职业教育发展的新理念、新机制，职业教育高质量发展的动力得到增强；职业教育服务经济社会发展的能力得到明显提升。

一、职业教育的发展理念

党的十八大以来，以习近平同志为核心的党中央基于我国经济社会发展目标，提出了一系列新的职业教育发展理念。高度重视和加快发展职业教育，为中华民族伟大复兴的中国梦提供人才支撑；人人皆可成才和人人尽展其才，满足个人成功成才及实现美好生活愿望；建设中国特色和世界水平的现代职业教育体系，全面推进教育现代化，推动我国迈入人力资源强国和人才强国行列；工学结合和知行合一，培育具有专业技能与工匠精神的高素质劳动者，这些理念为我国职业教育发展明确了指导思想和正确的方向指引。

（一）职业教育的战略观

职业教育战略观主要解决职业教育在经济社会发展中定位的问题。作为国家技能型人才成长发展的主渠道，面对国家、社会发展的伟大目标和挑战，我国高度重视职业教育的发展，党和国家始终要求把发展职业教育摆在更加突出的位置。改革开放伊始，国家就从社会主义现代化建设的高度，确立了大力发展职业教育的方针。2002年，在我国首次以国务院名义召开的全国职业教育工作会议上，时任总理朱镕基提出，职业教育的特殊性决定了必须摆在更加重要的位置。2005年召开了全国职业教育工作会议，时任总理温家宝提出，要把职业教育作为经济社会发展的重要基础和教育工作的战略重点，摆到更加突出、更加重要的位置。自2010年以来，经过多年的经济高速增长，我国面临经济下行压力增大、产业转型升级的巨大挑战。同时，我国人力资源在数量方面的红利也渐趋消失。在这一背景下，提高人才的工作效率和技术水平成为经济转型升级的迫切需要，对职业教育发展也提出了更高要求。

党的十八大以来，以习近平总书记为核心的党中央高度关注职业教育的作用和发展战略。2012年11月29日，习近平总书记提出了"中国梦"的重要理念。习近平总书记明确指出："中国梦的本质是国家富强、民族振兴、人民幸福。"中国梦的主要奋斗目标是实现"两个一百年目标"，即到中国共产党成立100年时全面建成小康社会，到新中国成立100年时建成富强、民主、文明、和谐的社会主义现代化国家。习近平总书记特别强调教育在实现"两个一百年"奋斗目标和中华民族伟大复兴中国梦中的重要作用。2014年，习近平总书记在对职业教育工作做出的重要指示中要求各级党委和政府要把加快发展现代职业教育摆在更加突出的位置，更好支持和帮助职业教育发展，为实现"两个一百年"奋斗目标和中华民族伟大复兴的中国梦提供坚实人才保障。这是改革开放以来党的总书记首次对职业教育的战略地位、重大作用和发展方向做出的判断，赋予了职业教育助力国家富强、民族振兴、人民幸福的历史使命。

（二）职业教育的道路观

发展战略和任务确定后，应该走什么样的发展道路，关系到职业教育发展战略和任务能否实现的问题。长期以来，我国对职业教育发展道路进行了积极探索。2002年，国务院召开全国职业教育工作会议，时任总理朱镕基对未来一个时期职业教育发展的基本道路做了阐述：一是坚持面向社会、面向市场；二是着力提高教育质量；三是加强与劳动就业的联系；四是深化体制改革。这是国家高层领导首次明确提出职业教育的道路选择。2005年，时任总理温家宝在进入新世纪后的第二次全国职业教育工作会议上，首次提出了"坚持走有中国特色职业教育发展路子"的重大命题，必须服务于社会主义现代化建设，必须满足城乡居民对职业教育的多样化需求，必须与社会主义市场经济体制相适应，必须与生产劳动和社会实践紧密结合。

在新的发展背景下，职业教育坚持全面深化改革的发展道路。2012年，十八大报告提出"深化教育领域综合改革"。2013年，《关于全面深化改革若干重大问题的决定》提出"要完善和发展中国特色社会主义制度，推进国家治理体系和治理能力现代化"。在国家政治体制改革的背景下，完善科学规范的治理体系，形成高水平的治理能力成为我国现代职业教育改革发展的基本理念。首先，加强职业教育实施的基本制度和标准建设。党的十八大以来，以《职业教育法》为引领，形成了涵盖学校设置、专业教学、教师队伍、学生实习、经费投入、信息化建设等一系列制度和标准，从根本上提升了职业教育运行的规范化水平。第二，全面改革职业教育考试招生制度。2013年，《关于积极推进高等职业教育考试招生制度改革的指导意见》，提出了6种需要构建或完善的高等职业教育考试招生方式：建立以高考为基础的考试招生办法、改革单独考试招生办法、探索综合评价招生办法、规范中高职贯通的招生办法和实施技能拔尖人才免试招生办法。2013年，《中共中央关于全面深化改革若干重大问题的决定》提出，加快现代职业教育体系建设，深化产教融合、校企合作，培养高素质劳动者和技能型人才。同年，《关于深化考试招生制度改革的实施意见》出台，是我国自恢复高考以来最为全面和系统的一次考试招生制度改革。意见提出，加快推进高职院校分类考试。高职院校考试招生与普通高校相对分开，实行"文化素质+职业技能"评价方式。第三，全面推进职业教育校企合作、产教融合。2016年，《十三五经济社会发展规划纲要》提出，推行产教融合、校企合作的应用型人才和技术技能人才培养模式，促进职业学校教师和企业技术人才双向交流；把产教融合发展作为教育现代化的核心内容。同年，《关于深化人才发展体制机制改革的意见》提出，建立产教融合、校企合作的技术技能人才培养模式。创新技术技能人才教育培训模式，促进企业和职业院校成为技术技能人才培养的"双主体"。

（三）职业教育的人才观

2012年11月15日，刚刚当选总书记的习近平在记者见面会上提到："我们的人民热爱生活，期盼有更好的教育，更稳定的工作，更满意的收入……人民对美好生活的向往，就是我们的奋斗目标。""更好的教育"就是实现教育普及与教育质量和教育公平的统一。职业教育要成为公民个体实现成功成材及幸福生活的有效途径，助推个体实现人生梦想。习近平总书记在对职业教育的指示中提出，要树立正确人才观，培育和践行社会主义核心价值观，着力提高人才培养质量，弘扬劳动光荣、技能宝贵、创造伟大的时代风尚，营造人人皆可成才、人人尽展其才的良好环境，努力培养数以亿计的高素质劳动者和技术技能人才。

我国现代职业教育的奠基人黄炎培提出了职业教育要使"无业者有业，有业者乐业"的追求。2005年，温家宝又提出"职业教育是面向人人的教育"的基本理念。党的十八大以来，党中央和国务院在各方面大力宣传人人皆可成才、人人尽展其才的人才观，积极提高技术技能人才的社会地位。只有从根本上提升了技术技能人才的社会地位和待遇水平，才能从根本上提升职业教育对于社会大众的吸引力。通过职业教育与培训为社会个体打开成功成才的大门，进而获得更好的工作和更高的收入，实现个体追求幸福生活的目标。2015年，习近平总书记在庆祝五一国际劳动节暨表彰全国劳动模范和先进工作者大会上的讲话中指出："一切劳动者，只要肯学肯干肯钻研，练就一身真本领，掌握一手好技术，就能立足岗位成长成才，就都能在劳动中发现广阔的天地，在劳动中体现价值、展现风采、感受快乐。"同年，习近平总书记在贵州省机械工业学校考察时勉励职业院校学子，各行各业需要大批科技人才，也需要大批技能型人才，大家要对自己的前途充满信心。习近平总书记立足职业教育的技能技术积累和多样化人才培养功能，一方面强调通过职业教育实现促进国家繁荣、民族振兴的国家梦想，另一方面重视通过职业教育实现个人成才、职业成功、生涯进步与生活幸福的个人梦想，是职业教育作为教育的最终发展旨趣与意义所在。实现了职业教育发展中长期存在的社会本位论与个体本位论的统一。人人皆可成长、人人尽展其才，不仅有利于提升职业教育社会影响力和吸引力，也有利于整个社会形成以能力为本位的人才发展观。

（四）职业教育的培养观

为解决我国经济高增长、低效率、靠大量投资支撑的不可持续发展问题，综合分析世界经济长周期和我国发展的阶段性特征，习近平总书记提出了经济新常态的理念。新常态的特征表现为增长速度要从高速转向中高速，发展方式要从规模速度型转向质量效率型，经济结构从"增量扩能"为主转向"调整存量、做优增量"并举，发展动力从主要依靠资源和低成本劳动力等要素投入转向创新。2015年，《中国制造2025》提出加快推进制造业创新发展、提质增效，实现我国从制造大国向制造强国转变。习近平总书记强调，要"推动中国制造向中国创造转变、中国速度向中国质量转变、中国产品向中国品牌转变"。如何使职业教育培养出适应经济新常态下产业转型升级及新型制造业发展需要的人才，使职业教育在新的经济发展模式中发挥积极作用，形成现代职业教育与经济发展间紧密协调、互相促进的关系，成为职业教育改革发展关注的核心问题。

党的十八大以来，职业教育的人才培养目标有了更加深刻的内涵。习近平总书记在对职业教育的指示中提出，大力培养数以亿计的高素质劳动者和技术技能人才。在2015年两会上，时任总理李克强指出："我们要用大批的技术人才作为支撑，让享誉全球的'中国制造'升级为'优质制造'。"在职业教育中培养工匠精神已成为新时期我国职业教育发展的核心关注点，成为十八大以来职业教育人才培养的新理念和新要求。工匠精神是指对自己的产品精雕细琢、精益求精、追求完美的精神理念。具体到职业教育人才培养中，要把提高职业技能和培养职业精神高度融合，不仅要培养学习者娴熟、高超的操作技能，而且要牢固树立敬业守信、精益求精等职业精神，对职业教育的课程和教学都提出了新要求。2017年，《制造业人才发展规划指南》提出，大力培育工匠精神，制造业企业要把培育精益求精的工匠精神作为职工继续教育的重要内容，增强职工对职业理念、职业责任和职业使命的认识与理解，推进工匠精神进校园、进课堂，帮助学生树立崇高的职业理想和良好的职业道德，培养崇尚劳动、敬业守信、精益求精、敢于创新的制造业人才。2016年，《"十三五"教育发展规划纲要》提出，强化大国工匠后备人才培养。着力提升职业学校人才培养质量，加强职业精神培育，推进产业文化、优秀企业文化、职业文化进校园、进课堂，促进职业技能和职业精神高度融合，着力培养崇尚劳动、敬业守信、精益求精、敢于创新的工匠精神。人才培养目标是对教育所要培养的人的规格的总要求，即回答把受教育者培养成什么样人的问题。长期以来，关于职业教育人才培养目标，先后经历了技术型人才、实用型人才、应用型人才、技能型人才等多种不同定位，把职业技能作为人才培养的重心。对于工匠精神的强调是对我国技术技能为主的职业教育人才培养目标的完善和升华。

二、职业教育的发展道路

中国职业教育发展始终高度关注的核心问题是道路选择。中国特色现代职业教育发展道路是过去几十年间中国职业教育实践经验的高度凝聚与未来中国职业教育发展目标的有机统一。2014年习近平总书记对职业教育工作做出重要指示，对加快发展现代职业教育的"中国道路"做出了总描绘和总部署。

（一）发展道路

道路问题是一个根本性问题。职业教育发展道路是指一个国家或地区推动职业教育事业发展所选择的途径和方式，它既包括对发展理念、发展目标和发展方向的选择，也包括对发展方式、发展制度和发展策略的选择。作为一种历史范畴，职业教育发展道路是长期实践探索的结果，同时又接受时代条件的规制，随着历史的发展变化而发展变化。中国特色职业教育发展道路是中国特色社会主义道路的重要组成部分，发端于中国近现代的职业教育，是中华民族艰苦卓绝抗争史的重要组成部分，是新中国成立后近70年社会主义革命与建设事业的重要组成部分，是中国共产党领导中国人民改革开放进程40多年来创新实践的重要组成部分。中国特色职业教育发展道路以中国特色社会主义道路为归属，同时也是中国特色社会主义道路探索实践的一个映射，是对中华民族悠久文明的传承，是对近代以来中华民族发展历程的深刻总结，是对新中国成立后持续的探索，是对改革开放伟大实践的延续，深深地根植于中国大地。

（二）党的十八大以来职业教育发展道路

2012年，党的十八大对全面建成小康社会做出新的战略部署，标志着社会主义现代化建设进入到关键阶段。全面建成小康社会对教育提出了新的任务要求，强调要"加快发展现代职业教育"。从十六大提出"加强职业教育和培训"，十七大提出"大力发展职业教育"，十八大要求"加快发展现代职业教育"，十九大提出"完善职业教育和培训体系"，二十大提出"优化职业教育类型定位"，体现了在全面建设小康社会进程中发展职业教育的极端重要性，也表明快速发展的经济社会对职业教育的发展速度、内涵和质量有更加迫切的需求。

2013年，《中共中央关于全面深化改革若干重大问题的决定》指出"加快现代职业教育体系建设，深化产教融合、校企合作，培养高素质劳动者和技能型人才"，从发展目标、改革路径、根本任务三个方面明确了加快发展现代职业教育的道路和方向。2014年，习近平总书记从实现中华民族伟大复兴中国梦的高度，精辟阐明了职业教育的战略地位、时代责任、根本任务、发展方向、支持重点和工作要求，是对加快发展现代职业教育提出的总要求、总纲领，为中国特色现代职业教育道路指明了方向。把加快现代职业教育发展与实现"两个一百年"和中华民族伟大复兴中国梦作为中国特色现代职业教育发展道路的根本归属和最终目标；把服务国家的发展、民族的发展、每个人的发展和人民群众安居乐业作为职业教育的着眼点和立足点，以及中国特色现代职业教育发展道路的根本方向；把着力提高人才培养质量，弘扬劳动光荣、技能宝贵、创造伟大的时代风尚，营造人人皆可成才、人人尽展其才，努力培养数以亿计的高素质劳动者和技术技能人才，作为中国特色现代职业教育发展道路的根本任务；把加大对农村地区、民族地区、贫困地区职业教育支持力度，努力让每个人都有人生出彩的机会，作为中国特色现代职业教育发展道路的责任和理念。

2014年，时任总理李克强在全国职业教育工作会议前的重要讲话中指出，职业教育是面向人人、融入社会的教育。中国职业教育要进一步发展，就必须用改革的办法办好办大职业教育。要进一步处理好政府和市场的关系。政府既要加大对职业教育的投入，也要采取购买服务等多种办法，调动企业、社会多方面力量，使更多的力量都能进入职业教育当中来；职业教育要把职业技能和职业教育的培养相融合。职业技能人才应该是高素质、全面发展的人才，是有敬业精神、职业精神的人才，职业教育要在培养职业技能的同时，更要培养职业精神。把政府角色要重新定位和教育内容重新构建作为中国特色现代职业教育发展道路的两条重要主线。时任副总理刘延东在全国职业教育工作会议上的讲话中把现代职业教育概括为"适应需求、面向人人、有机衔接、多元立交"，并围绕加快发展现代职业教育系统阐述了六个方面的重点工作：一是明确发展定位，更加突出职业教育的战略地位；二是改革办学体制，充分发挥市场机制的作用；三是聚焦主攻方向，积极构建现代职业教育体系；四是抓住核心任务，着力提升人才培养质量；五是完善办学模式，大力深化产教融合、校企合作；六是创新管理体制，进一步简政放权。这六个方面构成了现代职业教育建设的施工蓝图，是对重要指示、总理重要讲话精神的具体化落实，也是对职业教育现代化进程中"中国道路"的操作性呈现。

三、职业教育的政策推动

2014年，习近平总书记在对职业教育作出的重要指示中强调："各级党委和政府，要把加快发展现代职业教育摆在更加突出的位置，更好支持和帮助职业教育发展。"从国家战略和现代化建设全局的高度，对各级政府的职责提出了明确的要求。按照党中央、国务院做出的重大战略部署，各级政府高度重视职业教育工作，不断强化政策支持和保障力度。

（一）政策与政策推动

在我国，政策是一种政治行为，是政府意志的集中体现，它预示着执政的路径、社会发展的走势和方向，对人们的生活和切身利益产生直接而深远的影响。政策包括：法律法规、行政文件及领导人的指示等。教育政策是一个政党和国家为实现一定历史时期的教育发展目标和任务，依据党和国家在一定历史时期的基本任务、基本方针而制定的关于教育的行动准则，是一种有目的、有组织的动态发展过程。职业教育政策是由党和政府经过法定的决策程序所做出的旨在合理分配职业教育资源、规范职业教育办学行为、解决职业教育发展问题、促进职业教育发展的权威性决定。我国职业教育在从计划经济向社会主义市场经济转型的过程中，逐步形成了政策推动和落实的体系与机制。党的领导是职业教育重大政策形成的动力源泉；政府推动是达成职业教育政策目标的主导力量；地方为主是激发职业教育政策活力的关键环节；社会参与是实现职业教育政策效益的基本途径。改革开放以来，我国不断拓展民众和社会各方面参与职业教育的道路和空间，并形成了基本的制度安排。

（二）党的十八大以来职业教育的政策推动

2014年，国务院召开全国职业教育工作会议，出台《关于加快发展现代职业教育的决定》；2018年，全国教育大会之后，国务院印发《国家职业教育改革实施方案》指出"职业教育与普通教育是两种不同教育类型，具有同等重要地位"；2021年，党中央、国务院召开全国职业教育大会，提出建设技能型社会的理念和战略。国家出台了一系列发展职业教育的政策举措，深入推进职业教育办学体制机制改革，加快构建现代职业教育体系，着力提升职业教育服务经济社会发展的能力，职业教育面貌发生了格局性变化。

体制机制改革包括人才培养体制、办学体制、管理体制、招生考试制度等。国家以产教融合、校企合作为突破口，着力推动职业教育改革发展，系统深化职业教育人才培养模式的理念和方式。2013年，《中共中央关于全面深化改革若干重大问题的决定》把产教融合理念上升为职业教育的顶层战略设计，与办学体制机制改革、师资队伍建设、人才培养模式创新、专业课程设置等紧密融合。政府基于"放管服"理念，根据职业教育特点，把握政府、市场和社会在职业教育改革发展中的功能、地位以及各自边界，通过引导、激励、监管等办法，构建政府、学校、企业、学生和第三方的社会组织等主体之间的利益、责任和道德机制等，形成多元主体参与职业教育产教融合的治理体系。教育部、财政部等部委联合发布或单独发布多项配套文件，深化职业教育体制机制改革。《国务院关于加快发展现代职业教育的决定》发布后，全国各地陆续召开加快发展现代职业教育的工作会议，贯彻落实国家精神。2021年全国职业教育大会在京召开，习近平总书记在职业教育工作的重要指示中，要求各级党委和政府要加大制度创新、政策供给、投入力度。2021年，《关于推动现代职业教育高质量发展的意见》作为贯彻落实全国职业教育大会精神的配套文件，定位于破除职业教育改革发展的深层次体制机制障碍，提出优化职业教育供给结构，构建政府统筹管理、行业企业积极举办、社会力量深度参与的多元办学格局，协同推进产教深度融合等措施，进一步完善产教融合、协同育人机制。

建设现代职业教育体系是中国职业教育发展的总目标。2014年，《国务院关于加快发展现代职业教育的决定》提出"到2020年，形成适应发展需求、产教深度融合、中职高职衔接、职业教育与普通教育相互沟通，体现终身教育理念，具有中国特色、世界水平的现代职业教育体系"。《现代职业教育体系建设规划（2014—2020年）》提出现代职业教育体系实施"两步走"战略目标：到2015年，初步形成现代职业教育体系框架；到2020年，基本建成中国特色现代职业教育体系。各省陆续发布本省的体系规划，作为各地构建现代职业教育体系的整体设计与行动指南。2019年，《国家职业教育改革实施方案》提出"完善学历教育与培训并重的现代职业教育体系，畅通技术技能人才成长渠道"。在高等职业教育领域提出了研究生层次的职业教育；明确要求"开展本科层次职业教育试点"；陆续批准部分优质高职升格为本科层次职业学校；在职业院校、应用型本科高校启动了"学历证书+若干职业技能等级证书"制度试点。2021年，《关于推动现代职业教育高质量发展的意见》进一步完善"职教高考"顶层设计，提出到2025年现代职业教育体系基本建成，职业本科教育招生规模不低于高等职业教育招生规模10%。2022年，《中华人民共和国职业教育法》为普通高等学校设置职业本科教育专业、专科层次职业学校设置职业本科教育专业预留空间。职业学校的学生不仅可以读大专，还可以上本科，进一步加强了现代职业教育体系的纵向贯通和有效衔接。

对接经济社会发展重大需求，主动服务经济社会发展，一直是推动职业教育发展的基本策略。2019年高职扩招116万人，2020年高职扩招157万人，为社会培养高素质技术技能人才的同时也有效缓解了严峻的就业形势。2021年，《关于推动现代职业教育高质量发展的意见》提出，优化职业教育供给结构——围绕国家制造业所需的新兴专业开展建设；围绕国家民生工程所需的紧缺专业开展建设；围绕国民经济转型升级所需的传统专业及时进行调整；鼓励学校开设更多紧缺的、符合市场需求的专业，形成紧密对接产业链、创新链的专业体系。"十三五"期间，制造业重点领域相关高职专科专业点数增长21%，招生人数增长近50%，新增了储能材料技术、虚拟现实应用技术、集成电路技术应用、人工智能技术服务等高职专业。在养老、托幼、家政等现代生活服务业人才培养方面，"一老一小"相关专业布点近2100个，年招生达44万人。中央财政每年引导资金20余亿元投入"双高计划"，其中立项建设的253个高水平专业群面向战略性新兴产业、先进制造业、现代服务业、现代农业。服务国家扩大开放、"一带一路"倡议和国际产能合作，在海外独立举办第一所开展学历教育的高等职业学院"中国—赞比亚职业技术学院"，建立"鲁班工坊"，在全球40多个国家和地区开设"中文+职业教育"特色项目。400余所高职院校和国外办学机构开展合作办学，全日制来华留学生规模达到1.7万人，"一带一路"沿线国家成为我国招收留学生的主要生源地和境外办学的主要集聚地。

四、职业教育的人才培养

提高人才培养质量是加快发展现代职业教育的核心任务。习近平总书记在2014年对职业教育工作的重要指示中，特别强调要"着力提高人才培养质量"。提高人才培养质量是加快发展现代职业教育的核心任务，是推进职业教育改革创新的永恒主题。

（一）职业教育人才培养质量

人才培养质量决定于教育质量，教育质量反映的是"教育水平高低和效果优劣的程度"。人才培养质量是完整的教育活动过程中各个方面和各个环节共同作用的结果，只有各方面和各环节相互进行合理有效的配置，才能保证人才质量保持较高的整体水平。职业教育人才培养的质量具有特殊性。第一，职业教育不仅要使学生正确地理解和掌握职业知识，还要使学生获得职业技能和态度，发展职业能力，强调质量达成的双重要求，后者更为重要。第二，职业教育的授课地点不仅在课堂上，更多的是在实训基地、实习工厂完成的，教学方式灵活，检验学生学习成效的标准和评价方式也是多样化的。第三，职业教育具有跨界性，社会各界参与程度高，人才培养的协同性和多元性决定了人才培养质量评价的协同性和多元性。第四，职业教育培养的是未来在生产一线工作的技术技能人才，人才质量决定着产品的质量和产业的竞争力，职业教育的人才培养质量对社会和经济发展具有更为直接的规制和推动作用。

（二）党的十八大以来职业教育人才培养

努力办好人民满意的教育是对职业教育"培养什么人、如何培养人"提出的总体要求。让人民满意的一个标准是提升人才培养质量。为响应国家大力提升职业教育人才培养质量的要求，教育部单独或与有关部门联合出台了多份配套文件，如《教育部关于深化职业教育教学改革全面提高人才培养质量的若干意见》《关于建立职业院校教学工作诊断与改进制度的通知》《教育部关于开展现代学徒制试点工作的意见》等。各地也积极响应国家要求，结合实际积极探索职业教育质量监测和评价机制。

强化职业院校的德育教育和校企合作。2014年，《中等职业学校德育大纲》修订并发布实施。进一步明确了国家对中等职业学校德育工作和学生德育的基本要求、主要途径和管理督查标准。通过强化爱国主义教育和社会主义核心价值观教育、强化学生职业道德和工匠精神的培养，不断深入职业院校德育课程改革。并开展了"文明风采"竞赛等更加丰富多彩的德育实践活动。2013年开始，职业院校广泛开展了"中国梦"主题教育活动，并在全国职业院校技能大赛设立了主题演讲活动板块。全国共建成约1300个职业教育集团，覆盖近70%的职业院校，吸引2万多家企业参与，开展了多种形式的校企合作。在全国范围内组织开展校企联合招生、联合培养的现代学徒制试点，试点地区和院校达到370个。全面倡导和推广工学结合人才培养基本模式，订单培养、引"企"入校、校企一体、顶岗实习、工学交替等形式更加多样和灵活。全面改善职业院校实习实训条件，普遍推行项目教学、案例教学、情境教学等教学方式，实践教学得到切实加强。不断完善全国职业院校技能大赛制度，使之成为推动职业院校教育教学改革的重要引导制度，专业覆盖、人人参与、"学赛"相长的局面初步形成。

把标准建设作为核心发展路径，加快完善标准和制度体系。教育部2012年公布了首批410个高职专业教学标准，2014年、2015年分两批制定并公布了230个中等职业教育的专业教学标准，第一次大规模规范了中等职业教育的专业教学基本要求。分别于2015年、2017年修订了《高等职业学校专业目录》和《中等职业学校专业目录》，发布了新的专业设置管理办法和专业简介；修订形成了新版《中等职业学校专业目录（征求意见稿）》和《全国技工院校专业目录（2018年修订）》。修订后的中高职专业目录更加适应现代产业发展的需求和趋势，增强了技术技能人才培养的系统性。2016年，《职业学校学生实习管理规定》实施，同时发布了230个中等职业学校专业教学标准和136个职业学校专业顶岗实习标准，为职业学校专业教学提供了基本准则和规范指导。2019年，《中等职业学校公共基础课程方案》明确包括思想政治、语文、历史等10门课程为相关专业必修课程，并在后续颁布了相关课程标准。基本形成了以专业目录、专业教学标准、课程教学标准、顶岗实习标准、专业仪器设备装备规范5部分构成的国家教学标准体系，标志着职业教育人才培养工作向标准化、规范化和科学化整体推进。

2020年以来，教育部先后启动山东、江西、甘肃、天津、辽宁、湖南、河南等7个省共建职业教育创新发展高地试点，以及江苏"苏锡常"、浙江温台、广东深圳、福建厦门、四川成都等城市试点。山东省继续深化教师、教材、教法改革，将组建200个教师教学创新团队，开发322个专业教学标准和147个中职、高职与本科相衔接的课程体系；江西省拟投资25亿元建设全国首个职业教育VR（虚拟现实）示范实训基地，加强建设12个区域性产教融合型实训基地，进一步提高职业院校实习实训水平；并投资200亿元建设南昌现代职教城。甘肃省集中力量建设10所高水平高职院校、30个高水平专业群，着力打造35所优质中等职业学校和100个优质专业。"苏锡常"都市圈优化区域职业教育布局，健全职业院校设置标准与教学标准体系，建设"双师型"教师队伍，加快职业教育信息化能力建设。在部省共建的职教高地之外，其他地区也在进行提升人才培养质量的改革。浙江全面提升职教学生核心素养，开展"面向人人"的学生技能大赛；安徽的职业院校拿出不低于20%的编制数，面向行业企业聘用技术技能型兼职教师，并由同级财政购买服务，建立省级职业教育企业社会兼职教师专家库。

第四节　新时代我国职业教育发展的展望

职业教育是与经济社会发展联系最直接、最密切、具有跨界属性的教育类型，是一种让受教育者获得从事某种职业或生产劳动所必需的职业知识、技能和职业道德的教育。职业教育既具有落实立德树人根本任务的教育一般属性，又要培养数以亿计的高素质劳动者和技术技能人才。抓好职业教育工作，既是教育改革的战略性问题又是重大的经济和民生问题，既关乎农村又涉及城市，既是当务之急又是长远大计，关系国家竞争力、家庭脱贫致富和个人成长成才等国计民生问题。

一、新时代我国职业教育发展的意义

（一）传承技术技能，培养大国工匠

新时代我国经济发展的基本特征和主要任务是由高速增长阶段转向高质量发展阶段，适应世界新一轮科技革命和产业革命的新变化，建设现代化经济体系，推动经济发展质量变革、效率变革、动力变革，壮大实体经济，加快发展先进制造业，推动中国制造向中国创造转变。习近平总书记指出，"工业强国都是技师技工的大国，我们要有很强的技术工人队伍"。我国产业工人队伍中，高级技工比例仅为5%，全国高级技工缺口近1000万人，产业工人整体素质和技能水平不高，已成为我国工业制造"大而不强"的重要原因。人才资源作为经济社会发展的第一资源，建设制造强国当以人才为根本，需要大批掌握精湛技能和高超技艺的高技能人才队伍。加快发展现代职业教育，建设宏大的知识型、技术型、创新型劳动者大军，造就更多的"大国工匠"，将助推"中国制造"走向"优质制造""精品制造"，用高素质人力资源推动和实现高质量发展。

（二）促进就业创业，成就出彩人生

就业是民生之本、安国之策。2021年，我国人口总数超过14.1亿，劳动力7.92亿，全国农民工总量29251万人，城镇新增就业1269万人，年末全国城镇调查失业率为5.1%。未来我国依然面临总体就业压力巨大和结构性劳动力短缺、人才匮乏的突出矛盾，新一轮科技和产业革命的严重冲击，将使就业矛盾逐步从就业数量转向为就业质量，人和岗位要求的匹配度不高日益凸显。因此，必须把就业摆在更加突出位置，坚持就业优先战略和积极就业政策，在千方百计增加就业岗位的同时，要着力在提高就业质量、提高劳动人口尤其是就业困难人口就业能力和改善创业环境上下功夫。素质是立身之基，技能是立业之本，扩大就业和再就业的根本途径在于发展教育尤其是职业教育。职业教育推动着劳动者自身可持续发展，使无业者有业，使有业者乐业，助力广大青年打开通往成功成才的大门，成就有意义的多彩人生。

（三）促进教育公平，阻断贫困代际传递

全面建成小康社会已进入冲刺阶段，一个地区、一个民族都不能少，必须扎实推进脱贫攻坚和乡村振兴。习近平总书记指出，"扶贫必扶智。让贫困地区的孩子们接受良好教育，是扶贫开发的重要任务，也是阻断贫困代际传递的重要途径"。职业教育能够有效帮助贫困人群快速掌握脱贫致富技能、增强脱贫致富信心；职业教育也是与地方经济发展联系最为紧密的教育，区域性行业性特色显著，能够为地方产业发展培养"留得住、用得上"的技术技能人才，实现贫困地区长期稳定脱贫和内生发展。加大对农村地区、民族地区、贫困地区职业教育支持力度，开展贫困家庭子女、未升学初高中毕业生、农民工、失业人员和转岗职工、退役军人免费接受职业培训行动，是增强贫困地区发展后劲、帮助百姓减贫脱贫的治本之策。

（四）完善教育体系，建设教育强国和人才强国

我国是一个人力资源大国，也是一个智力资源大国，我国13亿多人大脑中蕴藏的智慧资源是最宝贵的。习近平总书记强调"要把提高职工队伍整体素质作为一项战略任务抓紧抓好，帮助职工学习新知识、掌握新技能、增长新本领，拓展广大职工和劳动者成长成才空间，引导广大职工和劳动者树立终身学习理念，不断提高思想道德素质和科学文化素质"。职业教育仍是我国教育领域薄弱环节，体系建设不够完善，衔接性、包容性和灵活性不足，对非传统学龄人口的农民工、在职人员等群体不够友好。国家统计局2021年的农民工监测调查报告显示，农民工总人数达到29251万人，其中高中文化程度占17%，大专及以上占12.6%，而接受过农业或非农职业技能培训的农民工仅占34.8%，农民工中的许多人对提升学历层次和职业技能水平充满渴望。开发人力资源，培育人才资源，必须大力发展现代职业教育，构建社会化的终身教育体系，加快推动我国向学习大国、人力资源强国和人才强国迈进，使所有受教育者学有所教、学有所成、学有所用，实现就业有路、升学有望、创业有成，创造美好幸福生活。

二、新时代我国职业教育发展的理念

党的十八大以来，习近平总书记紧密结合新的时代条件和实践要求，深刻把握国际战略形势和国家发展变化趋势，认真总结党发展教育的基本经验，深化了对职业教育发展规律的认识，形成了新的职业教育理念，深刻揭示了职业教育的本质特征和发展规律，为建设中国特色职业教育体系提供了理论指导和行动指南。

（一）"三个重要"的价值理念

职业教育是国民教育体系和人力资源开发的重要组成部分，是广大青年打开通往成功成才大门的重要途径，肩负着培养多样化人才、传承技术技能、促进就业创业的重要职责。首先，明确了现代职业教育的新定位。由于定位不准确，加上一些不正确的人才观和教育观作祟，职业教育经常被认为是另类的非主流教育，受到轻视和鄙薄。只有从本质上提升职业教育的地位，才能从根本上解决职业教育的"弱势"地位。习近平总书记把职业教育看作国民教育体系和人力资源开发的重要组成部分，把职业教育作为培养高素质技能型人才和中华民族伟大复兴的基础工程，从国家层面对职业教育进行新定位，职业教育被提升到前所未有的战略高度，生长空间更为广阔。第二，明确了现代职业教育的新作用。职业教育是"广大青年打开通往成功成才大门的重要途径"。现代职业教育不仅可以提高学生的生存价值和帮助学生掌握技术技能，更可以提升学生的社会价值和帮助学生全面发展。各行各业需要大批科技人才，也需要大批技能型人才，职业教育的学生要对自己的前途充满信心，用勤劳和智慧创造美好人生。职业教育具有提升青年学生生存发展能力和社会价值的功能，更是青年学生成长成才、走向成功、实现心中梦想的新路径。最后，明确了现代职业教育的新使命。职业教育肩负着培养多样化人才、传承技术技能、促进就业创业的重要职责，加快发展职业教育，既是深入实施教育强国战略、人才强国战略和创新驱动战略的必然要求，又是推进创业创新和增进民生福祉根本举措的重要思想。我国职业教育已经建成了世界上最大规模的职业教育体系，具备了大规模培养高素质劳动者和技术技能人才的能力，为培养多样化人才、推动经济社会持续健康发展和创造美好生活做出了重要贡献，在中华民族伟大复兴的进程中会有更大作为。

（二）"把握方向"的发展理念

新时代中国特色社会主义教育发展方向是"为人民服务，为中国共产党治国理政服务，为巩固和发展中国特色社会主义制度服务，为改革开放和社会主义现代化建设服务"。职业教育具有教育的一般属性，同时又有自己的特殊属性，重点服务技术进步和生产方式变革、培养高素质劳动者和技术技能型人才，促进全体劳动者可持续职业发展。"把握方向"的理念，要求职业教育服务发展要服务深化供给侧结构性改革，有针对地开设并办好特色专业，助推 "中国制造"走 "中国智造"，在加快建设制造强国、发展先进制造业和现代服务业中发挥作用；要服务建设创新型国家，深化教育和产业的有机融合，助推中国制造向智能制造升级，在质量强国中发挥作用；要服务乡村振兴战略，发挥职业教育在脱贫攻坚中的优势和作用，助推农业现代化和新农村建设；要服务实施区域协调发展战略，推进东西部职业学校合作，助推"三区三州"加快发展，在推进西部大开发、推动中部地区崛起、加快东北等老工业基地振兴、实现东部地区优化发展中发挥作用；要服务全面开放新格局，积极参与制定职业教育国际标准，共建海外院校、特色专业、培训机构，助推"一带一路"建设，在加快培育国际经济合作和竞争新优势中发挥作用。"把握方向"的理念，要求职业教育着力服务促进就业。"实现更高质量和更充分就业"是人民过上美好生活的重要前提。职业教育促进就业要以提升职业院校青年学生自身素质和激发就业内生力为重点，"落实立德树人根本任务"，弘扬"工匠精神""着力提高人才培养质量"。要突出把社会主义核心价值观融入课堂教学、教材建设、学校管理，引导职业院校青年学生有志向、有担当、有修养，完善品格、增长智力、提高技能、发展个性。要突出培养追求卓越的传承精神，严谨认真的敬业精神，追求完美的实践精神和精益求精的创造精神。要突出树立质量意识，提升职教质量，打造职教品牌，推动职业教育内涵式发展。

（三）"加快发展"的战略理念

在决胜全面建成小康社会、夺取新时代中国特色社会主义伟大胜利的关键时期，加快发展现代职业教育比以往任何时刻都更重要。进入新时期，我国职业教育加快发展的战略目标是建设中国特色职业教育体系。现代职业教育体系由两部分构成：一是职业教育内部的有机整体部分，包括职业教育类型、层次和布局等要素；二是职业教育与外部联系的有机整体部分，包括职业教育与普通教育相互关系、与社会外部相互关系等要素。要为实施科教兴国战略、人才强国战略、创新驱动发展战略、乡村振兴战略、区域协调发展战略、可持续发展战略、军民融合发展战略、就业优先发展战略提供技术技能型人才支撑。要融入优先发展教育事业、加快教育现代化、办好人民满意的教育的新进程，落实立德树人根本任务。要贯通贯彻新发展理念、建设现代化经济体系的新战略，努力服务经济高质量发展和满足人民过上美好生活的新期待。要与普通教育、继续教育协同创新，为学生多路径成才、公民多样化选择、人才多样化成长搭建无障碍的绿色"立交桥"。要构建院校布局科学、专业设置合理、"双师型"教师队伍优化、办学特色突出的办学体系；构建现代职业学校制度，扩大职业院校在人事管理、专业设置、收入分配等方面的办学自主权；构建"四对接"教学体系，即"课程内容与职业标准对接、教学过程与生产过程对接、毕业证书与职业资格证书对接、职业教育与终身学习对接"；构建适合职业教育特点的考试招生制度。要加强党对职业教育工作的领导，坚持党管办学方向和发展改革，健全党委统一领导、党政齐抓共管、部门各负其责的职业教育领导体制；加强政府发展职业教育职责，同步规划职业教育与经济社会发展，协调推进职业教育人才培养与人力资源开发，加大经费投入，建立完善促进职业教育发展法规；加强督导评估，完善质量保障机制，依法对政府及有关部门履行发展职业教育职责和职业学校规范办学进行督导，定期开展职业院校办学水平和专业教学评估；加强良好环境建设，引导全社会确立正确的人才观和教育观，营造有利于现代职业教育发展的舆论环境和社会氛围。

三、新时代我国职业教育发展的目标

作为一种与普通教育具有同等重要地位的教育类型，职业教育正在逐步进入高质量发展阶段。"提升质量"与"高质量发展"已成为新时代我国职业教育改革与发展的主要目标。

（一）职业教育高质量发展的内涵

高质量发展是2017年中国共产党第十九次全国代表大会首次提出，表明中国经济由高速增长阶段转向高质量发展阶段。党的十九大报告中提出的"建立健全绿色低碳循环发展的经济体系"为新时代下高质量发展指明了方向，党的二十大报告提出"高质量发展是全面建设社会主义现代化国家的首要任务"，高质量成为"十四五"乃至2035年的一个极为重要的时代课题。职业教育高质量发展是与职业教育数量型发展相对而言的，是一种更加侧重职业教育"质量"和"内涵"的发展方式。职业教育高质量发展蕴含着对职业教育发展的一种价值期待，职业教育应打破注重"规模扩张"的粗放型发展方式，而强调在新发展理念下更加注重质量。职业教育高质量发展主要是指在职业教育进入新的发展阶段，职业教育发展的动力机制、职业教育发展过程的要素结构及特征、职业教育发展目标的最终实现，均表现为"高质量"特征，更加彰显"好"的职业教育的本质特征。从发展动力机制看，经济社会高质量发展以及人们对教育多样化与个性化需求等在引导和推动职业教育高质量发展。从发展的过程看，职业教育系统的各结构要素整体上要达到和谐共生、生态平衡，在发展过程中要遵循"平衡—不平衡—平衡"的螺旋式发展规律。从发展的目标看，职业教育通过培养高水平技术技能人才来增强社会吸引力、服务国家经济社会发展需求，最终实现高质量发展的目标。

（二）职业教育高质量发展的特征

新时代职业教育高质量发展具有五个重要特征：一是能对新时代的经济社会发展及劳动力市场需求做出积极响应，能满足个体日益多样化的技术技能发展需求，职业教育作为技术技能人才供给与经济社会市场需求之间能匹配。二是能通过彰显其独特类型属性的教育与课程内容、独特类型特征的教育教学模式与方法、独特的师资类型与"双师型"教师素质，获得社会及个体学习者的认同，使自身具有更强的社会吸引力、更好的社会形象与社会地位。三是能为学习者提供国家认可的学历或职业资格证书，包括：国家认可的中职学历证书、高职学历证书、职教本科学历学位证书，以及职业资格证书、技能等级证书等为主。四是帮助学习者获得一份体面的工作或具备可持续的就业能力。职业教育帮助不同学习阶段的学习者获得与其职业能力及职业素养相匹配的职业岗位，同时着眼于职业教育学习者未来一生职业发展的潜能与可能性，使其形成持续学习新技术技能的基础能力。五是体现出强大的包容性，能为任何一个想接受职业教育的个体学习者提供机会与适切的教育。职业教育的对象将跨越年龄、性别、职业等固有的边界，涵盖各年龄段、各行业与职业、不同性别的学习者，为学习者在其人生任一阶段、任一背景、任一学习场所提供学习技术技能的机会，并提供更加个性化、更适合个体需求的技术技能培训。尤其要能为弱势群体提供更适切的技能学习与技能培训机会，帮助他们获得社会或企业所需的能力，实现更加匹配的就业。

四、新时代我国职业教育发展的任务

十九大报告中，关于职业教育的表述是完善职业教育和培训体系，深化产教融合、校企合作。《中国教育现代化2035》提出了"职业教育服务能力显著提升"的中长期战略目标；《加快推进教育现代化实施方案（2018—2022年）》提出了"深化职业教育产教融合"的重点任务；《国家职业教育改革实施方案》提出了包括完善现代职业教育体系、健全国家职业教育制度框架等在内七个方面20项政策举措。2019年《政府工作报告》将职业教育从"教育"部分中单列出来，放到"就业"部分，发展职业教育被提到了稳定和扩大就业的重要位置；二十大报告提出了"中国式现代化"目标和"实施科教兴国战略，强化现代化建设人才支撑"的重大战略部署，将教育从社会建设与民生领域单列出来，在"加快构建新发展格局"之后，作为报告的第五部分专章论述，更加突显科技、教育、人才对于中国式现代化的基础性战略性支撑作用和教育优先发展的战略定位。要把技能人才作为第一资源来对待，特别是要将高技能人才纳入高层次人才进行统一部署。

（一）完善职业教育和培训体系，大力发展现代职业教育

职业教育包括职业学校教育和职业技术培训，构建具有中国特色和世界水平的现代职业教育体系，培养大批技术技能人才，开展大规模职业培训。一是提高中等职业教育发展水平。把发展中等职业教育作为普及高中阶段教育和建设中国特色职业教育体系的重要基础，普通高中与中等职业教育结构更加合理，招生规模大体相当，使绝大多数城乡新增劳动力接受高中阶段教育；中等职业学校实行自主招生或注册入学，将返乡农民工、退役士兵、退役运动员、未升学普通高中毕业生等群体，纳入中等职业教育学历教育覆盖范围；进城农民工比较集中的地区，要采取灵活的学习方式，积极面向进城农民工及其子女开展职业教育和培训，让更多的人接受中等职业教育。二是推进高等职业教育高质量发展。高等职业教育作为优化高等教育结构和培养大国工匠、能工巧匠的重要方式，使更多城乡新增劳动力接受高等教育；职业院校生源基本来自高中、初中毕业生，中等职业学校毕业生升学和广大社会成员继续学习的需要没有得到应有的满足，必须改革完善高职院校考试招生办法，建立"职教高考"制度，完善"文化素质+职业技能"、单独招生、综合评价招生和技能拔尖人才免试等入学方式和学习方式，鼓励更多应届高中毕业生和退役军人、下岗职工、农民工等报考高职院校。三是实现学历教育与职业能力培训并重。现代职业教育体系以各级各类职业院校和职业培训机构为主要载体，要推动职业教育与普通教育、继续教育相衔接，畅通技术技能型人才成长渠道。适度提高专科高等职业院校招收中等职业学校毕业生的比例、本科高等学校招收职业院校毕业生的比例；开展本科层次职业教育试点，引导一批普通本科高校转为应用型大学；大规模开展职业技能培训，推行终身职业技能培训制度，面向在校学生和全体社会成员开展高质量职业培训。

（二）深化办学体制和育人模式改革，着力提高人才培养质量

发展现代职业教育，必须坚持面向市场、服务发展、促进就业的办学方向，充分发挥企业的重要办学主体作用，重视行业参与和指导作用，建立产教深度融合、校企深度合作的体制机制，办出有特色高质量的现代职业教育。一方面推动职业院校从政府主办为主向政府统筹、社会多元办学格局转变。"需求导向型"的职业培训体系要求职业院校办学格局的转变。培养技能型人才，企业是主体，学校教育是基础，学校和企业二者缺一不可。"需求导向"揭示的是职业教育办学方向上的根本转变，强调职业学校的人才培养要适应企业的需求，企业也是重要的办学主体。要落实促进校企合作办学的有关法规和激励政策，建立政府推动、行业指导、学校企业"双主体"实施的合作机制，推动职业院校和行业企业形成命运共同体，扶持鼓励企业和社会力量参与举办各类职业教育，培育产教融合型企业，鼓励有条件的企业特别是大企业举办职业教育，鼓励发展股份制、混合所有制等各种类型的职业院校和培训机构。另一方面，推动职业院校由参照普通教育的办学模式向构建产教融合、特色鲜明的类型教育转变。从知识特性上看，职业学校教育与普通学校教育的根本不同在于前者以传授"实践知识""隐性知识"为主，后者以传授"科学知识""显性知识"为主，技术技能人才成长需要广泛开展实践性教学，在做中学、学中做。职业院校必须突出实战和应用的办学路子，从基于学科知识体系的课程设置和教学实施，逐步转向基于职业工作过程的、模块化的课程设置和项目制的教学实施。随着退役军人、下岗职工、农民工等非传统应届生源比例的提高，职业院校的生源发生了结构性变化，必须探索适应不同生源教育背景和学习方式的人才培养模式，强化工作本位和能力本位，推动形成产教融合、校企合作、工学结合、知行合一的共同育人机制。

（三）推进国家资格框架建设，加快学历证书与职业技能等级证书衔接

国家资历框架是根据知识、技能和能力（素养）的要求，将一国范围内各级各类学习成果（教育文凭、职业资格等）进行系统整理、编制、规范和认可而构建的连续性、结构化的资历体系。我国实行学历证书和职业资格证书"双证书"制度，但二者之间缺乏有效融通和衔接。促进各类资历互认转换，可以转变长期以来"重学历出身、轻职业技能"的传统观念。一方面，启动"学历证书+职业技能等级证书"制度试点工作为深化复合型技术技能人才培养培训模式改革，2019年起在职业院校、应用型本科高校，启动"学历证书+职业技能等级证书"制度即"1+X"证书制度试点工作，鼓励职业院校学生在获得学历证书的同时，积极取得多类职业技能等级证书。职业技能等级证书的开发与实施，按照"放管服"改革要求，改革以审批发证为主要内容的传统管理体制，着力健全社会参与机制，国务院人力资源社会保障行政部门组织制定职业标准，国务院教育行政部门牵头组织开发教学等相关标准，面向社会招募培训评价组织，具体负责实施职业技能考核、评价和证书发放。教育部将联合行业部门、行业组织对培训评价组织行为和职业院校培训质量进行监测和评估。另一方面，推进职业教育国家"学分银行"建设。近年来，我国不断探索终身学习体系和学习型社会建设，积极开展终身学习成果认证、积累与转换工作试点，尝试建立不同类型学习成果的认证、评估与转换制度，已取得初步成果。从2019年开始，我国已探索建立职业教育个人学习账号，有序开展学历证书和职业技能等级证书的认定、积累和转换，职业院校对取得若干职业技能等级证书的社会成员，根据证书等级和类别免修部分课程；对接受职业院校学历教育并取得毕业证书的学生，在参加相应的职业技能等级证书考试时可免试部分内容。

第五节 我国职业教育人才培养模式改革的动因

职业教育人才培养模式变革是工作世界变化与教育世界改革共同作用的结果。技术更迭的不断加速，新技术的飞速发展与广泛应用深刻影响着职业教育人才培养。特别是人工智能技术的发展，加速了智能化时代的到来，职业教育人才培养模式将发生根本性变革。在此背景下，"中国制造2025"对职业教育人才培养规模、规格、质量提出了新要求，赋予了职业教育人才培养模式改革的新使命。

一、技术变革推动职业教育人才培养模式改革

从"互联网+"到"人工智能"，基于数字化与信息技术的各类新技术正飞速渗入人类的工作和生活世界的方方面面，特别是以大数据、云计算、物联网、人工智能、虚拟仿真、5G等为代表的新技术正深刻地改变着工作世界，世界各大经济体正经历着技术转变和工作性质的变革。《职业教育提质培优行动计划（2020—2023年）》明确提出要适应科技革命和产业革命要求，利用现代信息技术推动人才培养模式改革。

（一）技术对职业教育人才培养的影响

技术是影响教育的重要力量。技术不仅作为"实现特定目的的标准化手段和方法"[①]，更是作为一种"技术环境"发挥作用。技术变革对职业教育的影响不仅

---

① 余清臣：《教育实践的技术化必然与限度——兼论技术在教育基本理论中的逻辑定位》，《教育研究》2020年第6期，第14—26页。

是直接的，而且通过工作世界产生间接影响。

1. 技术对职业教育人才培养模式的直接影响

新技术为职业教育人才培养模式变革提供了新的手段支持，但技术本身并不是万能的，新技术在职业教育人才培养中也有着局限性。新技术直接渗透到技术技能人才培养的全过程，为职业教育人才培养方式带来了更多可能性。技术作为实现教育目的的一种手段，在教育发展历史进程中以不同的形态一直存在并发挥作用。教育技术的发展，从低到高大致可以划分为口传、手工抄写、印刷、电子传播、数字传播等5个阶段，技术变革引起的教育变革包括"新瓶装旧酒"与"新瓶酿新酒"这两个阶段。当前，技术对教育的手段支持主要表现在教育信息化方面。职业教育要主动适应"互联网+职业教育"发展，运用现代信息技术改进职业教育教学的方式方法，推进虚拟工厂等网络学习空间建设和普遍应用。但随着技术在教育中的大面积推广和广泛应用，不少研究也对技术对教育的影响进行了反思与批判。部分学者认为技术更多是改变教育的外在形态，并不能改变教育的核心领域，甚至认为学校的计算机"把丰富的课堂教学和学习简化为最可预见的机械学习"[1]等。技术变革对职业教育人才培养模式的直接影响，还需要进一步的深入分析技术变革为职业教育人才培养模式变革提供了哪些新手段、带来了哪些好处、解决了哪些老问题以及产生了哪些新问题等。

2. 技术对职业教育人才培养模式的间接影响

新技术的发展改变了工作世界，新的工作世界需要具备"新能力"的技术技能人才，进而需要新的职业教育人才培养模式来培养技术技能人才，工作世界成为技术与职业教育间的中间变量。而"技术技能人才"成为职业教育与工作世界建立的紧密联系的连接点，扮演着职业教育世界中的学习者和工作世界中的劳动者的双重角色；职业教育作为人才的供给侧，将学习者培养成合格的技术技能人才，进入需求侧的工作世界后技术技能人才成长为生产力的核心要素。因此，工作世界对技术技能人才数量与质量、结构与规格的要求，在一定程度上决定了职业教育培养什么样的技术技能人才，进而对职业教育人才培养模式改革产生影响。工作世界与技术变革的联系主要以生产为连接点。技术对生产产生了全方位的影响，技术发展引起了劳动资料和劳动对象的深刻变革，同时也促进了生产组织与管理的深度变化和生产力与生产方式的质的转变，并引发产业结构演进。技

---

[1]　[美]阿兰·柯林斯、理查德·哈尔弗森：《技术时代重新思考教育》，陈家刚、程佳铭译，华东师范大学出版社2013年版，第125页。

术变革引起了工作革命，使得工作种类、数量、内容、任务与过程等发生不同程度的变化；而工作本身的变化又对所需的技术技能人才提出了新要求。

（二）新技术与职业教育人才培养模式变革

技术通过直接和间接两个方面对职业教育人才培养模式产生影响。新技术引发工作世界产生深刻变化，需要职业教育人才培养模式随之发生变革，培养具备与新技术相关的专业能力与通用能力的技术技能人才。同时，新技术为职业教育人才培养模式变革提供了新的手段，但也存在诸多局限。

1.技术给工作世界带来的新变化

人类历史上的每一次重大技术变革几乎都引发了工作革命，给工作世界带来新的变革。一方面表现在工作种类与数量上。新技术的发展给劳动力的需求带来了替代效应、恢复效应和生产力效应。新技术特别是"机器换人"给部分工作带来了消失风险；同时，新技术的发展也创造出了新任务并提高了生产力，从而提供更多的具有比较优势的工作，使部分劳动力被解放到其他工作中。1999年至2016年期间，取代重复性劳动的技术变革同时在欧洲创造了2300多万工作岗位，技术进步带来的新工作基本超过了被其淘汰的工作。标准化、重复性、可编码的工作较之社交技能、创造力、要求在不确定状态下决策的工作更易受到新技术的冲击。另一方面表现在工作任务与过程上。技术正悄然改变许多工作的任务与过程。虽然部分工作的表面名称没有变化，但主要的工作任务已然改变。信息通信技术的发展使得网店销售、直播带货已经成为服装销售的新的工作内容；网络旅游也已逐渐成为旅行行业新的工作内涵。同时，新技术使得工作过程去分工化、工作方式研究化、服务与生产一体化，总体趋向更为综合复杂。

2.工作世界变化对职业教育人才培养的新要求

新技术通过引发工作世界的变革对职业教育人才培养提出了新要求。一方面是在职业教育人才培养的数量与结构上。从工作岗位来看，程序化、重复性和可编码的工作对于技术技能人才的需求将大幅减少；而新技术产生的新工作对职业教育培养人才的需求将大幅增加。从产业发展来看，新技术对制造业的影响最大，可能引发对职业教育人才培养需求的最大变化，更易出现"机器换人"；而服务业对职业教育培养的人才的需求变化相对较小，"人"的情感联系及其服务是关键生产要素很难被机器取代。另一方面表现在职业教育人才培养规格的要求上。随着新技术给工作世界带来的新变化，职业教育培养出的人才从事工作所需的能力正发生改变。虽然不同的工作对职业教育的人才规格的要求不同，但新技术时代职业教育人才培养应重点关注与工作任务密切相关的专业能力和适应新时代的通用能力，包括与新技术的有关的不同水平的理论知识与操作技能，人与机器的合作能力，以及人与机器相比更具优势的能力。此外，职业教育人才培养还应关注技术升级导致的技能操作的高端化、工作边界模糊化带来的能力组合多元化。

3. 职业教育人才培养中的技术理性

当前，职业教育数字化正加快升级，教育部将建设职业教育数字化"1+5"体系，持续开发优质数字教学资源，推动建设数字化、融合媒体教材，加快虚拟仿真实训基地建设，启动职业学校信息化标杆学校建设试点。在前期职业教育数字化建设的基础上，立体化教材、翻转课堂、微课、在线教学、移动学习以及虚拟现实、增强现实与混合现实等新技术在职业院校中已有所应用；学习管理系统、人工智能、虚拟和远程实验室、信息可视化等也将大面积推广。新技术的应用在职业教育人才培养中有利于降低培养成本，提高操作的安全性；有利于激发学习者的学习兴趣，活跃课堂教学，帮助学习者更容易理解深奥的理论与复杂的实操；有利于打破时空壁垒，共享优质职业教育资源，根据个体需求与特点随时随地进行教与学，促进个性化学习与终身学习。然而，新技术在职业教育人才培养中也有诸多局限。在理论层面研究人员也依然保持着对技术的担忧与反思。疫情期间我国职业院校开展了大规模、长时间的在线教学，出现了教学主体信息化素养与能力不足、在线教学方案适用性不强、远程教学对象管理方式和手段滞后、在线教学平台质量良莠不齐等问题。一方面是技术发展水平的局限，线上的远程教学无法替代线下课堂教学和面对面的交流互动，也无法替代操作要求较强的专业在人才培养中的实操环节。另一方面缺乏对职业教育人才培养中技术的理性思考，对技术中的"人"以及"人与技术"的关系思考得不够，缺乏教育技术视域的对"人"的重新审视。新时代职业教育人才培养模式变革，在回应技术需求和利用技术的同时，更应着眼于"人"的培养和可持续发展，实现技术手段与人才培养的深度融合。

二、智能化时代对职业教育人才培养的新机遇与新挑战

"人工智能"的概念在1956年由约翰·麦卡锡在达特茅斯会议中首次提出，被认为是AI诞生的标志。人工智能概念被正式提出至今，经历了两次高潮和两次低谷。2010年以来，随着"互联网+""大数据""云计算"的发展，加之人工智

能领域商业应用的强劲需求，AI的发展进入新的发展黄金期。新一轮人工智能发展的高潮是以"大数据""互联网"和"云计算"为基础，以企业生产和经济社会的大规模应用为目标。人工智能目前没有公认的和较为精准的定义，但其核心要素主要是让机器或机器人（载有人工智能的机器或机器人）胜任传统中需要人类智能才能完成的复杂工作。随着人工智能技术的日趋成熟，人脸识别、自动驾驶、智能助理和机器翻译等领域的蓬勃发展，智能化已悄然到来。

（一）人工智能对工作模式的影响

智能化生产技术要求整个生产组织方式发生根本变化。智能化生产对信息化生产的突破性发展体现在整个生产系统的自动化。智能化生产的实现主要依靠物联网技术和大数据技术。一方面，应用物联网技术将资源、信息、物体以及人员紧密联系在一起，构建一个庞大的信息物理系统（CPS），并用智能控制生产过程；另一方面，运用大数据手段灵活配置生产资源，实现个性化定制生产，进行差异化管理，以替代传统的固定式流水线生产，并对技术技能人才工作模式产生根本性影响。一是去分工化的工作过程。智能化生产是一种"高度集成式"生产，智能化生产企业，招聘的员工数急剧减少，每名员工承担整条生产线甚至一个车间的生产监控，他们的工作范围大幅增加。二是去分层化的人才结构。在智能化生产体系中，更为需要的是大量融技术理论与技能操作于一体，尤其是能熟练应用工业软件的复合型人才、工程型人才、技术型人才和技能型人才相互融合，人才结构和层次呈扁平化和上移趋势。三是高端化的技能操作。智能化生产体系并非完全不需要人，在某些环节甚至需要更多的人；也并不是完全排除技能操作，而是需要高端技能操作。尤其在智能化生产系统的操作，智能化生产线本身的安装、调试与维护，特种加工等领域无法完全用智能化设备，必须人工复杂的操作才能完成，对技能的要求大幅提高。四是研究化的工作方式，智能化只是手段，关键在于智能化生产技术的选择以及智能化生产系统的产品；工业要保持持续高水平竞争力的核心是创新，但创新是个极为复杂的过程，需要在设计、工艺等多个层面进行创新，进而要求技术技能人才研究性地工作。五是一体化的生产与服务。智能化的目标是把生产线与库存、产品和客户全部连通起来，构成智能生产、智能工厂、智能物流和智能服务的大系统，使得技术技能人才将直接面向客户进行生产，要求他们必须具备与客户沟通以及定制化生产的能力。

（二）职业教育人才培养的新机遇

国家人工智能政策为职业教育人才培养指明方向。2016年《"互联网+"人工智能三年行动实施方案》、2017年《新一代人工智能发展规划》等相关政策的出台，为职业教育制定人才培养目标和培养方案提供了政策依据，也为职业教育的专业建设和课程的开发、设置与实施等提供重要的指导。"十三五"国家科技创新规划把人工智能作为发展新一代信息技术的主要方向。十九大报告提出："加快建设制造强国，加快发展先进制造业，推动互联网、大数据、人工智能和实体经济深度融合。"二十大报告提出："推动战略性新兴产业融合集群发展，构建新一代信息技术、人工智能、生物技术、新能源、新材料、高端装备、绿色环保等一批新的增长引擎。"相关政策的出台，为职业教育攻破技术壁垒，为国家科技发展输送合格的技术人才创造了有利条件。人工智能技术为职业教育人才培养提供技术支撑。AI技术在教育领域的广泛应用，推动了职业教育"教、学、管"全方位多层次的智能化发展，帮助教师掌握每位学生的基本信息和学情数据，分析全班学生的学情分布情况，将学生的数据和分析结果与教学数据进行整理和规划，为教师精准化教学提供了技术条件；为学生定制个性化的学习计划和学习方案，通过测评了解学习情况并及时反馈和追踪，通过虚拟的实训场景进行实操训练，为学生的个性化学习提供技术条件；通过决策支持服务系统，在校内实现多主体多层次数据体系，实现校园数据的统筹分析，生成可视化分析图，提供决策建议，为科学化的管理过程提供技术条件。企业布局人工智能为职业教育人才培养提供市场导向。全球互联网科技企业将发展重点放在人工智能领域，大力开发与人工智能相关的产品，推动人工智能技术的快速发展。Facebook、谷歌、微软、特斯拉、英伟达和亚马逊等国际大公司都将人工智能列为其未来发展的支柱业务。国内的百度、腾讯、阿里巴巴和京东等互联网企业，都已经构造起了人工智能产业较为完备的产业链。国内外人工智能产业的布局和发展，开拓了新市场，为职业教育人才培养带来了新的机遇。

（三）职业教育人才培养的新挑战

人工智能的发展对职业教育人才培养体系产生了全面且深远的影响。面对新的工作模式，职业教育人才培养中的知识结构和能力结构都将发生重大变化，新的能力包括：精湛的加工技能，对整个生产系统的完整理解与精确控制能力，对相关工业软件娴熟操作能力以及对特定产品与工艺的深入研究与创新能力。但在现行的职业教育人才培养过程中缺乏能促进职业能力持续积累的完整体系。我国已有完备的中等职业教育和专科层次职业教育、正在壮大的本科层次职业教育以及以专业学位为载体的研究生层次的职业教育，但不同层次的职业教育之间更多是从招生和升学的维度考虑，课程之间的关联性不强。职业教育人才培养过于依靠职业学校教育。人工智能在制造业中发挥作用，必须要有扎实的生产工艺，并以企业的深度介入以及稳定的师徒关系作保障。职业学校教育只能教给学生基础的技术知识，对处于粗放型阶段的企业是所需的，但对定位于高技术甚至是人工智能生产的企业来说不具备竞争力。在职业教育人才培养过程中缺乏适合职业能力开发的课程组织方法。职业教育人才培养最终要依托课程。在职业教育人才培养过程中必须通过直接针对基于实际工作的职业能力设计的课程体系。职业能力标准体系建立是职业教育人才培养体系有效运行的前提。"任务"在职业教育课程开发中作为联系工作与课程的纽带，解决了职业教育课程与岗位要求的匹配问题。任务分析法也成了职业教育课程开发的基本方法并沿用至今，但只适用于标准化作业岗位的职业能力开发与课程组织框架的确立，对于培养高度复合型人才的能力结构的适用性大大降低。虽然通过设计导向、系统化和功能分析予以修正，但仍未能找到满足智能化时代需求的适切的职业教育课程开发方法。

三、"中国制造2025"给职业教育人才培养带来的新使命

2015年，"中国制造2025"被称为"中国版的工业4.0"，明确提出了建设制造强国的"三步走"战略，以十年为一个阶段，通过"三步走"实现制造强国建设，并对第一个十年的战略任务和重点进行了具体部署。面向制造业转型升级、提质增效，提出了九大战略任务、五项重点工程和若干重大政策举措；同时着眼应对新一轮科技革命和产业变革、抢占未来竞争制高点，围绕先进制造和高端装备制造，前瞻部署了重点突破的十大战略领域，描绘了未来三十年建设制造强国的宏伟蓝图和梯次推进的路线图。落实好"中国制造2025"规划，提升我国制造业发展水平，建设好制造业强国，关键在于技术，核心在于掌握现代先进制造技术的人才，为变革职业教育人才培养模式提出了新的使命和任务。

（一）"中国制造2025"背景下技术技能人才的新特征

面对"再工业化"浪潮和"工业4.0"的影响，现代制造业展现出前所未有的灵活性、融合性和大规模定制化的特征。未来制造业的生产过程更多地表现出端对端的工程数字化集成，劳动者个体逐渐成为制造业生产过程的中心，突显出生产过程中的节点价值。随着我国制造业由传统的"中低端"向"中高端"升级，以新能源、新材料、现代装备制造等高端制造业要求技术技能型人才要具备深厚的理论知识和较强的技术研发攻关能力，推动职业教育人才培养层次的高移，本

科及以上的高层次职业教育将成为未来的方向和趋势。高端制造业向着复杂化和综合化的方向发展。不同岗位之间的界限逐渐模糊，岗位交叉将成为制造业发展的常态，要求劳动者具备复合型的知识能力结构。"中国制造2025"将创新摆在核心位置，而推动制造业创新的关键也在于实践，这就需要职业教育培养的人才在掌握扎实的技术理论素养的同时，还要在工作实践中加以运用、改进和提升，为此，要培养和提升劳动者的技术创新能力并推进技术素养走向实践化。

（二）"中国制造2025"背景下职业教育人才培养的新要求

2016年，《制造业人才发展规划指南》提出要形成与完善现代制造业体系相契合的人力资源发展格局，造就一支结构协调、规模合理、素质优良、富有朝气的制造业人才队伍，为实现制造业转型升级奠定坚实的人才基础。一是职业教育人才培养规模要与制造业发展相协调。预计到2025年，我国制造业从业总人数约达1.3亿，其中技术技能型从业者人数约8000万，占比约为61.5%，十年增加约3000万人，制造业技术技能型从业者的年均增量约为300万人。[①]职业教育作为制造业输送人才的主要途径，但制造类专业学生年均毕业生数持续下降，人才缺口逐渐拉大，2015年，制造业年均人才缺口达到约180万人。二是职业教育人才培养规格要与制造业发展相匹配。制造产业的全面转型升级，低科技含量的传统制造业向高科技含量的新兴制造业的转型升级，需要大量高级技术技能型人才，但我国高级技术技能人才仅占制造业产业工人队伍的5%，全国高级技术技能型人才缺口近1000万人。特别是"初级工多，高级工少；传统型技工多，现代型技工少；单一型技工多、复合型技工少；短训速成的技工多，系统培养的技工少，'绝活绝技'出现断档"，在一定程度上也反映高级技术技能型人才短缺的现实窘状。2014—2016年连续三年我国各技术技能等级的职位空缺与应聘人数的供求比率均大于1，职业院校为制造业提供充足高级技术技能人才成为重要使命。三是职业教育人才培养质量要与制造业发展相适应。随着我国步入高质量发展阶段，制造业转型升级亟须培养一支包含高级技能型人才、技师和高级技师等高级技术技能型人才队伍。2015年，根据国家职业教育教学指导委员会的预测，未来5年对制造业高级技术技能型人才的需求将达到1100万，机械装备制造行业对高级技能型人才的需求量约为400万人。但2009—2015年我国职业技师和高级技师资格证的获取率稳定在4%％左右，2015年高级职业技师资格证书的人数为55.31万人，获取率为

---

① 付卫东、林婕：《"中国制造2025"战略下职业教育的应对之策》，《职业技术教育》2016年第24期，第62—66页。

3.9%。职业教育亟待提高人才培养质量，扩大制造业中技师和高级技师的占比。

（三）"中国制造 2025"背景下职业教育人才培养的新挑战

职业教育作为制造业人才供给的主力军，在人才培养结构、人才培养模式和人才培养体系等方面面临着较为严峻的挑战。一是职业教育人才培养结构的失衡。未来制造业的发展将对从业者的学历要求更高。2016年，《中国劳动统计年鉴》统计数据，2015年我国制造业从业人员平均受教育年限为10.5年，受过高等教育（包括高等职业教育、大学专科、大学本科）的比例为16.8%，其中接受高等职业教育的从业人员占比仅为1.7%。全国专业技术人员接受中等职业教育和高等职业教育的仅占10.1%，严重的学历结构性失调问题无法支撑制造业转型发展。在专业设置方面也存在失衡问题，还未形成与新兴制造产业有效衔接的专业技术人才、技能人才的培养体系与集群，在节能与新能源汽车、农机装备制造等领域的高等职业院校的招生数和在校师生数都偏低。二是职业教育人才培养模式与制造业实际的脱节。职业教育尚未形成一套较为完善适用于制造业的人才培养理论与实践体系，人才培养目标定位模糊，没有准确的依据制造业具体岗位用人质量标准进行设计，过于注重培养专业操作能力，忽视培养学生的创新能力；缺乏与新兴制造产业发展相关的课程设计，既忽略了塑造学生的服务意识，又缺乏与新兴产业的衔接；制造业行业企业并没有深度参与到教学标准的制定、教学资源的开发以及教学实施过程，造成专业教学与制造业生产实践的衔接不够；尚未形成与制造业衔接的"双师型"教师发展机制，企业人才与学校专业课教师互聘互兼的相关制度还不完善。三是职业教育人才培养体系的开放性不够。职业学校教育的人才培养体系与校外的职业培训体系之间相对封闭。各级职业教育与普通教育的衔接交流不够。各级普通教育学校中的职业生涯教育渗透性不够，对制造业基础理论等方面的启蒙知识以及相关的技术技能和制造业生产运行等方面的知识涉及较少。普通高中和中等职业学校之间、高等职业院校和普通高校之间并未建立基于专业的校际学分互认的机制，阻碍了制造业从业者的职业生涯发展。

第二章　我国职业教育人才培养模式的探索

人才培养模式的核心问题主要有两个：培养什么样的人（培养目标，包括培养规格和培养层次等）和怎样培养人（培养措施，包括培养方式、方法和途径等）。对这一命题进行研究主要有两种态势：一是从实践出发，将职业教育改革实践上升到理论高度来研究；二是在理论层面对人才培养模式和各类人才培养模式的内涵展开研究。立足于我国职业教育人才培养模式的实践探索，从历史与现状两个维度为读者呈现出职业教育人才培养模式的发展脉络、典型模式和现存困境。

第一节　我国职业教育人才培养模式的历史沿革

人才培养模式是动态的、变化的、发展的。一种成熟的人才模式既要有一定的理论基础，又需要在长期的教育实践中不断丰富完善，形成相对稳定的结构特征，从而指导教育实践。职业教育人才培养模式的形成与发展与我国经济社会发展息息相关。在长期不断深化改革的历史进程中，我国职业教育人才培养模式的形式和内涵得到了不断的丰富和完善。

一、我国职业教育人才培养模式的发展历程

以我国学校职业教育的演变为依据，可将我国职业教育人才模式发展历程大体分为清末时期、民国时期、新中国成立之初和改革开放至今四个阶段，每个阶段都呈现出不同的发展特征。

（一）清末时期实业学堂的人才培养：以专业区分的人才培养模式

鸦片战争后，以李鸿章、左宗棠、张之洞等人为代表的洋务派代表在总结与西方作战失败的经验教训的基础上，提出了"师夷长技以制夷"的改革策略，认为采取西方科学技术，做到为我所用是清政府抵御西方侵略的一条捷径，并且提

出了采用新教育替代旧教育的主张。所谓新教育就是以"西艺"为主要培养内容的教育，培养能够掌握、应用西方先进科学技术的人才，这种新教育的实施机构就是中国近代最早的专科学校——实业学堂。

清末时期是我国高等职业技术教育的初始阶段，到了1909年全国共有高等学校39所，其中高等实业学堂就占据了当时高等院校总数的三分之一，已经初具一定规模，与普通教育共同构成了国家教育体系的双轨学制。1902年清政府颁布的壬寅学制提出兴办实业学堂，并将实业学堂分为简易实业学堂、中等实业学堂和高等实业学堂三个层次，分别与普通教育的高级小学堂、中学堂、高等学堂三个普通教育层次相平行。虽然该学制最终并未实施，但作为近代中国第一部由中央颁布的全国性学制，为日后职业技术教育制度的建立确立了基本的思路。1904年清政府又重新拟定了一系列学制文件，统称为《奏定学堂章程》，也称为"癸卯学制"，进一步提出要实施普通教育与实业教育相平行的双轨制。《奏定实业学堂通则》中强调："实业学堂，所以振兴农业，为富国裕民之本计，其学专求实际，不尚空谈……，近来各国提倡实业教育，汲汲不遑，独中国农工商各业，故步自封，永无进境，则以实业教育不讲故也。"①在《高等农工商实业学堂章程》中，对各类高等实业学堂人才培养的目标、入学要求、学习科目和毕业年限等都作了具体规定：（1）高等农业学堂以传授高等农业学艺，使学生将来能经理公司务农产业，并可充各农业学堂之教员、管理员为宗旨。（2）高等工业学堂以授高等工业的学理技术，使将来可经理公司工业事务，并可充各工业学堂的管理员、教员为宗旨。（3）高等商业学堂以实施高等商业教育，使通知本国外国之商事商情，及关于商业之学术法律，将来可经理公司商务会计，并可充各商业学堂之教员为宗旨。（4）高等商船学堂以授高等航海机关之学术、技艺，可充各商船学堂之教员、管理员为宗旨。从当时颁发的政令文件中可以看出，清末时期的实业教育不仅根据国家对各类人才的实际需求明确对各类实业学堂制定了具体的培养目标、专业设置、课程体系和教学要求，而且还建立了一套比较完善的实业教育分类体系，突出了人才培养的不同模式。

（二）民国时期专门学校的人才培养：实用主义的人才培养模式

辛亥革命后，随着民族工业的发展，国家需要大批技术人员。当时不少资产阶级民主派教育者在清末实业教育的基础上，以美国盛行的"实用主义"教育思

---

① 米靖：《中国职业教育史研究》，上海教育出版社2009年版，第143页。

想为指导，提倡发展职业技术教育。1912年，当时教育总长蔡元培发表了《对新教育之意见》一文，提出以公民道德为核心，包括军国民教育、实利主义教育、公民道德教育、世界观教育和美感教育的"五育并举"的教育方针。所谓实利主义教育就是"以人民升级为普通教育之中坚。其主张最力者，至以普通学术，悉寓于树艺、烹饪、裁缝及金、木、水、火、土之中"[①]。实业教育是实利主义教育的核心内容，这种重视实业教育的思想也反映在日后民国的教育宗旨与方针中。

1912年，民国政府教育部召开学制会议，并再度修订学制，最终于同年11月发布了一系列新的学制，统称为"壬子癸丑学制"。其中对职业教育制度加以规定的文件主要是《实业学校令》和《实业学校规程》。"壬子癸丑学制"是我国近代教育史上具有资产阶级性质的学制，它对实业教育的规定与清末学制有着较大的不同，突出表现为将清末学制中的初、中等实业学堂改为甲、乙两种实业学校，虽未设置高等职业学校，但开设了专门学校。专门学校也分为预科和本科，但与清末学制相比，此学制中实业学校的修业年限也缩短了，预科学制为1年，本科学制一般为3年。在《实业教育令》和《实业教育规程》后，民国政府又陆续颁布了一系列政策规定，加强了对实业教育的制度管理，也促进了实业学校的实践发展。到1925年，当时全国设有专修科的大学及专门学校的大学及专门学校共67所，1926年增加到113所。足以说明在民国政府时期，国家非常重视实用技术人才的培养。

除了官方政府大力提倡的学校实业教育，这一时期受新文化运动的影响，大量西方先进文化教育思想和制度被引进，掀起了一股新的职业教育思潮。1917年黄炎培等教育家开设了中华职业教育社。中华职业教育社以"大职业教育主义"思想为指导，以"办职业学校的须同时和一切教育界、职业界努力沟通联络；提倡职业教育的，同时须分一部分精神，参加全社会运动"为指导原则，除了在城市中开办各种形式的职业学校和职业补习学校外，还积极开展"富教结合"的农村改进试验区工作。中华职教社的主要任务有五点：一是调查教育界、职业界、学校毕业生以及各地职业教育的状况；二是劝导政府、社会、普通学校积极开办职业教育；劝导学力不足的青年接受职业教育；劝导已经就业者积极参加职业补习教育；三是研究职业教育，出版相关著作和出版物；四是宣传实业教育；五是组织和设立职业介绍部，通过调查、通告和引导的方式开展各种职业介绍活动，

---

① 高平叔：《蔡元培教育论著选》，人民教育出版社1991年版，第2页。

以沟通教育与职业之间的关系。除上述社会活动以外，中华职教社还自主办学推行职业教育活动，创办了中华职业学校，学校以培养学生应用型知识、熟练掌握操作技能和劳动服务就业观为主，在专业与学制设置、人才培养模式、职业指导实践等方面无不体现"实用主义"的教育理念。

（三）新中国成立之初专科学校的人才培养：半工半读的人才培养模式

新中国成立之初，国务院颁布了新中国成立之后的第一项专科教育法规——《专科学校暂行规程》，明确了专科学校的办学宗旨是为适应国家建设急需，以理论与实际一致的教育方法，培养掌握现代科学技术、全心全意为新民主主义建设服务的专门技术人才。1951年，国务院又颁布《关于改革学制的决定》，明确实施高等教育的学校为大学、专门学院和专科学校，规定专科学校修业年限为2—3年，招收高级中学及同等学校的毕业生或具有同等学力者。对于专科学校和大学专修科的入学年龄不作统一规定。1952—1953年，我国专科教育经历了第一次曲折，由此召开了新中国成立之初的规模最大的专科教育问题研讨会——哈尔滨工业大学第三届教学研究会议，会议明确提出高等职业院校专修科的培养目标是高级技术员。1955年，国家又提出在办好普通教育的同时，大量举办正规的从小学到大学的成人教育，于是成人高等专科教育和半工半读的人才培养模式成为这一时期职业教育的主要特征。

半工半读的职业教育人才培养模式是由刘少奇同志提出的，受到了党和政府的高度重视，自1958年起在我国开始了轰轰烈烈的实践探索。刘少奇同志当时认为我国应该有两种主要的学校教育制度和工厂农村的劳动制度。一种是全日制学校教育制度和工厂、机关里面的八小时工作劳动制度；另外一种并行的制度就是半工（农）半读制度，将教学和生产劳动相结合。毛泽东同志在《工作方法（草案）》中指出："凡是可能的，一切中等技术和技工学校一律试办工厂或农场进行生产，做到自给或半自给，学生实行半工半读。"周恩来总理在1956—1966年高等教育部半工（农）半读高等教育会议中也做出指示：发展半工（农）半读要谨慎稳妥一些。文科改革至少要经过两年的试点。邓小平同志也认为半工（农）半读的方向是肯定的，但步子要适当。但由于后来"文化大革命"，原本一片大好前景的半工（农）半读的人才培养模式被取缔，最终走向落幕。但这一人才培养模式对于之后我国职业教育的发展仍然具有深远的影响意义。

首先，半工（农）半读的模式是教育改革的一种有益尝试，是全日制教育的一种补充，对于改变我国单一的全日制学校教育结构做出了有益的探索，积累了一定的教育改革经验。其次，半工（农）半读的模式是对"劳心者治人，劳力者治于人"的职业教育偏见思想观念的批判与纠偏，在职业教育发展史上具有一定的开创意义。再次，在整个半工（农）半读的改革思潮中，职业教育的数量规模得到了快速发展，且在一定程度上促进了产、学、研的结合。这种人才培养模式将学习与劳动相结合，政治与业务相结合，注重实践锻炼和技能培养，为之后我国职业教育人才培养模式提供了良好的基础与正确的方向。

（四）改革开放后职业教育人才培养：形式多样的人才培养模式

改革开放以后，党的工作重心转移到以经济建设为中心，大力推进改革开放的国策。20世纪80年代以来，为适应经济和社会快速发展对职业性、应用性、技术性人才的需求，我国开始大力发展高等职业技术教育。我国高等职业教育的人才培养工作在经历了20世纪80年代初期到中期的起步阶段（1980—1985年）、80年代中期至90年代中期的调整阶段（1985—1998年）和90年代后期的快速发展阶段（1998年至今）。三个阶段后取得了长足的发展，人才培养模式也从模糊逐渐走向明确。

到了20世纪90年代末期，我国高等职业教育人才规模迅猛扩张，高等职业教育受到全社会的广泛关注。当时也有许多西方发达国家先进的职业教育人才培养模式被引入国内，例如加拿大的CBE模式、德国"双元制"模式等。在此背景下，众多职业院校将我国实际和社会发展要求与高等职业教育相结合，创新创造出了一系列丰富多样的职业教育人才培养模式，如"工学结合"人才培养模式、"订单式"人才培养模式、"以就业为导向"的人才培养模式、现代学徒制等。尽管在形式上多样不一，但有些共同特征：一是在培养方向上，主要以实用型、技能型人才为主，有限满足生产一线对高等应用型人才的需求；二是在专业设置上根据社会需要及时调整；三是在教学内容上突出职业能力的培养目标，强调学生对应用知识和技能操作的掌握和熟练程度，以能够解决实际问题为主要目的；四是在培养方式上注重理论和实际相结合，强调企业在职业教育过程中全过程、全方位的参与；五是在教学方法上强调"做中学"，强调教、学、做合一，手、口、脑并用。

职业教育的人才培养模式是随着经济社会的发展、生产技术的变革不断动态变化的，时至今日，我国职业教育人才培养模式仍在进行不断的创新与迭代，以此保障职业技术教育的适应性。

二、我国职业教育人才培养模式的发展趋势

任何一种人才模式的选择都取决于人才培养的目的和目标，人才培养模式也会根据不同的国情和地区差异有所变化。职业教育作为与经济联系最为紧密的一种教育类型，以适应性为根本生长点，这也说明职业教育人才培养模式的选择与改革发展必然受到社会经济发展大趋势的影响和制约，必然要适应一定阶段和区域经济社会发展的要求，也必须要考虑所培养的技术技能型人才终身职业生涯发展的问题。

随着职业教育机构的办学定位、人才培养目标、培养途径、课程模式、教学方法、教学手段、管理方式等日趋多样，职业教育的人才培养模式也呈现出多样性的发展态势。可任何一种人才培养模式都有自身特定的产生背景，都有自身的优点和缺陷。任何一种职业教育的人才培养模式也只是适应某一类地区和某一类的学校情况，不会存在一个普遍适用的职业教育人才培养模式。尽管如此，我们仍然可以在丰富多样的职业教育人才培养模式中发现共性，寻找共同的发展趋势。

（一）从学科本位转向能力本位

受传统文化观念的影响，我国素来就有重视基础理论学习的传统，因而职业教育的人才培养模式从一开始就具有普通教育的学科本位特点。学科本位观念指导下的人才培养模式强调专业对社会需求的广泛性，以学科体系为线索，强调基础性原理知识的学习和理论研究。基于学科本位的人才培养模式能够充分发挥教师的主导作用，在较短的时间内把系统的知识传授给学生，给学生打下扎实的知识基础，大幅增强学生的自我适应能力和自我学习能力。但这种人才培养模式重理论轻实践，重知识轻技能，学生掌握了丰富的理论知识，却难以掌握熟练的工作技能。能力本位观念指导下的人才培养模式是从职业岗位的需求出发，确定能力目标。职业院校聘请行业中具有代表性的专家组成专业教学指导委员会，分析岗位群的需要，把岗位群的任务层层分解，确定从事行业所对应的应该具备的能力，从而确定培养目标。再由学校组织相关教学人员，以这些能力为目标，设置课程、组织教学内容，最后实施考核，评判学生是否达到了这些能力要求。能力本位观念指导的人才培养模式以能力作为教学基础，而不是以系统的学术知识体系为基础。在教学管理上强调灵活多样的办学形式与严格的科学管理，学生的学习方式、学制、课程模式都更加灵活、具有弹性空间，学生的毕业时间和产出作

品也不加以强行统一。

　　基于能力本位的职业教育人才培养模式源于美国，形成于20世纪六七十年代。此种思想最初起源于适应美国二战后对退役人员的转业训练的需要，以重视获得岗位操作能力为目标，提倡以能力为基础。其核心是使学员具备从事某一职业所必需的实际岗位工作能力。其过程是以全面分析职业活动为出发点，以提供产业界和社会对培训对象履行岗位职责所需要的能力为基本原则来确定培养目标、教学内容、方法手段和评价方式，强调学生在学习过程中的主导地位。20世纪70年代以后，能力本位教育观先后被传至加拿大、欧亚以及澳洲等许多国家和地区，对职业教育与培训产生了深远的影响。尤其是20世纪80年代中后期和90年代初，英国、澳大利亚、新西兰等主要的英联邦国家，根据能力本位的职教思想，重新构建了本国各自的职业教育与培训体系，把能力本位职业教育思潮推向了一个新的高度。20世纪90年代初，能力本位教育观传入中国，并一度被称为我国职教教学改革的发展方向。

　　基于能力本位的职业教育人才培养模式的主要特点包括：一是以一线生产的实际需要为核心设计人才培养目标，在知识传授过程中特别突出对基本知识的熟练掌握和灵活应用。二是围绕一线生产的实际需要设计人才知识结构，在课程设置和教学环节上特别强调基础、成熟和适用的知识，相对忽略学科体系的完整性，忽视不太成熟的前沿性未知领域的知识探索。三是培养过程更强调校企合作，强调与一线生产实践的结合，更加重视实践性教学环节。总之，基于能力本位的职业教育人才培养模式强调应用知识而非创新知识，为职业教育体系改革提供了强大的思想动力。

（二）从短期就业转向终身生涯

　　任何事情都有正反两面，基于能力本位的职业教育人才培养模式也有自身局限性，在教育目的上容易重视行为，忽视品德；在教育方法上强调针对具体工作岗位的教学或培训，容易影响学生职后的岗位迁移能力。随着时代的不断发展，以万物互联、人工智能、大数据等前沿技术为标志的第四次工业革命给工作世界和教育世界带来了巨大的影响，现代职业教育体系格局、人才培养目标、内容与方式正在经历深刻的变革。职业院校以培养直接面向生产、建设、服务等领域的一线劳动者为己任，过去很长一段时间内仅仅关注学生实践能力和操作技能的培养，"以就业为导向""无缝对接"的培养目标也使其难以回避"工具性特征突出，人文精神缺失"等社会批判。在智能化时代更彰显个性自由，生产系统更加灵活，工艺愈加复杂化、个性化。技能技术工人不再是仅仅机械地完成某一个工作流程的工作任务，而是在每一个环节和工序中都要参与协作、持续钻研，不仅要具备技术能力还要具备全局性思维、审美能力，甚至是管理能力、研究能力。因此，职业教育的人才培养模式也应顺应趋势深化改革，培养集知识技术与主体精神、人文精神于一身的完整的职业人。

在这样一种经济社会发展的时代趋势，以及20世纪中期以来不断深入人心的终身教育观念引导下，职业教育人才培养模式越来越注重受教育者终身长期的发展需要。在1999年召开的第二届国际职业技术教育大会上，联合国教科文组织助理总干事科林·鲍尔在《联合国教科文组织21世纪前十年计划》的报告中特别强调技术和职业教育与培训不应该仅仅是"需要驱动"，而应该由"发展需要"来驱动。随着知识经济和全球化的普及，产业结构不断加快调整，资本、技术、人员的流动速度加快，人们的职业岗位、职业技能和职业发展也进入快速动态变化的阶段，每一个受教育者都要具备知识和技能更新的能力。21世纪是终身学习的时代，职业教育也更加强调为受教育者的生涯发展服务，培养受教育者的可持续发展能力，同时也要注重激发受教育者的创造性、尊重受教育者选择生活和职业的权力。职业教育的人才培养模式更加重视对理论与技能的平衡关系，既以职业岗位群所需的知识技能为基本培养内容，也要加强学生的综合素质教育和品质教育，提升职校学生日后自主学习、生涯发展与岗位迁移、职业转换的能力，将联合国教科文组织《学会生存》书里提出的学会做人、学会做事、学会学习和学会与他人共同生活的终身教育思想落实到课程上，落实到受教育者身上，落实到职业教育的人才培养目标上。

（三）从学历制度转向双证制度

学历教育一直是我国教育制度的主流。学历文凭是以学科分类为依据，以学科教育标准为导向，代表受教育者综合文化素质和教育水平，在世界各国都是公认的表现文化程度的唯一凭证。长期以来，国家在人才培养方面推行的证书制度是单一的学历文凭制度，不但导致学校教育成为一种身份教育和精英教育，还妨碍和限制了受教育者在不同层次和不同方向上的发展，助长了重学术轻应用、重理论轻实践等传统观念的固化，造成了我国人才培养的结构性供给矛盾和教育资源的浪费。新修订的《中华人民共和国职业教育法》第十一条规定："实施职业教育应当根据经济社会发展需要，结合职业分类、职业标准、职业发展需求，制定教育标准或者培训方案，实行学历证书及其他学业证书、培训证书、职业资格证书和职业技能等级证书制度。"第五十一条规定："学业证书、培训证书、职业资格证书和职业技能等级证书，按照国家有关规定，都可作为受教育者从业的凭证。接受职业学校教育，达到相应学业要求，经学校考核合格的，可获得相应的学业证书；接受职业培训，经职业培训机构或者职业学校考核合格的，可获得相应的培训证书；经符合国家规定的专门机构考核合格的，可获得相应的职业资格证书或者职业技能等级证书。"从法律条文中可以看出，我国现在实行的是双证书制度，除了学历证书还有职业资格证书。职业资格证书以职业分类为依据，以职业标准为导向，能够反映劳动者具备某种职业所需要的专门知识和技能。与学历文凭不同的是，职业资格证书与职业劳动具体要求紧密结合，更多地反映了特定职业的实际工作标准和规范，以及劳动者从事这种职业所达到的实际能力水平。职业资格证书制度是我国劳动就业制度的一项重要内容，是以职业资格为核心，围绕职业资格考核、鉴定、证书颁发而建立的一系列规章制度。职业资格证书制度是对职业技能进行社会化评估的一种手段和方式，也是人才规格标准化统一化的必然要求，是人才市场的有机组成部分。

在职业教育人才培养模式的变革中推行职业资格证书制度与职业教育的类型特征具有内在统一性。首先，职业教育的生命力在于学生职业技能和综合素质的培养，更加注重专业设置的职业性、教学过程的实践性以及人才培养的应用性，这些特征与职业资格证书所体现的宗旨和目标指向是高度一致的。其次，职业院校可以参照国家制定的职业分类、职业能力标准与职业资格标准审定教学大纲和人才培养方案，结合职业资格标准的模块组织开发课程并在教学中实施，最后以职业技能鉴定检验学生的实践能力。再次，职业院校可以将推行职业资格标准作为契机，推动学校教学改革，从知识传授转向培养实践能力，全面深化教学改革，提升人才培养质量。最后，推行双证书制度有利于培养学生的敬业精神，有利于知识、能力和人格教育的融合渗透。总之，推行学历证书和职业资格证书并举的制度是我国职业教育人才培养模式不断完善与发展的趋势与标志。

第二节　我国职业教育人才培养的典型模式

经过多年的探索与发展，我国职业教育人才培养模式的形式和内涵得到了丰富的积累与完善。本节主要对工学结合、订单式培养、以就业为导向、现代学徒制和企业新型学徒制这五种典型模式进行介绍。

一、工学结合的职业教育人才培养模式

工学结合的概念源于1991年国务院发布的《大力发展职业技术教育的决定》，文件明确提出提倡产教融合、工学结合。2005年，教育部长周济在职业与成人教育年度工作会议上强调："实行产教结合、校企合作，且大力提倡工学结合、半工半读。"自此，工学结合成为政策文件和学术研究的重点主题，职业教育办学实践中也积极探索出了工学结合的人才培养模式，并且成为我国职业教育人才培养的一种典型模式。

（一）工学结合人才培养模式的内涵特征

不同学者基于不同的研究目的，基于不同的研究立场对工学结合的概念做出了不同界定，尽管各不相同，但核心内容是一致的。首先能够明确的是，工学结合是培养技术型、技能型人才的一种教育模式。这种培养模式以培养学生的综合职业能力为目标，以校企合作为实施载体，将课堂学习和工作实践紧密结合。具体来说，工学结合人才培养模式中的"工"是指学生在工作场合的实践，例如顶岗实习，在工作岗位中培养职业素质和提高技能；"学"是指学生在学校进行基础知识、专业知识和技术技能的学习以及人文素质的培养。工学结合就是在人才培养方式上实现理实一体化、教学场合和工作场合一体化、课程教学与实践教学一体化，重视教学过程的实践性、开放性和职业性。

一般提到工学结合，还会想起几个与之相近的概念：产教结合、校企合作、半工半读。这些概念之间既有联系又有区别，都强调技术技能的理论学习与工作实践的联系，但侧重点是不同的。产教结合是在宏观层面上的一种职业教育人才培养的指导思想，"产"是指产业部门，"教"是指教育机构，产教结合就是产业部门与教育机构的有机结合，核心是人才培养与生产实践的结合。校企合作是在中观的学校层面上定义的，是指职业院校根据专业建设的需要，加强学校与企业全方位、多层次、全过程的合作，使专业建设、课程设置、教学内容及人才培养的规格更适合企业需求，使学校教育功能和企业生产经营实际有效结合在一起。校企合作更强调学校和企业两个办学主体之间的互动关系，更多是指职业教育的办学模式。半工半读则是20世纪六七十年代刘少奇同志提出的一种教育制度，也是学生个体微观层面的一种求学方式，主要强调的是学生一边学习一边工作，通过工作赚取相应报酬完成学业。有学者认为"校企合作、工学结合"共同构成了科学的职业教育人才培养模式，二者不能单独割裂开来，二者统一于人才

培养的实践之中。校企合作是工学结合的前提和基础，工学结合又是校企合作的出发点和切入点。

工学结合人才培养模式的特征主要体现为"三化"和"五结合"：能力培养专业化、教学环境企业化、教学内容职业化；人才培养方案、课程体系建设和质量评价标准要坚持企业与学校相结合、教学过程要实现理论学习和实践操作相结合、学生身份要与企业员工角色相结合、学习内容要与工作岗位要求相结合、学历证书要和技能证书相结合。具体来说就是通过"边学习边工作，为工作而学习"的培养机制，将学历教育与职业资格证书体系有效衔接起来，以职业能力和职业资格标准为核心，突出学生实践动手能力的培养，使学生掌握工作岗位最新的工艺和技能，并将其贯穿于学校职业教育的全过程，以此来组织课程体系、教学内容，实施考核评价。

（二）工学结合人才培养模式的理论基础

工学结合人才培养模式核心的理论依据是教育与生产劳动相结合理论。该理论思想产生于16世纪，马克思和恩格斯在总结空想社会主义者的教育与生产劳动相结合的思想基础上，从改造社会和人的全面发展的角度出发，从3个方面阐述了该理论：一是教育与生产劳动相结合是改造现代社会最有利的手段之一；二是教育与生产劳动相结合是提高社会生产的一种方法；三是教育与生产劳动相结合是培养全面发展的人的唯一方法。马克思主义的教育与生产相结合理论形成时期正是资本主义工业不断发展、资本主义剥削加剧、工人贫困化加剧的时期，针对此种社会背景和劳动分工状况，马克思主义创始人将教育与生产劳动相结合理论视为争取工人及其子女受教育的民主权利、提高劳动者地位、推动生产力、变革社会制度的有力工具。

毛泽东同志将这一理论与中国实际相结合，在我国教育史上第一次把教育和生产劳动相结合提高到教育方针的高度，给予其合法性地位。毛泽东同志将教育与生产劳动相结合视为争取工农劳动大众享有平等的教育权利的重要手段，实现教育为工农大众服务的宗旨。同时，将教育与生产劳动相结合作为培养全面发展的人的根本途径，以此推动我国的教育改革。改革开放以后，邓小平同志进一步从宏观上揭示了教育与生产劳动相结合的实质，认为其本质是使整个教育事业必须同国民经济发展要求相适应，即教育与经济发展的关系问题。

综上所述，教育与生产劳动相结合的理论是遵循辩证唯物史观，从科学社会主义学说和培养全面发展的一代新人的理想出发而逐渐丰富发展起来的理论，反映了社会生产发展和科学进步对教育的客观要求，科学揭示了生产劳动与教育、教学的双向关系，是职业教育贯彻工学结合的重要指导思想，也是职业教育培养合格人才的重要理论支撑。

（三）工学结合人才培养模式的价值意义

职业教育领域的工学结合的人才培养模式具有多元价值取向，涵盖了社会价值、教育价值和个人价值，有利于实现职业教育多方利益主体的互利共赢。

1.工学结合的人才培养模式于区域社会而言具有一定的社会价值

该模式能为区域经济社会发展培养充足的高技术技能人才队伍，充实区域人力资源体系。一方面，工学结合能够使职业院校在专业设置上满足区域性、适应性的特征，根据区域经济和社会发展需要，根据区域产业结构调整的需要有针对性地、灵活自主地开设和调整专业，使职业教育的人才培养与区域产业、行业、企业的生产要素充分融合，更好发挥职业教育的经济服务职能。另一方面，工学结合培养模式能够使企业完成人才选拔工作。这种模式可以使企业获得雇佣成本非常低廉的实习学生，企业通过观察、了解、考核将优秀的人才纳入人力资源体系，充实员工队伍。这些人才的引入不仅为企业注入了鲜活的生命力，同时也缩短了企业对新员工的培训时间，在日常的工学结合培养模式中就完成了新员工岗前培训的内容，保证了学生与工作岗位的快速对接。在这一培养模式中企业的投入要远远低于通过社会招聘和员工培训所产生的"取得成本"以及因为岗位空缺而产生的"空职成本"，为企业创造了不菲的价值。由此，企业获得了稳定的高素质人力资源，降低企业的人力资源成本，还促进了企业管理水平和员工整体素质的提高，对企业提高效益能够产生积极作用，保证企业规模扩张的需要。

2.工学结合的人才培养模式于受教育者个体而言具有一定的个体价值

该模式将职业技能培养和职业素养养成贯穿于人才培养全过程之中，注重学生个性化的发展，遵循针对性、差异性和适应性相融合的个人价值取向，更加符合教育规律和技术技能人才的发展规律。工学结合人才培养模式遵循"以人为本""以职业为导向"的教育理念，通过系统设计，把以课堂教学为主的学校教育与直接获取实际经验的校外工作有机结合，将理论学习和实践操作深度融合，不仅能使学生在生产一线中获得技能锻炼，还能享受到企业提供的多种福利，比如实习津贴、奖学金等。还可以使学生了解企业文化、企业生产流程、管理体制，帮助学生提前完成角色转化，为学生毕业之后适应工作世界打下良好的基础。

3. 工学结合的人才培养模式对职业院校具有一定的教育价值

该模式能够使职业院校面向区域社会统筹、整合教育资源，缓解教学资源不足的现状。我国已经加大力度发展职业教育，不断加大职业教育投资，但鉴于职业教育的办学经费之高昂，目前教学资源仍然比较紧张。工学结合人才培养模式则是充分利用社会资源办学的一种有效模式，该模式的实施能使学校教学资源（如实训和实验设备、食堂等）和人力资源的紧张状况得到缓解。同时还有效利用了企业提供的生产设备的物质资源和实践指导教师等人力资源，为学校节省了很多实习实训成本。同时对于全面落实职业院校专业职业能力培养目标，深化教学内容和教学方法的改革，加快专业课程开发、教材建设、教法改革步伐具有十分重要的意义。概而言之，工学结合人才培养模式通过课程体系和教学内容的系统重构、教学方法与手段的改革完善、校内基地生产性功能和校外基地教育性功能的拓展、专兼教学团队的结构优化与集聚、学生专业能力和职业能力的协同发展，能够极大丰富职业教育的内涵，彰显跨界教育和类型教育的本质内涵，提高职业教育人才质量。

（四）工学结合人才培养模式的实践形式

工学结合人才培养模式作为一种在实践中不断创新和发展的教育模式，其内在的逻辑体系和运作流程蕴含着丰富的职业教育思想和理念，具有深刻的教育价值。改革开放以来，经过广大职业院校40多年来的实践和理论探索，逐步形成了多种职业教育工学结合人才培养模式实践形式。

1. 校企相融

校企相融主要包括"引企入校"和"校企"合作办学两种实践形式。具体路径包括以下三种：一是依托骨干专业创建产业实体或者教学性公司，形成"依靠专业办企业，办好企业促专业，办强专业引产业"的完整产业链条；二是校企合作创建教学工厂，通常由企业投入设备、技术专家，承揽设计与施工任务，由学校投入用房、水电和相关设施，校企双方共同在校内共建教学工厂；三是企业参股职业教育，与学校合作办学。企业以设备、场地、技术、师资、资金等形式向学校"入股"合作办学。企业对学校具有决策、计划、组织、协调等管理职能。企业以主人的身份直接参与办学过程，分享办学效益，全过程、全方位地参与人才培养和学校的管理工作。企业通过分享办学效益获取利益回报。尽管上述三种形式各不相同，但其本质是共同的，将企业建在学校，将理论与实践贯穿于整个教学过程中，可以使学生尽早接触工作世界，在工作过程中提升综合能力。

2. 工学交替

工学交替是指学习和工作交替进行，在学制内将每学年分为学习学期和工作学期，工作学期职业院校会采用"案例式教学""项目化教学"教学实施手段安排学生到企业进行顶岗实习，在实习期间可以赚取工资来补贴学习和生活费用。这种形式根据学生必备的职业能力和技能要求来确定若干典型工作岗位，实行顶岗实习和岗位轮换，通过"理论、实践、再理论、再实践"多次循环的方式，不断深化学生对知识和技能掌握的深度与广度，促进学生职业认同和形成职业能力。

3. 项目驱动

项目驱动就是以某一项目为载体或纽带，将职业院校与企业紧密结合起来共同实施人才培养，制定并完善理论教学体系和实践性教学体系。校企双方根据项目需要互派人员到对方单位任教或工作。职业院校教师的教育教学活动、学生的学习实践活动和企业生产活动都围绕同一个项目进行，形成了一种互惠互利、稳定运作的机制。这种模式以项目为中心，一切行为活动都是为项目服务，因此找到校企双方契合的合作项目是这一模式的关键，也使得这种模式的适用范围有一定局限。

4. "2+1" 模式

"2+1"模式是将学制分成两段，三年教学中的2年在学校学习，1年在企业实践。学校阶段主要在校内进行公共文化课、专业理论课和校内实训课的学习，在学校的实验室、实训室、生产性实训基地开展实践性教学环节，加强理论与实践的结合；企业阶段是以到企业生产岗位进行定岗实习为主，同时学习部分专业课，结合生产实际选择毕业设计课题，并在校企合作教师的共同指导下完成毕业设计。这种模式是我国职业院校当前普遍实行的一种形式，能够充分发挥学校和企业两个育人主体的共同作用，使学生将学校所学的知识与技能运用于生产实践，增强工作岗位的适应能力。在一些经济欠发达地区，这一模式还具有劳动力转移培训的作用，为经济欠发达地区职业院校探索出一条以较低教育成本培养技能型人才的道路。

二、"订单式"职业教育人才培养模式

（一）"订单式"人才培养模式的内涵特征

目前学术界对于"订单式"人才培养模式的概念尚未有一个统一的界定。

有学者从校企合作的规范层面将其定义为"学院与企业人力资源部门共同研究用人规划和培养计划，通过签订委培协议书或以企业正式文件的形式予以落实，实现人才培养目标"[1]。有学者则是从人才培养到就业的全过程视角对其进行界定，认为"订单式"人才培养模式是学校与企事业单位针对社会和市场需求共同制定人才培养计划，签订用人订单，并在师资、技术、办学条件等方面合作，通过工学交替的方式分别在用人学校与用人单位进行教学，学生毕业后直接到用人单位就业的一种产学结合的人才培养模式。其中，第二种观点，即从"进口"到"出口"的全过程视角获得了更为广泛的接受。虽然学界对于概念界定尚未达成共识，但对于"订单式"人才培养模式的主要特征是基本达成共识的，主要有以下四点特征：一是学校和企业双方在相互信任的基础上签订"订单"，即用人及人才培养协议。"订单"是这一模式的核心要素与实施起点，也是区别于其他职业教育人才培养模式的基本要素。职业学校通过与用人单位签订订单，明确了校企双方职责，学校保证按照企业需求培养人才，企业保证录用学校培养的合格人才。二是学校和企业共同制定人才培养计划是这一模式的关键。学校和企业根据市场变化、企业及学生的需求，结合当地经济社会发展的实际，遵循职业教育教学规律，共同制定一个符合培养方（学校）、委托方（企业）、受教育者（学生）"三方"利益的人才培养计划，作为对订单的具体化和细化。一般来说，教学计划先由学院根据人才培养方案制定公共基础平台课程及行业基础平台课程，然后和企业协调制定专业基础平台和订单专业课程。遵循"从实践到理论，再从理论到实践，理论与实践相互促进"的理念，最后的一学年根据订单培养计划，有针对性地到企业进行为期一年的顶岗实习。如此，企业参与了教学方案制定的全过程，大大增强了教学的针对性，提高了人才培养的有效性。三是学校和企业共享双方教育资源，实施人才培养活动。为培养的人才能够真正符合订单及工作世界的要求，保证企业用人的质量，校企双方充分利用现有的一切资源条件，投入相应的人力、财力、物力，提供相应的教育教学设施设备，提高人才培养质量。订单班的学生会被安排到企业的生产经营或管理一线来接受现场的教学或进行企业实习。学生在工人师傅的指导下顶岗实践掌握了生产、管理一线岗位工作的要领，积累了岗位技能经验，实现了学校与企业技能型人才培养的有机融合。四是企业按照协议约定接收学生就业，这是"订单式"人才培养模式的保障。订

---

① 吕善广：《山东商业职业技术学院股份制办学》，《职业技术教育》2008年第6期，第50—51页。

单培养最终目的是使学校培养出来的人才让社会接受，学以致用，为社会创造价值。因此，在订单式教育完成后，企业必须按照订单约定，安排合格的毕业生到企业就业。这也是该模式有别于其他人才培养模式的另一个重要特征。

（二）"订单式"人才培养模式的理论基础

"订单式"的人才培养模式核心的理论依据是合作教育理论。合作教育理论起源于19世纪下半叶，为解决当时美国高等工科学校普遍存在的教育与生产实际相脱节的问题，美国俄亥俄州辛辛那提大学工学院院长赫尔曼·施耐德（Herman Schneider）提出了合作教育理论。合作教育理论是教育与生产劳动相结合理论在现代科学技术进步推动下与现代生产相结合的时代产物。合作教育理论的核心是学校教育与工作世界的紧密结合，它以开放性、现代性、职业性和大众性为基本特征，以培养贴近生产实际，具有极高适应能力和实际生产技艺的技术应用型人才为培养目标，以适应现代生产实际需求为教育目的，以现代科学技术和文化为教育内容，以学校与社会紧密合作为教育手段。合作教育理论最早的雏形实则是欧洲的工读教育，与上文所讲的教育与生产劳动相结合的理论思想一脉相承。19世纪末美国实用主义大学思想在增地学院和州立大学运动的迅速崛起为合作教育理论提供了良好的发展土壤。在美国经历了模式确立、稳步发展和迅速推广三个阶段之后，合作教育理论在实践中得到了不断的完善与发展并传播到世界各地，产生了深远的影响。我国于20世纪80年代中期引进了这一理论概念。1985年，上海工程技术大学纺织学院与加拿大滑铁卢大学进行了合作教育的试点，标志着我国合作教育实践的开始。之后，我国还成立了中国产学合作教育协会，以更好地探索和发展这一理论，也更好地与世界各国的合作教育协议进行交流与合作。

合作教育理论是教育打破传统封闭模式、主动适应经济与社会发展需要的重大突破。其所倡导的将学习与工作相结合的教育模式，能够使学生在学校学习期间就走进社会，走向工作岗位，深入生产一线，了解生产的过程与工艺，掌握生产设计与生产工艺之间的内在联系，是解决学生只懂设计不懂技术和工艺，理论脱离实际的有效办法，是培养具有生产一线实际操作能力的高级专门人才的极好途径，为职业教育的人才培养提供了强有力的理论支撑。

（三）"订单式"人才培养模式的价值意义

"订单"本是一种商业名词，既是指买卖双方订购货物的合同，也是指企业生产运行的方式，即根据客户订单数量和标准进行生产经营活动，订单主要作用就是代表市场的需求，为企业生产提供依据和保障。直到20世纪90年代，随着教育领域办学体制的改革和劳动力就业市场的市场化变革，"订单式"的人才培养模式开始被迁移到教育领域。这种模式明确了人才供给方（学校）和人才需求方（企业）的权力和义务，确定了人才培养的数量与规格，规定了课程设置与教学内容、规定了管理制度与评估方式，在以"就业为导向的"的职业教育人才培养中具有一定优越性，大大提高职业教育人才培养针对性和实用性，促成了学校、用人单位与学生三方共赢的良好局面，已经成为新世纪以后普遍盛行的职业教育人才培养模式。

但与此同时，我们也应注意到这一模式也具有一定局限性，这种模式的培养目标的针对性在某种程度上也会使学生未来的长期职业生涯发展受到局限。在"订单式"的人才培养模式中，教学计划由合作企业和学校共同开发制定，人才的知识与能力结构的岗位特征明显，学生的岗位适应期短，专业能力突出。但职业教育也要满足受教育者可持续就业能力和生涯发展的需要，也要具有预见性和一定的长期性。而学校受订单的约束，在培养人才时为了履行合约，不可能有更多的时间去培养学生的多种职业技能和转岗能力，这样就势必造成学生在知识和能力结构上的狭窄和单一，从而影响其进一步的职业发展。学校为追求高就业率，培养的目标和手段也会带有很强的短期性，无法实现短期培养目标和长期育人目标之间的平衡，也无法实现教育资源效益的全面提升。因此，职业教育人才培养模式并不能完全依赖这一种模式，学生这个特殊的"产品"不像物化的工业产品，我们万万不可忽视受教育的主观能动性进行教育领域的人才培养。

（四）"订单式"人才培养模式的实践形式

订单是指学校与用人单位签订的合同协议，以用人单位的类别为划分依据可以将实践中的形式笼统地分为直接订单和间接订单两种。

1. 直接订单

直接订单是指职业院校直接与企业签订的人才培养订单。按照订单的签订时间又可以划分为学前订单、学中订单和毕业季订单三种。学前订单也可以被视为企业招工的形式，即学校招生等同于企业招工。企业委派专门人员参与学校的招生工作、人才培养方案的制定与实施、人才评价与考核工作。学校也安排专业课教师深入企业进行调研，校企双方共同制定人才培养方案，以符合特定企业的需求。此类订单招录属于开放式招生，生源录取广泛，学生录取和在校学习全程都在校企共同管理之下。学中订单是指学校按照常规方法进行招生，新生第一年进行学科的通识教育，第二年开始根据企业订单的需求和自己兴趣偏好选择具体专业。企业根据订单从二年级的学生中选录订单班人才，进行校企共同培养。被选录的学生到第三年时会被安排到企业进行顶岗实习，实习过程企业与学校共同管理。学中订单缩短了校企合作的培养期限，但招录范围仅限于在校生，范围有所局限。毕业季订单是指在学生快要毕业时，企业到学校以面试的方式选拔所需专业人才，根据企业面试结果与学校签订订单。这种订单也可以看作是一种岗前培训契约，但学生在订单实施前学习内容对于企业的针对性不强，很难通过较短时间的岗前培训获得企业所需的专业资格证书或上岗证书，企业和学生的认可度都不是很高。

2.间接订单

间接订单是指学校与中介机构或者中间企业签订的人才培养订单，也就是说学生接受订单培养后还需要由这些中介机构或中间企业进行"二次分配"。随着我国市场经济体制的不断深化和完善，劳务派遣公司和中介组织在全国各地逐步兴起，劳务派遣也成为大中型企业招聘员工的一种方式。社会上的劳务派遣公司和中介组织凭借自身就业信息来源广泛的优势积极与职业院校签订人才培养订单，职业院校根据劳务派遣公司和中介组织的用工订单进行人才培养，劳务派遣公司和中介组织再将职业院校培养的毕业生介绍到用工企业。与中间企业签订订单的形式多存在于专用或高新技术设备制造或者是销售企业。职业院校与企业联合培养能够操作、修理该企业生产专用设备的人员，在销售设备时同时将订单培养的员工派遣到设备应用企业工作，即"人随设备走"。这类订单人才培养的专用性很强，因此在人才培养过程中，设备制造或者销售企业是培养主体，学校只是配合企业完成相应的理论教学和学生管理工作。这类订单培养的学生专业性较强，但就业面狭窄，但与同专业同学历的其他职业院校毕业生相比可能工资和福利待遇会更高。

三、以就业为导向的人才培养模式

（一）以就业为导向的人才培养模式的内涵特征

"就业导向"的职业教育和"学历导向"的职业教育最大的区别在于与社会生产和经济发展需要实际的联系紧密程度，具体体现在与企业的互动关系上。"学历导向"的职业教育相对会脱离社会和企业的实际需求，以提升学生的知识水平为主要目的。而"就业导向"的职业教育必须主动与相关企业进行合作，通过借助企业的设备、技术、实习实训等资源开展合作办学。

以就业为导向的人才培养模式是以提高毕业生就业率和就业质量为目标，以市场所需要的人才素质为出发点和归宿，建立与劳动力市场用工取向相适应的教学体系的一种人才培养模式。这种模式主要有两个特征：一是根据劳动力市场需求设置专业。就业是职业教育的根本目的，对于职业院校来说，就业就是一切教学活动的"指挥棒"。二是根据用人单位需要开设课程和组织教学。以就业为导向的职业教育人才培养模式要求强化职业教育的实践性、技能性和应用性，决定了职业院校的课程改革与培养目标和专业能力的有机结合。

（二）以就业为导向的人才培养模式的理论基础

以就业为导向的人才培养模式核心的理论依据是杜威的现代教育理论。杜威提出"新三中心论"，即"学生中心""活动中心""经验中心"，有别于传统的"课堂中心""教材中心""教师中心"的"旧三中心论"，主张"教育即经验改造"和"学校即社会"。在这种理论指导下，教师应积极引导学生投入到社会实践活动中，并在实践活动中获得知识，养成品德，实现生活、生长和经验的改造。杜威认为学生单独从书本和课堂授课所获得的知识是"虚缈"的，应坚持"做中学"。杜威的教育思潮传入我国之后，也成了职业教育的主流指导思想。陶行知在杜威教育理论的基础上形成了"教、学、做"合一的教育理论，认为在生活中对事说是做，对己之长进说是学，对人之影响说是教，"教、学、做"是生活的三个方面，是三个相谋的过程，但在实质上是一件事，不是三件事。因此要在做中教，在做中学，教与学都以"做"为中心。学生要在亲自动手做的实践活动中获得知识。陶行知所说的"做"有着更为丰富的内涵，既有"行是知之始"的意思，也包括"劳力上劳心"的意思，契合了职业教育工学结合人才培养模式的目标是培养综合能力的技术技能劳动者。这一理论对我国职业教育人才培养模式的形成与发展产生了深远的影响。

（三）以就业为导向的人才培养模式的价值意义

任何一种人才培养模式的形成都有着深刻的社会背景，严峻的就业形势和职业教育发展方向的偏离就是以就业为导向的人才培养模式提出的社会大背景。2003年以后，随着高校扩招后的第一批大学生走出校门，就业问题日益凸显。教育部的统计资料显示，2004年全国普通高校毕业生的平均就业率为73%，其中研究生就业率93%，本科生就业率84%，高职毕业生就业率仅为61%。就业市场上结构性问题突出，一方面大量的毕业生无法实现就业，与此同时，机械制造、数控技术、汽车运用与维修、高级护理等领域却人才短缺，尤其缺乏高技能人才。面对如此严峻的就业形势，许多职业院校盲目追求升学率，并将其作为自己的办学特色吸引生源，将学校职业教育引向了升学的轨道，偏离了正确的发展方向。

基于上述背景，教育部明确提出职业教育要以服务为宗旨，以就业为导向确定办学目标，要求职业院校找准自身在区域经济和行业发展中的位置，培养实践能力强，具有良好职业道德，面向生产、管理和服务一线的技术技能型人才。以就业为导向的职业教育人才培养模式突出了职业教育的办学特色，更好地发挥职业教育服务社会、服务经济的功能，不仅对缓解就业压力、调节劳动力市场的结构性失业具有现实意义，也能推动职业院校人才培养模式的创新实践。在"就业导向"职业教育人才培养模式的探索过程中，学校聘请行业企业一线专家参与到学校办学的意识开始增强，也使得行业企业对职业教育的支持和理解得到了提升。

（四）以就业为导向的人才培养模式的实践形式

1.专业设置对接市场和产业需求

职业教育与地方经济发展的联系十分紧密，它有别于普通院校以学科为导向的专业设置原则，按照区域产业的发展和劳动力市场需求设置专业。职业院校的专业设置能够适应市场需求不仅是其办学特色的体现，也是其生命力、吸引力和适应性之所在。在产业转型升级的大背景下，职业院校的专业设置在开展了广泛调研的基础上，在全面掌握区域产业结构、经济结构、人才结构现状和变化趋势的基础上，瞄准市场和产业需求，对原有专业进行了调整，并新增急需专业，改造就业状况不佳的旧专业，取缔没有就业市场的旧专业，不断推动专业结构优化升级，实现了职业院校专业设置对接市场和产业需求。

2.课程设计对接职业标准

以就业为导向的人才培养模式要求职业院校的课程设置一定要突显出职业教育的实践性和职业性特征，这就要求职业院校的课程设计要对标企业和其他用人单位的职业标准，使院校培养出来的毕业生能更好地适应社会需求。在课程结构上，职业院校十分强调理论与实践的合理配比。教育部在高职高专人才培养工作水平评估方案中明确提出了理论课与实践课的课时数比例要达到1∶1，教学计划中要达到实验、实训课90%的开设率，以满足职业标准对学生的实践操作要求。在课程内容上，大部分职业院校实现了由知识本位向能力本位的转变，不仅包括技术能力的要求，还包括具有广泛适应性的一般职业能力的培养，这使得培养的学生拥有了较强的就业能力和可持续发展能力。

3. 教学过程对接生产过程

职业教育是以培养技术技能型人才为目标的教育类型，因此其教学过程始终无法与生产过程相脱离，这就要求职业院校要与企业实施紧密合作。我国职业院校通过积极开展工学结合、顶岗实习、校企合作等多种形式的教育实践活动，吸纳企业将项目或任务等实际业务带入职业院校，实现了院校专业教学过程与企业生产过程的良好对接。此外，职业院校还联合企业在课程设置、培养方案、教师聘任以及实习实训基地建设等方面开展了深度的交流与合作，使得社会生产过程始终贯穿于院校的教学过程和人才培养过程，联合打造了"教""产""学"融合育人模式。

4. 实习实践对接就业要求

职业教育是一种以就业为导向、以技能教育为核心的教育类型。职业教育的实习实践能否准确对接就业要求，直接关系到毕业生能否充分合理地实现就业。有效的实习实践能帮助学生提前适应"职场环境"，使学生毕业后无须再经过培训就可以上岗就业，实现校园到职场的无缝衔接。许多职业院校通过建立高标准化的实习实践基地，使"学校工厂化、工厂学校化"，把真实的"职场"环境、设备、任务等搬到基地，实现了实习即上岗。此外，部分职业院校还通过与企业等用人单位建立紧密的联系，使企业文化走进实践课堂，为院校学生掌握相关技术技能提供指导，也为学生树立正确就业价值观、提高自我认可提供指引。

5. 学历证书对接职业资格证书

为服务国家需要、市场需要和学生就业能力提升需要，教育部、财政部等部门联合部署启动了"1+X"证书制度。"1+X"制度就是指学历证书制度和职业资格证书。职业资格证书是劳动准入的重要依据，与就业直接挂钩，有强大的市场推动力。在试点方案文件的指导下，职业院校积极落实了"1+X"证书制度，将职业资格证书课程内容纳入到教学计划中，鼓励学生除了拿到学历证书以外，还可以考取一个或几个职业资格证书，使学生既拥有第一岗位的任职能力，也具有转岗的适应能力，提高自身就业竞争力，促进了学历证书与职业资格证书的有效对接，带动了人才培养模式的改革与创新。

四、现代学徒制

（一）现代学徒制的本质内涵

我国的现代学徒制是一个舶来品概念，源于英国，通常被认为是一种传统学徒训练与现代学校教育相结合的校企合作的职业教育制度。实际上对于这一概念，不同的国家有不同的表达形式，例如在澳大利亚叫作新学徒制，德国叫做双元制，美国就叫作学徒制。不同的叫法都是基于学徒制这一基本概念，所谓学徒制就是指以师傅带徒工为主要形式，以职业知识学习技能为主要内容的教育形式，学徒可以通过劳动获得某种形式回报。现代学徒制是我国职业教育改革中的热点词汇，教育部曾在2012—2014年连续三年将其列入年度工作要点。2014年，国务院颁发的《关于加快发展现代职业教育的决定》更是将其作为推进人才培养模式创新的重要举措，也由此开启了我国职业教育人才培养模式再度深化的历程。有学者认为现代学徒制和传统学徒制的区别在于"现代"二字所代表的"现代性"，具体可以理解为是指20世纪60年代以来以德国双元制为代表的现代教育制度，在质态和形态上都有其基本特征。也有学者认为"现代"主要是这种教育制度是面向现代工业和服务业，有别于传统产业。相比于争执概念上的不同叫法或理解，掌握其内在本质或许更为重要。现代学徒制的本质内涵主要包括以下几个方面：

1. 具有稳固的师徒关系

现代学徒制的核心或者根本要素依然是学徒制，即基于稳固的师徒关系进行技术实践能力的学习。现代学徒制是为解决学校职业教育技术技能人才培养的实践能力不够精深的问题而提出的，这种模式强调以稳固的师徒关系为基础，在此基础上系统进行技术技能实践能力的培养。因此，校企合作不等于现代学徒制，校企合作是现代学徒制的重要前提条件，但不是必备条件。另外，师徒之间只有松散、短期的关系也不能称为现代学徒制，它对于师徒关系存续的时间长短、亲密程度以及这种关系对于学徒/学生技能学习的关键作用有明确的要求。

2. 面向现代工业与服务业

现代学徒制是针对现代工业与服务业的技术技能人才培养而提出的，与传统产业的学徒制有明显区别。传统产业的学徒制可以采用师傅带徒弟的传统学徒制或行会学徒制的形式就可以精准地培养所需人才，但现代新兴产业中的技术技能人才往往需要更多普遍性的科学知识与标准化的技能，其最高效的培养途径是学校职业教育。但随着第四次工业革命的发展，智能化、个性化趋势越来越凸显，人们逐渐意识到现代工业与服务业中的技术技能人才知识与能力结构中的经验知识仍然占据相当的比重，因此现代学徒制一定是面向现代工业与服务业中的技术技能人才培养所构建的一种基于师徒关系的人才培养模式。

3.结合学徒训练和学校职业教育

学徒训练对于职业教育人才培养具有不可替代的优势，在技术知识、经验知识传递和技术创新能力培养方面的作用非常重要，但传统的学徒训练也有明显的局限性：（1）指导方法落后，非常依赖学徒的悟性，人才培养效率低下；（2）对于理论知识的学习非常欠缺，现代技术所需要的员工掌握的理论知识必须通过系统的文化课和技术理论课程才能满足，只有学校教育才能承担这一任务。而且对于某些基础性的技能操作训练，以学校班级制的课程形式效率会更高。因此，现代学徒制就是将现代教育学知识融入传统学徒训练中，对师傅指导方法进行改造的同时也将二者有机结合起来，使传统学徒制又重新焕发了生命力。

4.基于现代公共专业教学标准

现代学徒制的人才培养内容应建立在公共的专业教学标准基础上，并以标准为依据对学生或学徒进行评价和认定。如此，现代学徒制便超越了传统学徒制的狭窄培养内容，没有岗位迁移能力、可持续就业能力和技术创新的问题。同时，也使现代学徒制和"订单式"人才培养模式有了明显的区分：学徒制超越了某一个企业的狭隘性，是一种面向社会的技术技能人才培养制度。"订单式"人才培养模式满足的只是某个企业对于技术技能人才的需求。

（二）现代学徒制的理论基础

现代学徒制作为一种人才培养模式，其核心理论依据是体验学习理论。体验学习是指学习者亲身介入实践活动，通过认知体验和感悟在实践过程中获得新知识、技能和态度的方法。教育学学科视角下的体验学习是指学生在学习过程中对具体学习内容的内化，更多是在特定教育情境中通过内心反省、内在反映或内在感受方式实现的。心理学科视角下的体验学习强调的是在认知理解基础上的自我觉醒，更多是指学生对生活意义的自我内在追问。体验学习有感性认识的成分，也有理性认识的成分，也有直觉思维的成分。体验学习既是认知过程，又是实践过程。

体验学习的本质特征是学习过程的亲历性和反思性。亲历性是指学习者进入到某种情境参与其中活动，在这一过程中用自己的身体去感受，运用更多感官去接触情境中的事物，感受到多感官的、强烈的刺激在这一过程中产生的丰富的体验。知识与技能的获得、价值与意义的生成都源于亲历的情境与活动。因此，体验式学习也是一个始终伴随反思的过程。这种反思可能是在情境中使他们产生的某种联想，也可以是在离开情境后的回味与反思。体验式学习强调学习的情境性，强调体验在个体学习中的作用，把知识的获得、技能形成都放置于一定情境中，与特定的体验相联系，不仅有助于学习者理解新知识、掌握新技能，同时在这个过程中还能对学习者的情感、态度、价值观等方面产生深刻的影响。体验式学习理论为现代学徒制提供了理论基础，职业教育通过与企业的合作，为学生提供了一个真实的实践环境，学生在工作实践中为适应现实需要而有选择有方向地学习，在身体力行的实践中感受、体验、学习知识和实践操作技能，从而培养工匠精神和职业素养，通过"做中学""学中做"养成独立学习的品质素养，在以后的职业发展过程中也能自我发展、自我完善。

（三）现代学徒制的价值意义

现代学徒制是国外的舶来品，我们可以先考察西方国家发展现代学徒制的目的，再来探讨现代学徒制对于我国的价值意义。西方国家的现代学徒制可以大体分为两类：一类是以德国为代表的双元制，另一类是英、美、澳等国家为代表的新型学徒制。英、美、澳等资本主义国家发展现代学徒制的主要目的是为了促进青年就业，为青年提供工作经验。因为高失业率一直是这类国家的重大社会问题，这些国家认为学徒制是连接学校与工作世界的有效手段，可以使青年在接受技术与专业训练的同时获得工作经验。但德国发展现代学徒制的目的更为深远——培养技术精湛的工匠。德国通过双元制的基础，在现代职业教育体系中很好地保留了传统的学徒培养形式，同时将其与学校职业教育很好地结合起来，共同发挥技术技能人才培养的作用价值。但无论是德国、英国、美国还是澳大利亚，复兴现代学徒制根本上是因为意识到了现代产业对于技术技能人才经验知识的需求，专业理论知识的学习固然重要，但在师傅指导下所开展的"经验性"学习和"默会"知识的传递也十分重要。正如世界著名职教专家劳耐尔所说："专业知识是理解和掌握工作世界中的任务的前提。"

我国发展现代学徒制的根本目的是为了满足产业发展对高水平技术技能人才的需求，也正是在这一意义基础上，教育部才将现代学徒制作为推进人才培养模式创新的重要举措，作为职业教育人才培养模式在新时期的深化。换句话说，发展现代学徒制可为我国产业升级提供技术精湛的技术技能人才，为我国在工业智能化、数字化的时代背景下实现技术创新提供具有技术研发能力的技术技能人才。国内已经开展的现代学徒制试点实践也已证实了现代学徒制对于调动企业积极性，培养高素质技术技能人才的重要性。

（四）现代学徒制的实践形式

1. 建立了国家专业教学标准与认证体系

国家专业教学标准与认证体系是职业教育运行的基础，也是现代学徒制顺利运行的基础。英国和澳大利亚之所以能够大力推行现代学徒制建设，根本原因就在于他们完成了国家资格框架的建设。反观我国，现代学徒制运行过程中还存在诸多障碍，根本原因也在于此。国家已启动建立国家专业教学标准与认证体系的研究工作，明确了职业学校培养周期、培养目标、培养规格、课程设置、教学条件以及质量保障等相关内容，为有效考核学徒培养质量提供了标准，为师傅与学徒的各项权责与利益提供了保障，既削弱了"教会徒弟饿死师傅"的风险，又填补了以培养学徒之名套取国家培养经费的制度漏洞，从而有效地激发了学徒和师傅的积极性。

2. 建立了政府引导的企业师傅制度

企业技术专家与学校教师不同，具有双重特殊身份，人才培养只是他们的附属工作。如果没有在制度层面对企业师傅进行明确的责权利规定和约束，不仅难以调动企业师傅参与职业教育的积极性，对于职业院校而言也加大了教师队伍的管理难度。德国的双元制就有十分完善的企业师傅制度，一定程度上保障了师傅的能力水平、品德修养与责任心，也保障了基本的人才培养质量。现代学徒制是基于稳固师徒关系的一种职业教育人才培养模式，这种关系的维护有赖于一定的制度保障。正如国家对教师有着清晰、严格的管理制度一样，我国在实施现代学徒制的过程中也建立起了企业师傅制度，对企业师傅的资格、责任、权力、待遇、培训等内容进行了明确的规定与说明，虽然具体标准和内容主要由职业院校和企业共同制定，但政府引导仍然是我国现代学徒制中确立企业师徒关系的前提。

3. 建立了区域现代学徒制公共信息平台

现代学徒制不完全等同于"先招工后招生"。企业招工有自己的计划性，是根据企业实际生产或服务需要进行的。在社会主义市场经济时代，企业以盈利为第一生存法则，是不会为了满足现代学徒制的项目实施而特意招工的。为了适应我国国情特点，政府和职业院校积极转变思维模式，以服务的心态开展现代学徒制实践，组织建立起了区域公共信息平台，将企业零散的学徒培训服务需求汇聚起来，一方面使职业院校及时获取企业用工信息，同时也让企业及时知晓他们可以从哪些院校获得学徒培训的服务支持，为职业院校和企业用人单位提供了双向便利。澳大利亚、美国就建立了许多这类区域信息平台，为学徒、企业和院校搭建沟通的平台与渠道。

4.畅通了学徒升学路径和企业参与路径

通过不断地改革创新，我国现代学徒制的实践在学徒升学路径和企业参与路径上取得了较大进步。一是不断加快健全了"中等职业教育—职业专科—职业本科"一体化的职业院校体系建设，通过推进五年一贯制人才培养模式，完善国家资历框架建设，扩大职业本科、职业专科学校通过"职教高考"招录学生比例等实践，打通了职业教育、普通教育和高等教育之间的通路，畅通了职业教育的升学渠道。二是积极畅通企业参与职业教育人才培养过程的路径，通过校企共建产业学院、推进混合所有制办学试点、共同建设大型公共实习实训基地、联合开展技术研发和培训服务等多种参与形式，激发了企业参与职业教育办学的积极性，实现了企业与院校的双向赋能。

五、企业新型学徒制

（一）企业新型学徒制的本质内涵

学徒制是采用以师带徒形式来培训专门职业劳动者的传统技术培训制度，对于技能传承和技术培训是一种非常有效的方式。在我国存在现代学徒制和企业新型学徒制两种官方学徒制度，最根本的差别在于实施部门的不同。现代学徒制的概念是由教育部提出的，而企业新型学徒制的概念是由人力资源和社会保障部提出的。2015年，人力资源和社会保障部和财政部颁布《关于开展新型企业学徒制地点工作的通知》，提出要按照政府引导、企业为主、院校参与的原则，对企业新招用人员和新转岗人员推行"招工即招生、入企即入校、企校双师联合培养"的培养形式。经过3年12个地区的试点探索①，人力资源和社会保障部与财政部又于2018年10月联合发布了《关于全面推行企业新型学徒制的意见》，主张大力推行企业新型学徒制在全国范围内的开展。2019年国务院办公厅印发的《职业技能提升行动方案（2019—2021年）》也明确提出要在全国各类企业中全面推行企业新型学徒制。2021年，人力资源和社会保障部、财政部等五部门发布《关于全面

---

① 首批试点地区有北京市、天津市、内蒙古自治区、辽宁省、上海市、江苏省、山东省、河南省、广东省、重庆市、四川省、甘肃省。每个省（区、市）选择3—5家大中型企业作为试点单位，每家企业选拔100人左右参加学徒制培训。基本条件为：企业重视技能人才队伍建设；建立较完善的企业职工培训制度；建立待遇与技能挂钩的激励机制；技能劳动者占企业职工比例达60%以上。

推行中国特色企业新型学徒制加强技能人才培养的指导意见》，强调要深化和推广中国特色企业新型学徒制制度，创新中国特色技能人才培养方式，拓展技能人才培养规模，以人才和技能为支撑，推动企业的技术创新，提高企业竞争力。从2019年全面推行到2021年底，全国共培养企业新型学徒121.8万人次，成效颇为显著。

与传统学徒制相比，新型企业学徒制的突出特征表现为培养主体的多元化、培养流程的多阶段、培养目标的长远化、培养机制的制度化以及培养方式的弹性化，这些特征又集中体现在它的内涵之中。企业新型学徒制主要内涵可以从该模式的培养过程来阐释：第一，企业招收学徒，招工即招生。企业与学徒签署劳务合同和学徒培训合同，明确学徒的员工身份，同时也明确学徒的培训目标、期限、内容、标注以及学徒期间的津贴待遇等。第二，具体培养内容所包括的专业知识、操作技能、安全生产规范、职业素养等要以企业为主导，企校共同制定人才培养方案，相当于企业委托给学校或培训机构开展人才培养或培训。第三，由企业选择学徒的培养载体，并与学校或培训机构共建教学资源，如开发课程标准、开发教材、校企师资队伍等。第四，由企业确定教学组织方式，与学校或培训机构共建管理平台。企业与合作院校、企业导师和学徒都要签订协议，明确各自权利与职责。校企双方也通过共同建设学徒制管理委员会、产业学院、企业培训中心等平台加强学徒管理。第五，企业主导制定学徒考核与评价方案，就是要遵循"企业要求+学校要求+国家要求"的原则，将职业技能等级认定考核标准和企业岗位晋升考核的要求融入到学徒培养的各个评价环节中去。

上述内涵也彰显出企业新型学徒制与现代学徒制不同之处，具体如表2-2-1所示。但同作为技术技能人才培养的途径，两种制度模式的最终目的殊途同归，都是为服务于我国产业升级转型与经济发展而培养高素质技术技能人才。

表2-2-1 企业新型学徒制与现代学徒制的主要区别

类别	企业新型学徒制	现代学徒制
培养对象	企业职工，具体是指与企业签订6个月以上劳动合同的技能岗位新招用人员和新转岗人员	以职业院校全日制学籍学生为主。除适龄生源外，也包括退伍军人、农民工和下岗职工
培养主体	技工学校、职业培训机构与企业企业权力大于学校权力（企业本位）	职业院校与企业学校权力大于企业权力（学校本位）

类别	企业新型学徒制	现代学徒制
成本分担	企业为主，但有中央财政补贴	企业为主，但无中央财政补贴
培养方式	灵活多样 更多采取脱产或者半脱产、工学交替的形式	相对单一 往往是顶岗实习、订单培养的形式
教育理念	就业教育 以服务企业发展需求为主	终身教育 培养学生的社会适应性和终身可持续发展性
制度意图	创新企业培训制度，加强企业技能人才培养，壮大产业工人队伍	深化现代职业教育人才培养模式改革，提高职业院校人才培养的针对性和有效性

（二）企业新型学徒制的理论基础

企业新型学徒制和现代学徒制的理论支撑很相似，但相较现代学徒制的体验学习来说，企业新型学徒制的发生情境更具有针对性和特殊性，因此可以将情境学习理论视为这种培养模式的核心理论依据。情境学习理论产生于20世纪90年代，是继行为主义"刺激—反映"学习理论与认知心理学"信息加工"学习理论之后的新的研究取向，为人们反思传统教育、重新认识人类学习、创新人才培养模式提供了认识论基础。情境学习理论强调知识的情境性，把知识看作是个人和社会或物理情境之间联系的属性以及交互的产物。该理论认为知识是一种活动，而非具体的对象；它总是基于情境的，而不是抽象的；知识是个体在与环境交互过程中构建的，不是客观决定的，也不是主观产生的；知识是交互的状态而不是事实。该理论主要强调两点内容：一是行动是基于情境的。在这种基于情境的行动中，隐含在人的行动模式和处理事件的情感中的默会知识将在人与情境的互动中发挥作用。实践者也要对情境进行反思。因此，情境学习理论强调两种知识与技能的学习途径：一般技能的教授和在应用情境中即真实或高度模拟的工作环境中教授知识与技能。二是学习是实践共同体中合法的边缘性参与。"合法的边缘性参与"描述了一个新手成长为某一实践共同体核心成员的历程，其实质是一种学习方式，在实践共同体中，学习者通过合法的边缘性的参与获得相应的知识、技能和态度。

学习者要想从新手成长为学习共同体的核心成员就必须要参与到实践共同体的真实活动中去，并在成长的每个阶段都细心观察专家的示范，在专家的指导下进行实践训练与操作。与此同时，学习者观察并模仿实践共同体内其他成员的行为学习，学习实践共同体的行话，逐渐按照实践共同体的标准来行事。经过多年的训练与学习，学习者逐渐掌握了专家的知识与技能，并在使用过程中得到发展与磨炼。同时，学习者也获得了实践共同体中核心成员的身份，对共同体的贡献越来越大，这也是学习者在对共同体文化适应过程中不断取得进步，最终成长为熟手乃至专家的过程。企业新型学徒制就是让学生在真实的工作世界中通过师徒制形式参与工作过程，完成典型的工作任务，并在完成任务的过程中、在与师傅的互动过程中熟练掌握技术技能知识与实践能力，逐渐从新手成长为专家。

（三）企业新型学徒制的价值意义

1.满足企业职工技能提升和转岗转业培训需求

企业新型学徒制坚持职业技能培训的需求导向原则，为经济社会发展服务，为人民群众创业就业服务，能在一定程度上缓解"就业难"与"招工难"同时并存的结构性就业矛盾。企业新型学徒制以企业职工为重点人群，特别是条件困难的企业职工、农民工、新生代农民工、城乡未继续升学的初高中毕业生等青年、下岗失业人员、退役军人、残疾人等就业困难人员，当然也兼顾其他各类劳动者。企业新型学徒制以这类群体为重点对象，有针对性地开展职业技能培训，即职工技能提升和转岗转业培训。企业新型学徒制以"招工即招生、入企即入校、企校双师联合培养"的方式组织企业技能岗位新招用和转岗等人员参加企业新型学徒培训，促进企业技能人才培养，壮大发展产业工人队伍。

2.大幅提升技能培训的有效性和针对性

以往的职业培训一直存在针对性、有效性不强的弊端，培训内容与岗位需求联系不够紧密，与实际需求相脱节。因此就需要紧密围绕岗位需求开展职业培训，将职业培训的重点转向岗位技能的提升培训。企业可以围绕岗位需求和发展需要制定企业职工的培训计划，广泛组织岗前培训、在岗培训、脱产培训、岗位练兵、技能竞赛、在线学习等活动。总之，学徒培养和员工培训的全过程都是由企业主导的，具体的培训内容由学校或培训机构与企业分别承担而已。如此，企业的主体作用极大增强，职工培训切实围绕企业生产实际和岗位需求展开，能够很大程度上提升技能培训的有效性和针对性，保障培训质量和效果。

3.创新职业教育人才培养模式和职业培训形式

企业新型学徒制通过综合性培训将职业道德、职业规范、工匠精神、质量意识、法律意识和相关法律法规、安全环保和健康卫生等内容贯穿于职业技能培训全过程，能够整体提升技术技能人才的职业技能和通用职业素质。企业新型学徒制大力推广"工学一体化""职业培训包""互联网+"等先进培训方式，鼓励建设互联网培训平台。在试点过程中，企业通过深化校企合作，推动培训项目与市场需求相对接、培训内容与岗位需求相对接、实操实训与生产实际相对接，减少了技术技能人才的适岗时间。有些企业还实施"以企业典型工作任务为载体的学习情境"教学方法，教学场地从教室转向"车间"，边教学、边演练、边实战，使技能人才能力更贴近生产实际。

4. 保障参与培训学徒应有的工资福利待遇

企业新型学徒制实行弹性学制和学分制进行日常管理，尤其鼓励支持学徒利用业余时间分阶段完成学业，为此企业新型学徒制建立起了较为完善的适应弹性学制和学分制的教学质量评价体系和考核制度。此外，还建立了制度化的投入机制。学徒在学习培训期间，企业按照劳动合同法的规定支付工资，理论上不得低于企业所在地最低工资标准，这就在制度上保障了学徒的基本工资福利待遇，提高了学徒制的吸引力。而且为解决企业一线岗位分散、时间分散等工学矛盾特别突出的问题，有的企业采取"跟岗教学"模式开展理论培训，有的企业运用互联网技术，开发手机学习APP进行线上教学，运用企业公共学习平台设立"新型学徒制专班"定时定量推送课程，学员有效利用业余时间学习专业知识，也很大程度上提高了学徒的积极性。

（四）企业新型学徒制的实践形式

1. 建立了企业导师资格认证，提升了企业师傅的积极性

在企业新型学徒制育人模式的实践中，职业院校与企业通过建立企业导师资格认证，明确了企业师傅的任职标准，提升了企业师傅的积极性。在技术要求上，要求企业师傅必须由拥有丰富实践操作经验、高超技术技能水平，在专业领域有较高地位，具有一定技能等级的高素质技术技能人员来担任。在师德方面，要求企业师傅必须具有乐于奉献、勤于育人的品质，有较高的道德规范和行为准则，能够最大限度地将知识与技能传授给学徒。企业在实施企业导师资格认证时，也十分注意通过津贴制度和责任制度来提升企业师傅的积极性，在保障师傅经济利益的基础上提升师傅带徒弟的责任心。

2. 探索了职业资历框架建设，打通了技术人才成长通道

通过人力资源和社会保障部、教育部、财政部等多部门的协调与合作，我国逐步建立起了职业资历框架制度，破解了学历教育、职业教育、继续教育条块分

割、多头管理的问题。完善国家职业资历框架制度的核心是搭建起统一的资格标准体系，实现成果认证与转换。统一的资格标准体系是学历资格标准和职业资格标准的统一，在此基础上以成果为导向，开展学分认证、转换和积累，打破了各个系统之间的壁垒，实现了各类资格之间的沟通，畅通了技术技能人才的培养通道，也为产业工人队伍的终身学习提供了可能。

3. 构建了学徒权益保护屏障，激发了学徒参与的积极性

在高等教育持续扩招的时代背景下，年轻人参与企业新型学徒制的初衷绝大多数都是为了谋求自身更好的社会生存，因此权益保障的不确定性就会影响年轻人对学徒这一身份的选择。企业在招学徒时通过向他们普及好"招工等同于招生"的双重身份的内涵、了解有关人身安全和劳动法律知识、签订有关协议、制定学徒权益相关标准等措施，构建起了学徒权益保护屏障。在把学徒招进来之后，许多企业也积极秉承可持续发展的原则，为学徒构建起了畅通的职业发展路径和晋升平台，从而增强了学徒的积极性和归属感，使学徒对自身的职业发展前景拥有了良好预期。

第三节 我国职业教育人才培养改革的实践

职业教育作为我国教育体系的重要组成部分，承担着培养技术技能复合型人才的职责，在构建教育强国的进程中扮演着不可或缺的角色。分析我国职业教育人才培养实践案例，适时总结经验，有利于进一步深化我国职业教育体系改革，提升职业教育育人成效。

一、工学结合职业教育人才培养模式的实践

职业教育工学结合的人才培养模式在实际办学中有着各种各样的实践形式，在实践中可以找到多个办学案例。

（一）沈阳职业技术学院的实践

沈阳职业技术学院作为国家示范性高等职业院校，以支撑辽宁产业升级战略、服务经济社会发展为核心，在开展校企合作方面取得了显著成效。其软件学院以根植于软件开发基础之上的互联网+专业群建设为基础，以真实项目引领下的基于工作过程人才培养模式的改革为发力点，通过"引企入校""引校入企""校企合作""校企融合"等措施，创新与发展了"以职业能力为核心，素

质本位，个性定制"的人才培养模式，壮大了"三维复合型"教学及管理团队，培养了学生的实践能力、综合职业素养和创新创业能力，提升学生就业质量和可持续就业能力，获得了社会各界的认可和好评。依托现有的专业基础，软件学院以"专业嵌入产业，产业哺育专业"为理念注册成立了一个校企一体、"教、学、做"合一的教学性股份制工作室。工作室按照教育规律和市场规则经营管理，对外承接IT类工程项目，在校内创建生产与实训相统一的软件技术开发实验室（实训）室、硬件技术开发实验（实训）室、网络技术开发（实训）室，提供网络工程设计、施工、管理项目服务等10余类技术服务。工程实施全部由教师按项目带学生共同完成，学生在真实的生产性实践中学习，较好地掌握了专业知识和职业能力，教师的工程实践能力也得到了迅速提升。

（二）山东商业职业技术学院的实践

山东商业职业技术学院与山东福瑞达集团达成了股份制办学的合作模式。双方在我国生物产业迅猛发展的背景下，依据优势互补、利益共享、风险共担的原则，采取多元投资的方式，于2005年4月共同组建了股份制生物工程学院，并签订了原生物技术系20年的办学权。山东福瑞达医药集团出资65%，山东商业职业技术学院出资35%，双方各自选出董事并按照出资比例组成董事会，董事会集体行使对生物工程学院的决策权和管理权。校企双方签署合约规定在合作期内福瑞达集团作为控股股东，按所持股份参与年度分工和其他办学收益的分配，同时对学院办学进行监督。合作期间，福瑞达集团还必须为学院办学提供各项人才培养工作的支持与服务，如顶岗实习、"双师型"教师培养、专项助学金等。校企双方通过互相参加对方的各类大型活动和项目工作，进一步加强校企相融。企业可选派符合要求的业务骨干参与院校教学活动、相关教材编写等，院校也可以选派青年教师到企业实践锻炼、学习交流，校企双方上述人员都可参与对方职称评定，形成"双师型"教师培养的"自我造血"机制。合作期结束后，全部资产归山东商业职业技术学院所有。股份制二级学院的建立使松散式的"校企联合办学"提升为"校企一体化办学"，进一步提升了校企合作、工学结合、协同育人的力度和深度。

（三）重庆工商职业学院的实践

重庆工商职业学院以学生的职业能力作为人才培养的目标。基于"工学结合"的理念，重庆工商职业学院通过构建递进式的"三阶段"人才培养模式，根据学生发展特点和教育客观规律，以工作岗位能力为基础，在教育教学的不同阶段引入不同程度的企业参与，构建起了"校企合作、多元融合"人才培养机制。以国际商务专业为例，第一阶段通过"学校为主、企业参与"的方式来展开培养活动，按照"职业认知+职业基本技能+职业基础课"的培养模式，学生需要在校内完成职业基本能力和文化素养的职业通识教育课程，以获得职业基本素养、专业基本技能、文化素养等。第二阶段主要是通过校内实训中心、校外实训基地、"教、学、做"一体化教室、"校中厂"等平台来培养学生的专业专项能力，如通过与阿里巴巴联合建立校园实训基地，由校内老师和校外老师共同完成从跨境电商基础理论、技能实训到实战实训的人才培养工作，由企业与学校共同承担专业实践教学和指导工作，实现"学生、员工学做合一"。第三阶段主要以"企业为主、学校参与"的方式来展开，通过安排学生到校企合作的企业完成为期半年左右的"顶岗实习+职业经验积累"的职业综合能力提升任务，以完成对学生专业综合能力的培养，实现人才培养的完整性。

二、订单式职业教育人才培养模式的实践

订单式职业教育人才培养模式在实际办学中往往以"冠名班"或"订单班"的形式存在。

（一）漯河职业技术学院的实践

漯河职业技术学院的"双汇店长班"由漯河职业技术学院与双汇集团合作举办，双方在合作之初就签订了企业用人协议和人才培养协议，在双汇公司的销售市场和生产车间开展协同育人。为使学生在规定时间内达到人才培养目标，"双汇店长班"采取了"校企合作，产学互动"的模式，将专业基础知识学习和基本技能训练等教学内容主要放在学校来完成，将职业技术训练和岗位技能培养尽可能放在企业生产经营管理一线去实施，许多课程尽量安排在车间、实训室或连锁店进行现场教学，每期安排学生进店实习，从最基本的店员做起，一直到店长助理。学生在工人师傅的指导下通过顶岗实习掌握了生产、经营、管理一线岗位的工作要领，积累了岗位技能经验，实现了学校与企业技能型人才培养的有机融合。以"双汇店长班"（后来改为双汇学院）为载体，推动了企业内的销售、技术等高技能人才和漯河职业技术学院教师进行深度对接，开展专业课题研修、技术推广服务、项目咨询论证及行业高端培训，稳定持续地培养食品加工、食品营养与检测、市场营销等方面的专业人才。培育了特色专业和省级教学团队，打造产、学、研、创一体化的高水平产教融合基地。同时，也向社会传播了双汇集团

的企业文化和社会形象，实现了校、企、生的多方共赢。

（二）河南职业技术学院的实践

河南职业技术学院电子信息工程技术专业与富士康鸿富锦精密电子（郑州）有限公司自2012年开始合作订单班培养。通过富士康PE专班，八年来工程技术专业为企业输送了904名电子信息类专业人才。电子信息工程技术专业与富士康开展了"五级渐进式"订单培养模式的实践探索，即以企业实际工作任务、过程和情境为根本依据，构建起技术组、设备组、管理组三种类型的岗位群组，基于各类群组的岗位特点设定合作育人课程体系，建立一套符合电子信息类专业的一线工作人员的人才培养方案。培养方案通过深入的市场调查，在全面掌握电信行业市场对高端技术技能人才的需求的基础上，由企业的技术专家、生产一线技术人员合作研讨制定而成。多方共同确定企业典型工作任务，校企共同开发课程标准、专业教材与学生学习材料，注重将专业基础能力、社会能力、实践能力、创新精神培养、交叉综合能力培养全面融入到课程和项目训练中。在教材方面，建设了一系列工作手册式、活页式的适合企业需求、满足工学结合、具有拓展能力的特色示范性教材，如《数字电子技术》《PCB设计与制作实践》《单片机原理及应用》。在学生学习材料的开发方面，基于职业岗位实际工作任务，结合课程教学内容，利用问题引导与提示设计工作页的学材，突出学生的自主学习过程。

（三）宝鸡职业技术学院的实践

利用自身的办学优势和区位优势，宝鸡职业技术学院与宝鸡机床集团有限公司合作开展"订单式"人才培养，双方合作冠名了"宝鸡机床班"，针对机电一体化专业群开展校企合作。在管理机制方面，院校和企业通过成立"宝鸡机床班"人才培养工作领导小组，共同制定了《宝鸡职业技术学院"宝鸡机床班"运行管理制度》，以企业职业岗位需求为导向，以培养学生岗位技术技能为核心，创建校企合作命运共同体，落实人才培养任务。在课程体系建设与开发方面，根据宝鸡机床集团有限公司不同岗位的需求，院校和企业双方通过重新构建模块化课程体系，改进教学内容，优化了"订单班"人才培养方案，企业直接参与制定涵盖专业群主要知识、技能和素养要求的项目化教学内容，利用模块教学、情境教学等教学方法，力求实现教学有项目、实训有产品。在对学生实施培养方面，订单班实行集团技能大师与院校技术专业带头人的"双导师"培养，通过引入现代企业理念、文化、管理方法，建立起一套与之适配的运行机制，实施统一的"专业+基地"运转方式，集团的生产设备、专业技术等无偿向学生开放，并严格按照企业生产的工艺流程对学生进行知识技能训练和考核。

三、以就业为导向的人才培养模式的实践

以就业为导向的人才培养模式在办学实践中的主要特征体现在根据行业或企业需要开设课程和组织教学，强调职业教育的实践性、技能性和应用性。这一模式在职业教育办学实践中广泛存在。

（一）浙江金融职业学院的实践

浙江金融职业学院依托金融行业指导，以培养金融高端技能型人才培养体系建设为引领，以全面提高教育质量为重点，以深化工学结合、校企合作为主线，依托校企间的深度融合，与实习合作金融机构开展紧密合作。在"以就业为导向"的培养理念下，在"人才共育、过程共管、资源共建、责任共担、成果共享"机制下，多方共同抓好学生顶岗实习的每个环节，全面提升金融专业人才的培养质量。学院在专业建设委员会的指导下，对接合作金融机构管理规范及岗位职业标准，各个培养合作机构都编有一本《顶岗实习手册》，以使学生熟悉实习单位的组织及整体运作模式，了解实习单位岗位的工作性质、内容、时间、环境及有关防护等；针对学生实习期间可能发生和遇到的问题，以案例的形式进一步加强了金融职业道德教育和以职业态度、职业利益、职业价值观为基本内容的职业素养教育；学院和各系均成立了顶岗实习和毕业设计工作领导小组，以保障有关教学活动的顺利开展和实施；院教务处负责各系顶岗实习、毕业设计工作的统筹、指导、协调工作，针对定岗实习的多样性、分散性、复杂性，完善顶岗实习和毕业设计工作的组织和领导，杜绝放任自流、抄袭杜撰现象，有效提高了学生实习质量和育人成果。

（二）武汉警官职业学院的实践

武汉警官职业学院信息工程系本着"以就业为导向、以能力为本位"的办学方针，积极开展职业教育改革探索，深化复合型技术技能人才培养培训模式改革，以培养适应市场需求的应用型人才。作为教育部首批1+X证书制度试点院校，信息工程系开设了大数据平台运维、Web前端开发、建筑工程识图三个方向的"1+X"职业技能等级证书考核站点，积极践行学历证书对接职业资格证书。在校企合作方面，信息工程系的专业培养目标明确，突出"以赛促学，以赛促改"的实践模式，将专业理论知识贯穿于各类国家级、省级和行业赛项等比赛实践。信息工程系将人才培养计划的制定对接行业岗位职业需求，将专业建设和

实践教学与企业行业建立密切联系，按企业"订单"定制人才培养方案，直接为社会一线培养高素质技能型实用人才，实现教学过程对接生产过程，实习实践对接就业要求，以确保毕业生实现"零距离"上岗就业。信息工程系下设的建筑消防、司法信息技术、消防救援技术、计算机网络技术、应急救援技术、软件技术、大数据技术等专业，均在对标市场和产业需求的基础上，设置了明确的专业培养目标和专业核心课程，以确保人才培养的正确方向。

（三）贵州工商职业学院的实践

贵州工商职业学院以"动手能力强、职业素质高"的应用技能型人才作为院校人才培养目标，坚持"立足贵州、面向西南、辐射全国"的发展理念，紧跟贵州省乡村振兴、大数据、大生态三大战略，持续深化校企合作和产教融合，对接国家和省市主导产业、支柱产业和战略性新兴产业设置专业，将企业的一线业务骨干请进课堂开展前沿教学，与学校职业素质高、能力强的具有丰富教育经验的专家教师协同开展实训课堂，实现"双师"教学，不断深化OBE教学改革，以产业发展需求为导向，建设"工""商""大健康"三大专业群协同发展的专业体系，为区域经济社会发展培养高素质技术技能型人才。为推动院校转型升级，贵州工商职业学院积极做好供需对接"企业大调研"，通过成立多个专业调研小组，"组团式"下沉到校企合作企业，聚焦企业的用人需求、岗位工作技能、学生工作现状等开展实地调研，关注企业的用人反馈，积极优化人才培养方案、课程内容以及实践平台搭建等，锚定企业用人需求，力求打造符合专业特征的产业集群。贵州工商职业学院积极帮助学生通过校企合作项目进入企业集团实习，帮助学生开启职业生涯的"预科班"，从而达成学生与企业的高效连接，实现毕业即就业的转身。

四、现代学徒制试点的探索

为深化产教融合、校企合作，进一步完善校企合作育人机制，创新技术技能人才培养模式，教育部于2014年提出在我国开展现代学徒制试点工作。2015年，教育部遴选了165家单位作为首批现代学徒制试点单位和行业试点牵头单位，包括17个试点地区，8家试点企业，100所试点高职院校，27所试点中职学校及13家行业试点牵头单位。2017年，教育部确定了第二批203个现代学徒制试点单位。2018年，教育部办公厅公布了第三批现代学徒制试点单位。2019年，我国开始全面推广现代学徒制。现代学徒制是我国职业教育主动服务经济社会发展要求所做出的战略选择，是促进职业教育体系和劳动就业体系互动式发展，拓宽技术技能人才培养和成长的重要通道。

（一）浙江机电职业技术学院的实践

浙江机电职业技术学院是一所以培养机电类高等技术应用型人才为主的全日制高等职业院校。学院致力于与企业合作开展"双元制"承认高等职业教育改革，推进了中等职业教育由"终结性"教育向"发展性"教育的转变，走出了一条浙江特色的职业教育"现代学徒制之路"。浙江机电职业技术学院的现代学徒制以培养企业适用的、本土化的高技能人才为目标，实施校企"双主体"管理模式，学校和合作企业共同成立合作培养领导小组，领导小组下设校企合作教学模块开发小组、校企合作教材开发小组、校企合作教学实施小组、校企合作考核评价小组等承担具体分工。此外，校企双方共同委派教师、工程技术人员、一线指导师傅承担教学工作，其中集中教学模块教师由具有中级及以上技术职称的学校教师、企业工程技术人员担任，岗位训练模块教师由企业工程技术人员、师傅或学校实践经验丰富的教师担任。教学管理以学校为主、企业参与，学员考核评价以企业为主、学校参与。学历教育和技能提升并举，了解企业员工学历和技能提升的真实需求，面向具有3年工龄的企业员工进行招生，打破传统承认高等学历教育的固定教学计划，根据企业岗位要求，校企双方共同培养企业适用、本土化的高技能人才。

（二）贵阳职业技术学院的实践

贵阳职业技术学院的现代学徒制以建筑室内设计专业为试点，立足贵州省，紧贴市场转型发展，以生产岗位为切入点，以招生一体化、重构课程体系、完善管理制度、改革教学方法为突破口开展现代学徒制实践，遵循"学生—学徒—准员工—员工"的成长过程，坚持系统培养、产教融合、工学结合、全面发展原则，多措并举，培养"能设计、懂规划、精施工、善管理"的高素质技术技能人才。该学徒制试点以工学结合、半工半读为形式，围绕企业典型工作岗位搭建"双主体"育人平台。由学校和企业共同组建一支教学能力强、具有专业技术特长的企业工匠、技术骨干与校内双师、技能大师互聘互用的专兼队伍，对学生、员工进行双培，同时校企双方选拔优秀班主任，结合一线生产实际对班级实施企业化管理。按照"课程开设贴近岗位、教学组织贴近生产"的思路，着力构建"课岗相融"的"共享平台通识课程+专业平台核心课程+技能平台实训课程+岗位平台企业课程"的现代学徒制的项目化课程体系，从企业生产实际出发，采取

"大专业小方向小班化"教学。第一阶段学生在学校进行文化课程及专业基础课程的学习，第二阶段学生下企业开展项目科的岗位能力课程教学，第三阶段学生到企业进行师带徒定岗培养。三个阶段完成"学生—学徒—准员工—员工"的角色转变。

（三）广东水利电力职业技术学院的实践

广东水利电力职业技术学院以电力系统继电保护技术和给排水工程技术两个专业开展现代学徒制试点。以给排水工程技术专业为例，该专业主要培养具备从事建筑及市政给排水工程的设计、施工、咨询、设施运维等的复合型高素质技能人才。在现代学徒制的人才培养模式的引领下，给排水工程技术专业以"四双""三阶段"的育人模式实施人才培养。"四双"即一是双身份学习，学员被录取后，与学校、企业签订三方协议，与企业签订劳动合同，享受公司学徒待遇，实现"招生即招工、入校即入厂，入厂有收入"。二是"双主体"培养，由学校和企业共同制定人才培养方案，共同实施，交替培养，在校学习主要由学校培养，在企业学习主要由企业培养。三是双基地育人，在校园学习理论基础知识和基本岗位技能，在企业基地真实作业环境下实践岗位技能，实现学校与企业的无缝对接。四是双导师指导，由学院专任教师和企业技术人员组成教师队伍共同指导。"三阶段"第一阶段以学生身份为主，重点培养学生的人文、思想素养和基础素质；第二阶段为由学生向学徒的过渡期，重点培养和训练学生专业基础、岗位对应的专业技术技能课和"校企"开发课程，考取职业资格证；第三阶段以学徒身份为主，进入企业轮岗锻炼，积累岗位工作经验，逐渐承担一定工作任务，完成顶岗实习。

五、企业新型学徒制试点的探索

2015年8月，人力资源和社会保障部和财政部发布了《企业新型学徒制试点工作方案》，在北京市、天津市、内蒙古自治区、辽宁省、上海市、江苏省、山东省、河南省、广东省、重庆市、四川省、甘肃省等省（区、市）开展企业新型学徒制的试点工作。每个省（区、市）选择3—5家大中型企业作为试点单位，每家企业选拔100人左右参加学徒制培训。参与企业新型学徒制试点的职工每人每年补贴标准原则上在四千元到六千元之间，补贴期限不少于或等于两年。在职工参与学徒培训期间，企业按照劳动合约规定根据职工学徒的实际工作贡献支付不低于当地最低工资标准的学徒基本工资。企业按照合作协议约定，向合作的职业院校或培训机构支付学徒的培训费用，从企业职工教育经费中列支。企业承担带徒弟任务的导师享受带徒津贴，对学徒开展在岗培训、业务研修等在企业内部所发生的费用，符合有关政策规定的都可以从企业职工教育经费中列支。

（一）江苏省的探索

为充分发挥企业作为技术技能人才培养的主体作用，加强企业职工培训工作，创新人才培养，江苏省遴选了苏州、无锡、常州、徐州、泰州等地开展了第一批企业新型学徒制试点培养工作。江苏省的企业新型学徒制试点企业主要分布在传统支柱性产业和战略性新兴产业。在方案设计编制、学徒招募选择、培训实施过程中，均强调以企业为主导，围绕企业发展战略确定育人目标、围绕企业生产实际制定育人方案、围绕企业现实需要实施育人过程，注重发挥企业的主体作用。截至2021年底，江苏苏州已有200多家企业组织开展企业新型学徒制培训，以满足技术技能人才队伍不同梯队发展需要，实现"人岗"匹配，适应产业、技术、组织变革。在课程设置方面，苏州学徒制强调聚焦生产一线，量身定制，严格按"一班一方案""一企一方案"设置针对性培训课程。在教学实施方面，强调采用"车间+教室"互动式教学，在真实生产环境下提升学徒技能水平，由院校和企业联合实施，工学交替、双师培养，实现校企优势互补、资源共享、合作共赢。在考核评价方面，通过强调企业导师的评价，结合日常实操的过程性评价，开展"实践+理论"结业考核，通过建立健全培训激励机制，强化培训质量评估监管，确保学徒培养质量。

（二）山东省的探索

山东省遴选参与企业新型学徒制试点的企业主要紧紧围绕省内"两区、一圈一带"发展战略，侧重新一代信息技术、轨道交通设备、海洋工程装备、先进机械设备、生物医药、新材料、新能源等新兴产业。围绕实现"企业得人才、学校强实力、学员长本领"的目标，山东省的实践坚持以企业用工需求为导向，积极推进企业新型学徒制的培养工作。一是强调人才供需的匹配度，以保证企业自主权和参与度为前提，校企双方共研培训课题、共定培训方案，培训方案侧重于紧贴生产一线，确保培训内容全、方法活、技术新，从根本上解决了学校培养与企业需求匹配度不高的问题。二是强调培养模式的灵活性和简便性，技工院校对学徒实行非全日制学籍注册，实行学分制管理，采用特定的评价体系和考核制度，实行弹性学制，科学调配时间，有效解决工学矛盾。三是突出企业用人需求，坚持"谁用人、谁评价"，以"企业满意、企业认可"为出发点，将考核认定权力交给企业，以企业对学徒培训期间的表现情况和培训结果是否合格出具书面考核鉴定意见作为培养成效的主要依据，切实提高企业满意度。四是突出实地教学、实地考核，由校企联合打造实习实训平台，把生产任务带进课堂，在校园内开启"职场"实战，实训与就业实现无缝对接，提高学徒的实操水平，学生毕业即可直接上岗工作。

（三）河北省的探索

2015年11月，河北省《河北省关于开展企业新型学徒制试点工作的通知》，分别在石家庄、承德、唐山、邢台、邯郸5个城市开展企业新型学徒制试点工作，各自选择一家着眼于新能源、新产业、新战略的大中型企业或承接治理大气污染、节能减排、转型升级等具有显著成效的，重视技能人才队伍建设和已经建立了比较完善的企业职工制度和待遇与技能挂钩的激励机制，且技能劳动者比例达60%以上的企业作为试点单位。试点城市结合当地实际情况建立与试点企业的联系制度，推动技工院校与企业的对接。以唐山市为例，在唐山三友集团有限公司与唐山市技师学院开展的新型学徒制试点改革中，企校双方共同培养了化工分析与检验和火电厂热力设备运行与检修2个专业195名学徒（生）。学徒培养过程以企业为主导，教学内容以企业需要为主导，学校配合制定人才培养方案，双方共同设置课程体系，将专业知识和操作技能融为一体，以企业典型工作任务分析为依据开设一体化培训课程。针对唐山三友集团有限公司的生产实际，开设安全生产规范、职业素养和工匠精神等课程，保证学徒所学皆所用，也潜移默化地培养了企业独有的工匠精神与企业文化，与企业工作岗位无缝对接。经过一年多的学徒学习，学徒（生）不仅提升了自身的职业能力和职业素养，也对企业有了更高的忠诚度。

第四节　我国职业教育人才培养模式存在的问题

人才培养模式直接关系到人才培养质量和规格，我国在职业教育人才培养模式的探索和改革中取得了较大进展，但在培养目标、培养内容、培养方式、培养过程等方面仍存在改进之处，准确识别实践中的问题，及时总结经验，有利于我国进一步开拓符合国情的人才培养模式。

一、培养目标亟待更新，符合智能时代技术技能需求

职业教育的人才培养目标以生产技术和生产组织方式的发展变化为根本影响因素，以技术技能人才的工作模式为中介变量。在智能化时代以物联网和大数据技术为核心，能够将资源、信息、物体和生产人员紧密联系在一起，可以运用大数据手段灵活配置生产资源，开展个性化的定制生产，也可以用差异化管理代替传统的固定式流水线生产，并且能够用智能信息系统控制整个生产系统，实现生产自动化。这种生产技术的变革对技术技能人才工作模式产生了重要影响：一是工作过程不再像以前流水线式的分工化，技术工人的工作范围逐渐扩大；二是人才结构的分层不再像以前一样纵向层次分明，工程型、技术型和技能型人才的融合趋势明显增强；三是技能操作更加高端化，更加强调技术专业性；四是工作内容中的创新与研究性工作成分加重；五是服务与生产一体化，就算是技术技能人才也将直接面向客户，按照客户需求进行个性化、定制化的生产。直接导致了对技术技能人才知识与技能结构的需求变化：一是对某一工作岗位或工作流程有专精的技术或技能；二是对整个生产系统有完整的理解与精确控制能力；三是具有熟练操作相关工业软件的能力；四是有一定的研究与创新能力。这些都指向智能时代下职业教育人才培养目标应该是一种高度复合型的人才，不再是单一片面的，只会动手操作，不通理论的技术技能型人才。因此，职业教育的人才培养目标必须与工作世界的变革紧密相连，随着工作世界的变化而不断更新。

二、培养内容有待完善，提升课程的科学性与有效性

培养内容主要是通过课程体系来体现的，只有通过针对实际工作职业能力进行设计开发的课程体系才能对技术技能人才进行科学有效的培养。当前职业教育人才培养内容与生产实际相脱节，企业实际工作任务并没有纳入到学校教学范畴中，教学任务和学校企业的典型工作任务相分离。因此，迫切需要升级完善职业教育的人才培养内容，要对基于实际工作的职业能力进行开发并进行课程组织。传统的课程开发方法，无论是MES课程法、CBE课程法还是工作过程系统化课程（学习领域课程）法，都是基于任务分析法这一基本内核，而单一的工作任务分析法是无法满足智能化时代对职业教育课程开发方法需求的。如果继续使用这些方法，所能得到的最多只是些浅层的职业能力的描述，并无法获得其本质的职业能力。用"任务"来组织课程也无法培养学生能够承担整个智能化生产系统控制

的能力，反而容易使学生职业能力碎片化发展。为此可以尝试构建以"工作系统分析"和"职业能力研究"相结合的课程开发方法。首先将劳动者个体要执行的一个完整的工作系统作为分析单元，再在工作系统分析的基础上，辅之以基于工作模式研究基础之上的，以心理学相关理论为指导依据的职业能力研究，由此开发出能够真正反映智能化生产系统中技术技能人才的职业能力标准，更新课程体系，完善培养内容。

三、培养方式需要创新，提高企业职业培训的参与度

综观世界各国，制造业实力强劲的国家都有着有大量技术精湛的工匠和大批高质量技术技能人才，这些工匠和技术技能人才的培养都是企业与学校共同实施，甚至企业主导的，比如德国和日本。这两个国家的技术技能人才队伍建设的成功经验都表明职业教育的发展必定离不开企业深层次介入与合作，所谓深层次主要是指学生与企业技术工人之间有着稳定的师徒关系作为技术知识传递和创新的坚实保障。学校职业教育所能教给学生的更多是普通的技术知识，这种学校主导的培养方式对于维持粗放型阶段的企业初期发展和正常运行是可行的，但对于以高技术为目标定位的企业来说是远远不够的，对以智能化生产为生命线的企业来说更是微弱无力。因此在智能化时代职业教育必须创新人才培养方式，加强企业介入与合作的深度，通过实施现代学徒制这一培养模式重构企业的师徒关系，以稳定的师徒关系为保障培养技术精湛的技术技能人才队伍，促进技术创新的实现，满足我国新发展格局背景下产业升级对技术技能人才的更高需求。

四、培养过程需要贯通，保障技术技能的长周期积累

在工业4.0和智能化时代，生产技术和生产设备的复杂性使企业更倾向于招聘高学历毕业生，导致同样的生产岗位，本科生比高职生和中职生更具竞争优势。但需要注意到，高学历的本科生或许能够更好地使用工业软件，保障智能化生产系统的良好运行，但这类学生肯定没有精湛的生产加工技能，因此也很难具备真正的技术创新能力。智能化生产所需要的是高复合的技术技能人才，更多是"工程+技术"型人才，这种人才往往需要更长周期的持续培养和技术技能形成与积累。但目前我国各个阶段的学校职业教育是相互割裂的状态，所谓的中高贯通、高本贯通、中本贯通、"3+4"、五年一贯制等贯通培养方式更多是学制贯通，而非课程贯通。也就是说目前职业教育的贯通培养并不是在现有课程框架下对课程

体系进行系统整合与重构，应有的长周期的人才培养效益并没有充分发挥出来。因此，未来应以课程和标准为内核进行职业教育的贯通培养。首先要根据人才培养目标对课程体系进行系统性的重新设计，以智能化时代技术技能人才的职业能力标准为依据系统进行课程体系的设置，既能实现人才培养在各个学段各有侧重，又能实现技术技能的系统形成和持续积累。其次要加强对贯通培养内各个学段的人才培养质量的评价考核与质量监控，保障贯通培养的高质量与高水准。

第三章　国外职业教育人才培养的典型模式

在全球化和快速变革的时代，职业教育的重要性变得前所未有地突出。国外职业教育人才培养的典型模式成为各国教育界和政府关注的焦点。这些模式在培养高素质技术人才、提升就业竞争力以及促进经济发展方面具有独特优势。德国的"双元制"以其卓越的实践性教育闻名于世，将学术学习与工作实践有机结合；英国的现代学徒制注重雇主参与，以实践为导向进行教育，确保培养出适应市场需求的人才；澳大利亚的TAFE模式建立在一个完善的资格框架之上，这个框架确保了培养出与职业需求相匹配的人才，提供个性化学习机会；美国的社区学院模式强调多样化的职业教育机会和灵活的学习路径。这些国外职业教育人才培养模式的成功经验为我们提供了宝贵的借鉴。

第一节　德国的"双元制"

德国是世界发达国家之一，就人口和国土面积而论，德国在世界民族之林中并不起眼。但不可否认，德国的工业实力举世瞩目，其经济的强劲程度和稳定性令人瞠目。即使是发达国家经济增长速度集体下滑的当下，德国经济依然保持着很高的增长率。而支撑其经济繁荣稳定发展的秘密武器就是"双元制"职业教育。德国职业教育体系由两部分组成：一部分是学校本位的职业教育；一部分是企业本位的职业教育，即"双元制"职业教育。在德国，"双元制"职业教育既是一种职业教育模式，也是一种教育理念、一项教育法规、一份国民保障。

一、德国"双元制"的发展

双元制职业教育培训起源于大工业时期对技术工人的训练方式，其前身是师徒制培训，随着经济的发展及生产方式的升级，企业与学校共同培养技术人员的方式被德国的法律确定下来，并不断加以完善。1969年联邦德国颁布了《联邦职业教育法》，标志着"双元制"职业教育被正式写入法律，成为德国产业工人的主要来源。

（一）"双元制"职业教育的缘起（中世纪—20世纪20年代）

德国"双元制"职业教育模式中的一元——企业培训，最早可以追溯到中世纪手工业行会的学徒培训形式。这一时期的手工业行会学徒制培训期限长短不一，且通常只有行会会员的子弟才有可能参加培训，培训是同生产实际联系在一起的。培训期限、考试等的安排，也是通过行会来进行的。师傅在把自己的知识、技能和经验传授给学徒的同时，还在很大程度上通过相应的教养措施，塑造学徒的性格和世界观。

到了19世纪，德国逐渐开始从传统农业社会向工业社会过渡。现代科学开始逐步代替传统的工艺，传统的师傅带徒弟的手工业培训方式已经远远不能满足生产生活需要。同时，工业的快速发展对工人提出了更高更新的要求，生产过程中的许多问题需要一定的理论知识加以解决，这就要求学校教育有必要参与到职业培训中。进修学校成为最先承担这一任务的学校。1895年至1914年间，德国将补习普通教育的星期日学校改建为普通进修学校，同时尽量传授与职业相关的理论知识；将行业星期日学校改建为行业专业进修学校。随着发展，两类进修学校在教学目标与内容上逐渐趋同，并朝着对手工作坊职业培训进行文化补习的方向发展。1900年，许多大城市开始将进修学校作为义务教育纳入地方法律。随着经济社会发展，又建立了一批具有职业教育性质的进修学校，如制图学校、商业学校、工艺学校等。1919年魏玛宪法第145条明确规定将进修学校作为义务教育进修普及，1920年全国学校大会将"进修学校"正式更名为"职业学校"，这就是"双元制"职业学校的雏形。

（二）"双元制"职业教育的确立（20世纪20年代—20世纪70年代初）

20世纪20年代发展起来的职业学校（原进修学校）经过缓慢而不稳定的发展，逐渐成为被大众普遍认可的学习场所。同时，德国技术学校委员会、德国技术工人培训学院和职业培训工作委员会等专门机构的建立，使职业培训和培训系统得以进一步完善。1936年，德国引进了"专业工人"和"技术工人"的全新概念，手工业行会的统治地位因专业考试的垄断地位被打破而不复存在，新的资格培训类型诞生，这就是后来"双元制"体系构成的主要部分。1937年，"职业学校"这一名称开始被普遍使用。到了1938年，职业教育被规定为义务教育。中央机构制定了统一的教学计划，将职业培训与职业学校教学更紧密地联系起来。

1940年，统一了职业教育的教学时间。

1948年，德国教育委员会在《对历史和现今的职业培训和职业学校教育的鉴定》中首次使用了"双元制"一词，正式将存在了一百多年的企业与职业学校合作的职业培训形式用概括简明的语言加以表达；1953年，综合性的职业培训条例出台。1969年8月，德国政府颁布实施了《联邦职业教育法》，标志着"双元制"开始有了法律上的确定意义，"双元制"得以全面制度化和法制化，"双元制"职业教育得以正式确立。

（三）"双元制"职业教育的完善（20世纪70年代初—20世纪末）

20世纪70年代，德国的改革者主张将基础性职业培训进一步标准化，并在职业学校增加了一些更为实用的培训内容，开始实施"基础职业教育年"，试图赋予"双元制"新的现代结构。然而，"基础职业教育年"只是部分地被接受。1972年，德国开始在联邦范围内对企业内部培训和各州职业学校培训的课程结构进行协调。值得一提的是，这一时期的"双元制"职业教育普遍属于中等职业教育。直到1973年，在巴登—符腾堡州创立了德国职业学院，这也被认为是企业与政府在高等教育领域内合作的一个创举。1985年，联邦会议通过了《德国高等教育法》，确认了高职高专教育在德国高等教育中的正统地位。即使东西德国的分裂也没能阻止双元制职业教育的发展。至此，德国从学徒工培训到中等、高等职业教育及在职培训已形成一个比较完整的体系，各州、市形成了一个严密的职业教育网，从而使德国在普及职业教育方面处于领先地位。1990年，原联邦德国的"双元制"职教模式被全盘引入整个德国。

（四）"双元制"职业教育的发展（21世纪以来）

进入新世纪，面对国际国内形势的深刻变化，德国经济处于不景气状态，企业效益增长乏力，许多大型企业所提供的培训岗位逐渐减少，直接影响到了与经济发展关系密切的双元制职业教育。为应对企业培训岗位低于培训需求的状况，德国政府于2003年4月协同联邦经济联合会、工会共同发起了"2003培训攻势"，以增加企业培训岗位。

德国前经济部长阿尔特迈尔曾指出，得益于"双元制"模式，德国的青年失业率低于欧盟其他国家。优秀的"学徒"在18岁或19岁时就可以成为正式的商人或熟练的工人。"今天的'学徒'就是明天的专家，他们是德国最大的优势之一。"但德国联邦职业教育研究所主席弗里德里希-胡贝特-埃塞尔在2021年发表的一篇研究文章中指出，受不同职业发展前景、收入潜力、职业形象等因素影响，某些时间或者情形下，德国"双元制"模式也会存在供需不匹配的问题，即企业招不到合适的学生，学生找不到心仪的岗位。新冠疫情也为德国"双元制"模式带来了新的问题。一方面，企业开始削减培训名额；另一方面，符合条件的学生更倾向于进入被认为"抗风险性"更高的高等院校学习，导致德国的职业教育规模出现萎缩。

德国政府于2022年5月发布的《职业教育报告2022》显示，2021年德国新签订职业教育合同约47.31万份，同比增长1.2%，但仍低于疫情前2019年的水平。此外，还有约6.32万个职业培训名额空缺，约2.46万名职业教育申请学生未获得岗位，供需不匹配问题依然突出。

德国教育和研究部长贝蒂娜-施塔克-瓦青格在报告发布后表示，新冠疫情对德国职业教育培训影响明显。尽管2021年的初步复苏迹象让人鼓舞，但没有资格证书的学生仍有很多，企业在填补培训名额空缺方面面临更大挑战。她呼吁各方进一步努力，让更多年轻人参加职业教育，因为这事关个人的受教育机会和德国未来的技术劳动力。

新冠疫情暴发后，德国政府推出一系列资助计划，支持企业界，特别是中小企业开展职业教育培训计划。2022年5月，在德国各级政府、企业、工会联合举办的"夏季职业培训"推广活动期间，德国总理朔尔茨表示："'双元制'模式将理论和实践相结合，代表着良好的职业机会和工作前景，也代表着进步和尊重。它确保了企业、接受培训者以及我们所有人的未来。"

埃塞尔在文章中指出，新冠疫情在冲击展会布展、酒店餐饮、商务出行、固定场所贸易等行业的同时，也使在线贸易、信息技术、虚拟会议服务等行业蓬勃发展，而这种新经济结构预计会在疫情结束后继续维持。因此，职业教育的未来发展，将取决于培训企业如何适应经济技术变革、技术性工作的日益数字化以及社会各领域的媒介化，并将这些变化纳入培训中。

二、德国"双元制"的特点

德国的双元制职业教育模式以其鲜明的特点和成功经验闻名于世。其特点主要有：坚实的法律基础，自上而下的双元特征，政府、企业、学校三方获益的良性循环，科学有效的利益分配机制以及完善的职业教育标准研发和实施体系。通过深入了解和分析这些特点，我们可以揭示德国双元制模式的独特之处，探讨其成功背后的关键因素。

（一）坚实的法律基础

德国双元制职业教育的蓬勃发展离不开其完善的法律体系。1949年，德国波恩《基本法》颁布后，德国成立了教育委员会，并规定了各州拥有包括教育在内的文化主权。所以，德国职业教育管理的基本特点是：学校形式的职业教育由各州负责，按州《州学校法》的规定实施；企业形式的职业教育由联邦政府负责，按《联邦教育法》的规定实施，其中手工业企业按照《手工业条例》的规定实施。

1965年，德国联邦政府颁布了《手工业行业协定》，对手工业行业的职业教育培训做出专门的规定。1969年颁布了《联邦职业教育法》，为双元制职业教育的发展创造了更好的内外部环境，规定"企业—学徒—学生—学校"依法签订职业教育与培训合同。各相关部门、各行业依据《联邦职业教育法》制定了许多配套法或具有法律效力的条例和实施办法，保障双元制职业教育的开展。如《企业基本法》《培训员资格条例》《职业教育促进法》《手工业条例》《实训教师资格条例》《就业促进法》《手工业条例》等。《联邦职业教育法》和《职业教育培训条例》对德国双元制职业培训的目标、内容、质量标准和达标考核做出明确的规定，目前在德国《职业教育培训条例》中包括326个职业的职业领域、岗位描述、职业形象、职业培训要求等。《职业教育培训条例》又称为"框架计划"，分为学校版和企业版，敦促校企双方共同高质量完成培训生的培训并使其达到从业资格。

为了应对双元制职业教育在新世纪的发展需求，德国联邦政府于2005年将《联邦职业教育法》和《联邦职业教育促进法》合二为一，颁布了新修订的《联邦职业教育法》（2005）。新的联邦职业教育法进一步明确了实施职业教育的目的，厘清了职业教育的内涵。双元制职业教育所涉及的职责、权利、义务及实施的各个环节均实现了实质性的规范，职业教育中应遵循的培训条例和培训合同也有了具体的说明。

（二）自上而下的"双元"特征

企业和职业学校是德国双元制教育的两个基本场所，两者在课程内容上互为补充，但主要以企业培训为主，学校理论课程为辅。基于此，德国接受双元制职业教育的对象具有双重身份，即培训企业的学徒和职业学校的学生。双元制职业教育的师资由职业学校和企业两部分人员担任。在企业实施培训期间，向学徒传授实用知识和职业技能的师资为企业从生产员工中选拔的技能过硬的工匠、大师，称为实训教师或企业培训指导人员；在职业学校实施理论教学期间，向学生传授专业理论、普通文化知识及初级职业技能的师资称为理论教师或职业学校教师。双元制职业教育的经费来源于企业和国家的投入，其中，企业承担大部分费用，政府给予一定的财政拨款。双元制教育的主管单位为联邦政府和州文教部，其中企业培训部分由联邦政府主管，职业学校的教学册由各州文教部分管。

双元制教育内容分为职业技能培训和专业理论教学两大类，企业的职业技能培训严格按照国家承认的职业技能标准来培训，主要是传授职业技能和与之相关的专业知识和职业经验；职业学校的教学内容除传授满足职业技能需要的相关专业理论知识外，还包括语文、数学、外语、政治、体育、宗教、伦理等普通文化知识。"双元制"模式的课程总的说来可分为实训课和理论课两类。实训课主要在企业内进行，理论课则主要在职业学校中进行。但这并非是固定不变的，而是有一定程度的交叉。双元制教育的教材分为实训教材和理论教材两类，其中企业使用的实训教材是按职业技能及相关知识为内容的模块式组合，由联邦职教研究所编写的全国统编教材，目的是保证职业技能培训的统一标准和质量；职业学校使用的理论教材则是针对培训职业的技能要求编写的，由各州的专业委员会制订，各出版社组织著名专家编写，没有统一的全国或全州统编教材，侧重告诉学生"为什么要这样做"。两类教材的科学组合是完成好"双元制"教育的重要基础。"双元制"教育制度决定了德国职业教育教学需遵循两套不同的教学文件：一是培训章程（也称职业培训条例），二是教学计划。企业严格按照联邦政府颁布的培训规章制度及大纲对学徒进行实践技能培训；职业学校遵循州文教部制定的教学计划、大纲对学生进行文化及理论知识传授。培训章程是对德国职业培训工作具有约束力的法律文件，在德国职业教育中起着统一定向和规范指导的作用。

（三）政府、企业、学校三方获益的良性循环

从政府层面来说，德国双元制职业教育为政府减轻了财政负担，降低了失业率，促进了经济的高质量发展。2015年，德国企业就支付了77欧元的净成本用于发展职业教育，占到当年职业教育总成本的59%，企业的大力投入极大地减轻了政府的财政负担。同时，双元制职业教育本身也有助于政府及时获得劳动力供求状况的早期预警，双元制高质量的人才培养水平能够有效地稳定就业，这也使得德国年轻人的失业率远远低于欧盟平均失业率。同时，双元制在改善收入分配结构、缩小阶层差距、整合难民和年轻人等方面都发挥着重要的作用。

从企业层面来说，双元制职业教育为企业源源不断地输送着大量的高素质劳动力。德国的双元制职业教育模式的一大亮点在于其"企业主导、学校补充"，职业培训关系由企业主导建立，并与受训者（学生）签订接近于正式劳动合同的培训合同，再由企业推荐到适合的职业学校学习，学生接受双元制职业教育期间，在企业培训时间占总培训时长的70%。相对来说，双元制学徒的用工成本较低，而长远回报较大，企业培养培训学徒所花费用的70%能够通过生产实训获得回报。尤为重要的是，企业通过对学徒为期3年左右的观察，可以实现对储备人才的深度评估与招聘。据相关统计显示，有66%的学徒在完成"双元制"学习任务后最终会选择留在实训企业，企业也因此而获得了满足生产实践需要的高素质劳动力，又节约了招聘和岗前培训的额外成本。由于工会强有力的社会保护，企业解雇员工成本高昂，因此对于企业来说这种深度的评估和培育是至关重要的。

从学生层面来说，双元制可以帮助其实现就业并获得较为可观的收入。一直以来，双元制职业教育都是德国年轻人进入劳动力市场的重要途径。据统计，有近56%的德国人口接受过双元制职业教育，其毕业生就业率达到了95%，远远高于其他毕业生就业率。德国的职业教育本身是免费的，同时企业也会支付给学员一定的实习津贴并为其缴纳社会保险，这使得学生的基本生活能够得到保障。

（四）政府、企业、学校三方科学有效的利益分配机制

建立三方利益得到充分代表的合作框架，保证培训始终满足各方需求。政府与协会商会是双元制的主管机构，行业协会、企业主和工会是社会伙伴，政府愿意与行业组织和工会建立实质性的合作伙伴关系，三方利益得到充分代表通过法律、机构和决策原则得以实现，体现在双元制职业教育"框架发展—标准开发—执行监管—评估认证"的全过程。具体来看，政府主要服务于三方的公共利益，通过《联邦职业教育法》《手工业条例》等法律法规明确各方基本义务和权利，授予利益相关方职权，举办公立职业院校，为所有人提供开放免费的双元制入学机会，确保双元制毕业生有机会通向高等教育，进行例行监测研究与300多个职业标准的开发。作为三方最重要的政策研究、决策咨询和代表协调平台，联邦直属的职业教育研究所（BIBB）负责研究职业教育的系统性变化并为政府提供政策咨询，负责培训条例和学校课程大纲制定和更新的协调，保证了德国职业教育系统的活力和吸引力。行业协会商会代表行业企业，是"职业教育的组织者"、主要监管机构和"质量守护者"，接受联邦部委的监督。工会代表学徒利益，进行社会保护和监督，是职业教育最高委员会、地方性委员会、考试委员会的成员，参与企业培训标准开发，监督企业培训，共商学徒生活津贴金额，谈判职业资格证书，是学徒的重要社会保护者。

建立统一严格又不失弹性的职业资格制度，为三方提供稳定的预期。根据德国法律法规，持有职业资格证上岗对劳资双方均有法律效力。求职者通过职业教育获得由行业协会考试认证的职业资格是有效证明。据统计，大约有60%的德国人通过双元制或全日制职业教育在20岁时得到了有关职业证书。国家职业资格认证为劳动力市场提供了透明性、统一性和确定性，促进了技术积累，也为政府、企业和社会提供了稳定预期。德国职业认证的成功在于其执行的严格，也在于其适应经济社会发展的弹性。据统计，德国有近1/3的现有职业是过去15年创建的。针对集中资格认证抬高部分职业门槛、增加职业转换成本的弊端，德国采取了折算过去教育和工作经历为课时等方式来缩短再培训时间。

实施一套费用统筹和税收减免政策，解决部分企业搭便车导致的不公平竞争问题。尽管财税支持不是德国企业参与双元制的主要考虑，为防止企业搭便车造成不公平竞争，德国政府也提供了一定的财税优惠政策。德国所有企业需向联邦财政部主管的中央基金缴纳员工工资总额一定比例的费用，由国家统一分配给跨企业培训中心、培训企业和欠发达地区。政府对参加职业教育企业提供了部分税收减免和补贴激励，也大大提高了企业参与的积极性。

完善职业教育前端引导和后端发展政策体系，让家长和学生有前期准备而无后顾之忧。根据德国教育设计，儿童在上完小学后（大致10—12岁），须根据老师指导和系统的学习能力评估在普通中学、实科中学和文法学校中做出选择，其中前两项意味着初中毕业后（15—16岁左右）通向职业教育而非大学。父母不仅需关注孩子成绩，还要出席家长会与老师讨论子女的职业及实习的可能，陪孩子参加培训信息活动。大多数学校在8年级开始将实习列入课程表，持续两三周的实习是孩子们了解行业乃至实现职业定向的重要渠道。"双元制"毕业后，学员仍有不同的职业和教育发展可能。他们可凭职业证书直接从业或自主创业，也可深造扩展职业技能，成为高级技术人员。原则上，他们还可以直接进入高等专科学校或一般大学学习。

（五）完善的职业教育标准研发和实施体系

双元制职业教育在德国的成果得益于德国完善的职业教育标准研发和实施体系。德国的职业教育是在其国家资格框架下，将职业标准与部分教育标准融合在一起形成了德国的《职业教育条例》（Ausbildungsordnung/training regulations），这一标准在类型上包含学历资格与职业资格标准两种。

在职业资格和标准体系方面，由德国劳工局、劳动力市场与职业研究所共同主导，在联邦统计局、相关联邦部门以及职业和社会研究专家的共同参与下，德国于2010年颁布了最新的职业分类。在此基础上，联邦职业教育研究所联合职业教育的多方利益相关者共同完成了职业教育标准的研发、实施与更新。

在教育体系和学历资格标准方面，2012年发布的德国资格框架将除了基础教育之外的包括职业准备教育、中等职业教育、继续教育、专科和本科、硕士和博士教育等在内的各类职业教育与专业教育划分为8个等级。各等级的职业教育课程标准，完全依据国家立法的、针对企业教学的《企业职业培训条例》和针对学校教学的《学校框架教学计划》，明确规定专业名称、培养目标、教学内容等，建立课程标准，校企共同遵循。因此，职业体系标准与教育体系标准之间存在对应等值关系。

2015年，德国联邦多种职业教育研究院就研发和启用了17个新的职业资格标准和职业培训大纲。最终，所研发的职业教育标准都会被纳入到《联邦职业教育法》《联邦职业教育促进法》《职业教育条例》及其配套法律体系中，以法律的形式确立其合法性，并由政府相关部门予以颁布实施。目前，德国已经形成一套涵盖400多种职业并不断更新的职业标准，对职业确立、培训内容和时间要求、证书取得等都有十分清晰的法律界定，明确了依据德国的职业（培训）教育标准，并由企业和学校双元具体实施，保障了职业教育人才培养的高质量。

三、德国"双元制"改革的新动向

德国的双元制职业教育模式一直以其卓越的成果引领职业教育领域的发展。随着时代的变迁和新兴技术的崛起，德国也在不断探索和改革其双元制模式，以更加适应当今社会的需求。

（一）助力学生终身学习

据德国教育网报道，经济全球化、数字化的社会和技术变革导致对合格工人的需求不断增加，资格要求也在不断变化。《2021年OECD技能展望》强调，终身学习在不断变化的社会中起着关键作用。与此同时，新冠肺炎疫情不仅影响劳动力市场，还加速劳动力市场的结构性变革。

德国的双元制为年轻人提供了很多正规、非正规的学习机会。德国15岁青少年参加实习的比例较高，近九成学生表示，他们通过实习进一步获得教育和专业学习的机会。作为完整教育以及职业咨询和定向计划的一部分，参与实习有助于青少年获得知识并满足亲身体验工作的需求。此外，"双元制"培养体系的优势之一体现在德国不同类型学校之间学生的差距缩小而非扩大。由于继续教育在发展学生阅读技能方面起着至关重要的作用，德国年轻人阅读能力不仅明显高于经合组织的平均水平，而且在国际比较中也名列前茅。

（二）大力发展双元制大学模式

双元制大学模式（Duales Studium）是当前德国高等教育中一种极具特色的人才培养模式。所谓"双元制大学"模式即一种大学与企业合作进行的高等教育模式。学生以企业员工身份在企业内接受职业技能和专业实践，以更好地掌握"实践"。同时，又在大学里以学生的身份接受与职业有关的专业理论教育，以了解实践操作中的"理论"。双元制大学模式在高等教育领域引入了职业教育或企业实践。与传统高等教育的区别在于它的实践特征，德国双元制高等教育的实践环节时间最少不低于12个月，最多可以达到总学业时间的一半。

德国科学委员会将双元制大学课程分为四类，即对初次职业教育者而言的（应届普通高中毕业生）的职业教育整合性和企业实践整合型，对继续教育阶段（在职人员）而言的企业实践整合型和职业整合型。开设双元制大学课程的学校类型有应用科学大学、巴登符腾堡州双元制大学、职业学院、综合性大学及其他，以国立为主，私立为辅。相关统计数据显示，近年来德国双元制大学的课程数量、合作企业数量以及学生数量都呈现出了稳步上升的趋势。近年来，双元制大学模式自身的优点得以不断显现，呈现出了供需两旺的态势，受到德国诸多高中毕业生的欢迎。

双元制大学课程越来越受到经济界和企业界的关注，教育政策、媒体及教育研究领域的投入持续加大，特别是自2013年德国科学委员会正式以制度的形式确认了双元制大学，使其在课程结构上变得更为明确。双元制大学课程项目将会在德国高等教育中扮演更为重要的角色。2016年，图林根州成立格拉—埃森纳赫双元制学院，这是继巴登符腾堡州双元制学院之后德国第二所源自职业学院的双元制学院机构。该双元制学院采用与巴登符腾堡州双元制学院同样的模式，理论学习和企业实践每隔3个月交替，未来会有越来越多以"双元制学院"命名的高等教育机构诞生。2017年，德国科学委员会从组织机构保障、理论实践保障、质量保证措施和培训合同保障等四个方面就双元制大学课程学校方和企业方在质量保障方面提出了目标框架的建议。部分联邦州已经开始着手共同制定相关的质量标准。

第二节　英国的现代学徒制

现代学徒制是英国职业教育系统的核心组成部分，是一种融合实践和理论学习的职业教育模式，在这种制度下，学生通过在工作场所和教育机构之间轮换学习，获得实际工作经验和相关课程培训。现代学徒制不仅使学生能够获得行业认可的技能，还为企业提供了有竞争力的劳动力资源，促进了经济的发展和创新。作为一个成功的职业教育模式，英国的现代学徒制在国际上备受关注。

一、英国现代学徒制的发展

学徒制在英国有着悠久的历史，缘起于人们对于生活技能的需要；在20世纪60—70年代，由于经济下行和社会就业的压力，英国议会通过了《产业培训法》，政府开始对产业培训进行初步干预；在20世纪70年代末—90年代初，由于政治、经济等原因，学徒制的发展受挫；20世纪90年代中—21世纪10年代，政府提供一种新的培养模式且注重学徒制法制建设，实现现代学徒制发展的勃兴；21世纪10年代初至今走向成熟。

（一）英国现代学徒制的缘起（20世纪60年代以前）

学徒制是一种古老的职业训练方式，在英国有着悠久的历史，英国也是公认的最早开展学徒制的国家之一。英国的学徒制是在中世纪伴随手工业行会的出现而逐步发展起来的，从12世纪开始英国就一直采用学徒制的形式来训练学徒。这一时期，很多英国家庭都会将子女送到行会成员的匠人作坊去学习生活技能。到了都铎王朝时期，虽然当时英国的学徒数量还未形成庞大的规模，但已经有了更为完善、标准的学徒受训方式。作坊里的匠人师傅与前来学习技能的学徒要签订契约，从而约定主仆身份，匠人师傅不但要向学徒亲自传授行规和技能，还需要提供食宿，并为学徒的言行承担道德上的责任，学徒学习期限通常为7年。

1563年，英国正式颁布了《工匠学徒法》，是国家干预学徒制发展的肇始，标志着行会学徒制发展到顶峰，然而该法案并没得到有效的实施，这又预示着行会学徒制的迅速衰落。直到1814年，国家废除《工匠学徒法》，也宣告传统学徒制就此终结。

（二）英国现代学徒制的萌芽（20世纪60—70年代）

18世纪60年代的工业革命到二战初期，英国政府一直将职业培训当作产业界的分内事。这一时期，政府对学徒制培训采取"放任自流、自愿互助"的政策。到了20世纪60年代初期，随着英国社会技能短缺现象的逐步加剧，英国工业竞争力呈现出下降的趋势，经济状况也随之每况愈下。面对经济下行带来的失业率攀升问题，英国政府不得不再次对职业培训进行改革。1964年，英国议会通过了《产业培训法》，该法案提议利用由劳工部创建的产业培训委员会负责开展各自行业内的职工培训，这标志着英国政府开始对产业培训进行初步干预，作为职业培训的一种方式，学徒制再次走进人们的视野并焕发出勃勃生机。

这一时期英国政府并没有制定专门的学徒制法案，而是在产业培训领域内对学徒制的开展进行了初步的干涉。这一阶段的学徒制培训种类繁多且规模庞大，学徒的训练也开始展现出理论学习与技能学习并重的趋势，各类高校及培训机构编制并开发了种类繁多的课程，并制定了相应的完整的考核机制，以保证学徒制培训的质量。同时，雇主也为学徒提供了固定的学习时间，以确保学徒能够接受足量的培训与教育。以上都得益于政府对学徒制培训的初步干预，学徒制培训也开始朝着制度化、规范化的方向发展。

尽管这一时期的英国政府开始参与学徒制的管理，但学徒制培训依然存在着诸多问题，如学徒制培训期限依然偏长、学徒制培训成本偏高、企业雇主参与学徒制培训的积极性不是很高等。这些问题的出现也为今后英国学徒制的发展埋下了巨大的隐患。

（三）英国现代学徒制的受挫（20世纪70年代末—90年代初）

由于政治环境的改变、经济政策的波动、学徒制培训成本的进一步高涨以及高等教育发展带来的巨大冲击，这一时期的学徒制培训规模迅速萎缩。由于以撒切尔夫人为首的保守党奉行产业培训应当由雇主自行负责的原则，在此之前由政府制定的产业培训政策遭到推翻，政府对学徒制的财政拨款也随之被取消。为了解决这一时期青年人的失业问题，英国保守党提出了以"青年培训计划"为首的一系列政府资助培训计划，以期通过实施新的培训方案来解决青年失业问题，进而维护社会稳定和经济繁荣。这一政策的实施，严重打击了学徒制的发展，原本选择参加学徒制培训的大量学院转而选择了参加"青年培训计划"。

这一时期英国学徒制培训取得的最大成就莫过于国家职业资格框架的制定。1986年10月成立了国家职业资格委员会（National Council for Vocational

Qualification，NCVQ），同年颁布了《教育与培训相融合》，指出要"面向所有人制定国家职业资格框架"。国家职业资格委员会的主要职责是制定国家职业资格框架。尽管国家职业资格框架在推行过程中存在一定的缺陷并且受到不同程度的抵制，但它开启了英国国家资格证书统一的先河，取得了令人瞩目的成绩。职业资格的标准化剔除了资格壁垒，国家职业资格标准证书越来越受到雇主的认可，更多人选择接受国家统一的职业资格培训，到1993年，它覆盖了80%的劳动力，在一定程度上阻碍了学徒制的发展。国家职业资格框架制度并没有达到预期效果，仍有待完善，也为下一阶段学徒制的发展埋下了伏笔。

（四）英国现代学徒制的勃兴（20 世纪 90 年代中—21 世纪 10 年代）

为了解决技能短缺和青年人失业问题，英国政府从20世纪90年代初就开始酝酿一种全新的学徒制职业培训形式，以期为16—24岁的青年人提供一种以工作为本位的职业培训形式，完成培训者通过考试可获得国家职业资格，以此来改善英国中级技术工人供给不平衡的状况。1993年11月英国政府正式宣布实施现代学徒制的计划（Modern Apprenticeship），1994年10月这项计划开始在14个行业部门实行。1995年，英国现代学徒制开始在全国的54个行业中被普及推广。之后的几年时间里，英国政府又对现代学徒制进行了进一步的改革与调整，同时将基础现代学徒制和高级现代学徒制的概念引入，共同构成现代学徒制。现代学徒制中的学徒是指已经受雇并且接受正式、结构化培训的人员。到1997年，英国现代学徒制培训框架达72个。至1999年3月31日，共有83个部门获准开展现代学徒制计划。为创建世界一流的职业技术教育体系，缩小英国同其他国家的技能差距，为年轻人提供更多的教育培训选择，英国政府于2004年9月，以试点的方式推出一个名为"青年学徒制"（Young Apprenticeship）的项目。在2008年《世界一流的学徒制：政府对英格兰学徒制未来的战略》中，英国政府宣称将要让现代学徒制成为英格兰16岁以上青年的"主流选择"。英国从20世纪90年代兴起的这场现代学徒制的改革取得了明显的成效，主要表现在学徒数量的增加以及完成学徒培训人数的增多。

与其他的阶段不同，这一时期，英国政府特别注重开展学徒制的法制建设，进入新千年后，陆续发布了一系列法律法规、报告文件，其数量之多前所未见。其中，主要有《学习与技能法》《2007年继续教育和培训法》《发展、提高和普及现代学徒制》《卡塞尔报告》《国家现代学徒计划》《现代学徒制：通向工作之路》《世界一流学徒制：释放潜力、建构技能》《学徒、技能、儿童和学习法》《国家技能战略》《沃尔夫报告》等。这些法律文书有的与现代学徒制直接相关，有的部分提及现代学徒制。

（五）英国现代学徒制的成熟（21世纪10年代初至今）

随着雇主认识到学徒制作为培养他们日益需要的技术人才的一种手段，其规模急剧扩大。政府审时度势，不失时机地加大对学徒制度的支持力度。举国上下都意识到，政府主导学徒制发展的做法日益行不通，但要确立一个真正以需求为导向的、雇主主导的学徒制度，还任重而道远，需要由专人对学徒制的现状做深入调研，提出合理建议。2012年7月11日，创业学校（School for Startups）的创办者道格·理查德（Doug Richard）接受BIS和DFE的委托，领衔成立理查德小组，对学徒制进行研究。理查德于当年11月27日提交了《理查德学徒制报告》（Richard Review of Apprenticeships）。该报告得到政府的采纳，预示着学徒制的发展有了新的方向。根据《理查德学徒制报告》，政府为了给雇主主导学徒制改革搭建平台，推出"开拓者"项目。2013年，修订了《英国学徒制标准规范》，将高等学徒制的范围扩大，即由原来的只包括四级、五级扩展到四级、五级、六级和七级。2015年12月，英国发布《英国学徒制：2020年发展愿景》报告，宣布即将成立学徒训练局和学徒制学院。2016年，英国开始实施"未来学徒项目"，把企业雇主对学徒能力的要求摆在首要位置。2017年，英国政府再次修订《英国学徒标准规范》，对基本技能的最低要求作出相应修改，免除对学习困难者以及残疾人英语、数学的最低要求，并对中级学徒制、高级学徒制、高等学徒制的相关资格做出更为明确的规定和要求，见表3-2-1。

表3-2-1　现代学徒制与国家职业资格等级的对应关系

现代学徒制体系		国家职业资格	其他证书
中级学徒制	青年学徒制	入门级	获得普通中等教育证书
	前学徒制	1级	
	学徒制	2级	A-C级的普通中等教育证书、关键技能二级证书
高级学徒制		3级	普通教育高级水平证书、关键技能三级证书
高等学徒制	高等学徒制基础学位	4、5级	国家高等教育文凭、相关技能等级证书
	高等学徒制学士学位	6级	学士学位、相关技能等级证书
	高等学徒制硕士学位	7级	硕士学位、相关技能等级证书

二、英国现代学徒制的特点

英国现代学徒制具备一系列独特的特点和优势，它拥有完善的法律保障体系，为学徒制度的顺利运行提供了坚实的法律基础；企业雇主在英国现代学徒制中发挥着主导地位，确保了学徒所学的技能和知识与实际工作需求的契合；采用了层次化的体系，为学生提供了灵活的学习路径；在培训与考评方面，英国现代学徒制注重能力本位，从而确保学徒真正掌握实用技能；英国现代学徒制还致力于实现学校到企业的有效过渡，使学生能够顺利过渡到职场并适应工作环境。

（一）完善的法律保障体系

英国是一个有着1500年法治文明史的国家，早在5世纪中叶就出现了法律。可以说，英国很久以前就是一个法治国家。为了了解社会各界对于立法的相关建议，英国政府习惯委托给某人或某机构（组织）就某一问题开展相应的社会调查，并提交调查报告。并通过发布白皮书、绿皮书，制定各类草案，颁布相关法律的形式来就某个领域的某个问题开展法制工作。而学徒制作为一种重要的教育类型，其改革与发展过程中的立法工作也不例外。

为了政治行会学徒制后期出现的种种乱象，英国政府于1563年颁布了英国历史上第一部针对学徒制的法案——《工匠学徒法》，规定了学徒的修业年限、师徒双方的权利与义务、师傅招收徒弟的数量等。该法案在实践中虽然并没有达到预期的效果，没能够改变当时学徒制混乱的局面，却开创了学徒制立法的先河。1601年颁布的《济贫法》和1802年颁布的《学徒健康与道德法》分别为教区学徒和工场学徒制的开张提供了法律遵循。自《工匠学徒法》被废除后的近150年间，英国政府再也没有颁布任何一项针对学徒制的法案，学徒制处于一种自生自灭的状态。

1964年，英国政府颁布了《产业培训法》，这标志着英国政府重新开始干预学徒制的发展，学徒制作为产业培训的一种重要形式又重新回到了大众视野。1993年，英国政府宣布实施"现代学徒制"计划，这标志着政府开始正式主导学徒制的发展。在这之后的二十几年时间里，英国政府颁布了一系列的学徒制法律，特别是2009年颁布的《学徒制、技能、儿童与学习法案》，这是继《工匠学徒法》后的几百年间英国政府颁布的第二部学徒制的专门法律，标志着英国政府主要学徒制发展的又一高潮的到来。2012年，英国政府颁布了《理查德学徒制报告》及一系列回应此报告的文件，标志着英国政府对学徒制改革的进一步深入，学徒制由政府主导开始转向雇主主导，此次学徒制改革也一直持续到现在。

综上所述，英国学徒制的改革与发展与其学徒制法律法规的完善有着密不可分的联系，完善的法律保障体系是英国学徒制得以保持旺盛生命力的关键所在。

（二）企业雇主的主导地位

自2012年11月《理查德学徒制评论》发布起，英国现代学徒制进入到了自1993年实施以来最大规模、最深程度改革的关键期。此次改革确立了雇主为学徒制的最终购买者地位，传统的由政府主导的学徒制培训模式开始向由雇主主导的模式转变。所谓雇主主导即在学徒培训、标准制定、考核与评价、资格认证、自主扶持等方面首先要考虑雇主的需求，同时赋予雇主充分的话语权。

英国现代学徒制采用培训与企业协会、学徒和企业雇主三方参与的形式进行。在英国，尽管学徒工要到继续教育的实施机构去学习一些相关的课程，但是由于英国企业的整个学徒训练计划是以劳资双方共同达成的学徒工协议为基础的，所以在对学徒工的训练内容、方法以及考核等方面，教育和就业部、地方教育局能施加的影响是非常有限的。学校机构所能施加的影响，也仅仅局限于学徒在学校所接受的那部分教育和训练。只有工会利用与雇主达成的协议谈判来影响学徒的训练计划。所以，在那些没有工会进行干预的企业内，学徒工的职业训练从内容、方法到考核都是完全听从于企业雇主。

2013年英国启动了由雇主主导的一项改革——"开拓者"项目，即雇主联合建立起一个全新的"开拓者团体"，并由该团体合作制定和开发学徒制职业标准和具体的培训项目，而培训项目中相关的评判标准、考核内容及考核方式都交由雇主自行设计，旨在开发能够最大限度地满足雇主和行业需要的学徒制标准。最初参与"开拓者"项目的雇主有1200人，"开拓者团体"的雇主为140人，随着新型学徒需求的增加，"开拓者"项目的规模不断扩大，行业部门的参与范围也日益扩展。英国政府在2021年发布的《工作技能：终生学习获得机会和成长》（Skills for Jobs：Lifelong Learning for Opportunities and Growth）白皮书中再次强调雇主在现代学徒制中的重要地位，要确保雇主在设计和发展学徒资格和培训方面发挥核心作用。雇主也将被放在确定技能需求的核心位置，并通过与大学和其他培训提供者密切合作，帮助塑造当地的人才供应，同时也将为高校提供战略发展资金支持。

（三）学徒制体系的层次化

与世界上其他国家的学徒制体系相比较，英国现代学徒制体现出了明显的层次化特征，即英国的现代学徒制体系是分层的。目前，英国运用广泛的学徒制体系包括五个等级：青年学徒制、前学徒制、学徒制、高级学徒制和高等学徒制。这五个层级之间相互贯通，同时它的最高一级高等学徒制，还可以上通高等教育。现代学徒制体系的层级化，满足了不同层次技能人才培训的实际需要。同时也在不同层次的学徒制以及学徒制与高等教育之间建立了一座相互沟通的桥梁，来满足不同学徒继续学习深造的需要，提高了学徒制在社会当中的地位，同时又增强了学徒制的吸引力。

（四）培训与考评的能力本位

英国现代学徒制的培养目标从单纯的培养熟练的技术工人，逐渐发展到培养理论联系实际的新型劳动者，其所培养的人才的适用领域有了很大的拓展。英国现代学徒制的培养目标的达成是以能否达到能力的要求为标准的。现代学徒制的培训没有固定的时间，通常是3—4年。它的培训与考核注重的是结果性评价，强调对职业能力的考评。

英国的现代学徒制对培训过程中的教学内容、教学进度、教学方式等要素没有严格的规范。现代学徒制的培训只对培训的结果进行控制，并以取得的学徒制所要求的各类证书为依据，取得的证书是能力的一种证明与体现。英国现代学徒制的考核并不采用传统的书面考试的方式进行，而是注重在工作场所展开的对学徒能力进行的考评。这种基于能力本位的评价与考核方式，有助于判断学徒是否真正掌握了相应的职业能力。

（五）学校到企业的有效过渡

德国不莱梅大学的劳耐尔（F.Rauher）教授认为，青年从学校过渡到工作一般需要经过两个门槛：第一个门槛是从学校到职业培训，第二个门槛是从职业培训到工作（劳动力市场）。在英国现代学徒制培训中，学校体系与工作体系是相互交叉进行的，有利于学徒由学校向工作的平稳过渡。在学徒培训过程中，学徒的身份逐渐向技术工人转换，这种转换过程贯穿于学徒接受培训的全过程，学习与工作就业相互联系、相互交叉，有利于学徒由学校到工作岗位的顺利过渡，从而降低失业率。

三、英国现代学徒制改革的新动向

英国现代学徒制一直处于不断改革和发展的进程中，以适应不断变化的职业教育需求和经济环境。近年来，现代学徒制的改革出现了一些新动向，其中包括持续提高雇主主导地位、重视提升职业教育的高等化和关注服务终身教育等方面的变化。

（一）持续提高雇主主导地位

英国私人企业家兼教育家道格·理查德（Doug Richard）于2012年发表了《理查德报告（Richard Review）》，指出了当前现代学徒制发展中雇主参与度不足的问题，并建议英国政府重新定义现代学徒制，采用新的现代学徒制标准并激励雇主积极参与到学徒制的人才培养中。为了回应理查德的建议，英国政府于2013年开始实施"开拓者"项目，以期给予雇主在学徒培训方面更多的话语权。所谓"开拓者"项目，是指在现代学徒制实施过程中，不同的企业雇主联合起来共同开发学徒制的职业标准，共同开发教学案例的学徒制项目。参与"开拓者"项目的企业均为行业的领军型企业，这也是"开拓者"项目名称的由来。在该项目中，雇主、学徒和政府三方为学徒制实施中不可或缺的利益主体。其中，雇主是学徒制项目的主导者，负责开发新的学徒制标准；学徒是新培训标准的践行者，在培训过程中得到技能的提升；政府是学徒制项目的主要投资者，以确保项目的顺利实施。"开拓者"项目最早在航空、汽车、数字工业、电工行业、能源和公共事业、金融服务、食品和饮料生产及生命科学与工业研究八个领域开展，后随着项目的深入实施而逐渐向其他行业拓展。特别需要注意的是，当所有的行业标准以"开拓者"项目的形式完成之后，将要替代现有的学徒制框架。

（二）重视提升职业教育的高等化

英国建立"层级化"的现代学徒制体系之后，学徒培养规模逐年扩大，但主要集中在中级学徒制和高级学徒制。进入21世纪后，英国社会的高层次职业岗位逐渐增多，低层次职业岗位逐渐减少，高层次技能人才的"生产与供给"成为制约英国社会经济发展的主要瓶颈。此外，随着英国新生儿出生率的下降，职业教育面临着来自高等教育的竞争，随着越来越多的学生希望能够接受高等教育，接受普通教育的学生人数将会减少，而接受职业教育的学生人数的下降幅度将会更大。为了提升职业教育的吸引力和满足人们对高等教育的需求，需要在规避职业教育学术化风险的基础上，重视提升职业教育的高等化。因此，英国政府试图推广包括学士学位和硕士学位的高等学徒制。2014年，在"科技共同体"的努力下，第一个"数字信息处理技术"学位学徒制人才培养计划"问世"。2015年，英国开始在多个行业领域进行学位学徒制的试点，并获得了显著的效果。2017年，《学位学徒制：实现重大机遇》报告"亮相"，该报告提出本学年设置学位学徒制的岗位数量要同比增长达658%。另外，英国教育专家普遍认为，英国社会迫切需要拥有高水平的学术、技术和专业技能的毕业生，而不是将学术和技术技能完全分开的教育。同时，要实现社会对职业教育的真正尊重和平等对待，就必须确保职业教育学位升级路线。为此，学位学徒制将是今后一段时间英国发展职业教育的主要方向。

（三）服务终身教育

21世纪以来，随着终身学习理念在世界范围内的广泛传播，英国政府为顺应国际大趋势，应对经济全球化和技术革新带来的挑战，连续颁布了《学习与技能法》（2000年）、《技能：在商务中增强，在工作中提高》（2005年）、《继续教育：提高技能，改善生活际遇》（2006年）等政策，致力于从技能培训方面入手，为更多人提供受教育和就业的机会，以此来构建终身学习型社会。现代学徒制作为技能培训的一个子系统，在改革发展过程中也不断受到终身学习理念的冲击。1994年，现代学徒制项目只面向16—17岁的中学毕业生；1995年，开始实施高级学徒制，年龄放宽到18—19岁；2004年，英国政府直接取消了25岁以上的年龄限制，鼓励所有社会成员参与。许多从业者纷纷加入学徒制培训的队伍。据统计，2006—2007学年的学徒中就有接近80%的人是从业者。另外，随着"面向人人"的终身学习理念深入人心，现代学徒制在教育性质上发生了改变，它不仅是一种面向未就业青年、以提高技能水平为目标的初始职业教育，而且还成为一种面向已就业成人的、以更新从业者技能为目标的继续职业教育。可以说，现代学徒制在发展过程中逐步对全体社会成员开放，成为学校职业教育的补充，为社会弱势群体特别是收入低微群体提供了重新学习技能和重新获得工作的机会。

第三节　澳大利亚的TAFE模式

TAFE是Technical And Further Education的简称，中文意思是职业技术教育学院。TAFE是澳大利亚高等教育的重要组成部分，是联邦政府和各个州政府共同投资兴建并进行管理的庞大教育系统。澳大利亚共有75万普通高等院校的学生，TAFE系统大约有127万学生，这个数字是澳大利亚普通高等学校在校生数的1.7倍。对只有1870万人口的澳大利亚来说是个可观的数字。

一、澳大利亚TAFE模式的发展

澳大利亚TAFE的历史最早可以追溯到18世纪末期，其发展可以划分为萌芽时期、创立时期、发展时期和改革时期。

（一）澳大利亚 TAFE 模式的萌芽时期（18 世纪末—19 世纪 80 年代）

澳大利亚TAFE的核心内容为职业与继续教育培训，早在TAFE这一概念被提出前一百多年的18世纪，澳大利亚的职业教育形态已经开始萌芽。澳洲大陆最早的技术教育可以追溯到1798年，根据"亨特"报告记载，1798年，一些年轻的犯人被分配到一个名为"技工帮"的组织去学习植物机械操纵的技术，这是澳大利亚第一起有记录的技术教育活动。1826年，女子工业学校诞生，这是澳大利亚历史上的第一所技术学校。虽说是"工业"学校，但主要是培养家庭仆人，其受教育者以女性犯人和女性孤儿为主。1827年以后，澳大利亚隔周开始创办以技术和科学为主要教学内容的更为正规的技工学校。1891年，伴随着悉尼技术学院的创立，澳大利亚社会各界开始认识到学徒制对于培养技术技能人才的重要性。此后，各州开始制定一系列的学徒制相关法律来保障技术培训的开展。

1901年10月，澳大利亚联邦建立，开始着手技术教育体制改革相关工作，成立了"技术教育调查委员会"和"技术教育处"，专门负责管理技术教育。随后，新的中等技术学校相继建立，具有补习性质的技术学校开始出现，技术学院开始向着更高层次延伸。1917年，南澳大利亚政府颁布了《学徒技术教育法》，规定了"学徒必须要在技术学校内学习三年的课程"，这一系列改革都为技术与继续教育的发展奠定了坚实的基础。

二战期间，澳大利亚联邦政府开始对技术教育进行资助，使得中等技术教育在数量与质量上都得到大幅度的提高，同时也带动了高层次的技术学院与高级技术学校的发展。到了二战后期，澳大利亚政府开始实施"技术和变化替代人员而进行的就业培训计划"，以此来帮助战后转行人员就业。这一时期，职业教育成为澳大利亚高等教育的主体。1948年相关统计数据显示，澳大利亚职业教育学生是澳大利亚全日制大学生人数的10倍。

到了20世纪60—70年代，澳大利亚建立了一批专科层次的高级教育学院，一些高级技术学院也开始向大学发展。《1940年技术教育法案》曾建议建立一所本科层次的技术学院，1946年，新州政府接受了建议。1948年，将悉尼技术学院升格为新南威尔士技术大学，也就是如今知名的新南威尔士大学。

（二）澳大利亚 TAFE 模式的创立萌芽时期（20 世纪 70 年代）

20世纪70年代，澳大利亚经济社会正处于产业结构的大调整时期。此时，金融、制造等新兴产业开始崭露头角。为了促进教育公平，为更多人提供接受高等教育的机会，满足新兴产业发展对技术工人的新要求，技术与继续教育学院应运而生。1973年，技术与继续教育委员会（Committee of Technical and Further Education）正式成立，随后由政府出资开办的各类职业教育与培训机构正式更名为"技术与继续教育"（Technical and Further Education，TAFE）。TAFE被归类为国家教育部门并得到联邦政府的资金支持，正式成为国家教育体系的一部分。1974年，澳大利亚政府颁布了《康甘（Kangan）报告》，首次对TAFE的内涵加以界定，即"TAFE 应该被认为描述所有组织的和连续的课程，而设计这些课程的目的是教授职业教育为导向的知识，并开发个人的理解力和技能"，同时指出TAFE与其他教育的平等地位及其关系。澳大利亚技术与继续教育委员会的成立以及《康甘（Kangan）报告》的发布，使得社会大众对TAFE的认识进一步加深，也为澳大利亚职业教育与培训的发展奠定了良好的基础。

联邦政府负责全部的教育经费且高等教育免费，同时给予非竞争性奖学金，使得TAFE成为这一时期规模最大的高等教育机构，学生人数得以大幅度增加，且呈现出多样性。

（三）澳大利亚 TAFE 模式的发展时期（20 世纪 80 年代）

20世纪80年代，服务业开始出现并逐渐成为澳大利亚国民经济体系的重要组成部分。经济社会的迅猛发展、产业结构的转型升级，为这一时期TAFE的发展提供了更多的机遇与挑战。为了进一步研究开发国家主干课程，促使专业内容在全国范围内趋向一致，以此来减少专业开发的成本以及研发TAFE全国数据统计系统，在澳大利亚技术与继续教育委员会的努力下，于1981年11月在阿德雷德州建立了TAFE研究中心。该研究中心的建立，不仅有效地推动了澳大利亚职业教育与培训在全国范围内的统一，同时使得澳大利亚职业教育与培训走向规范化、制度化。

1984年，联邦政府颁布了《TAFE证书命名法》，标志着TAFE教育系统的建立。这一时期，澳大利亚政府继续加大对TAFE的政策与资金支持，TAFE培训所涉及的行业、工作得以不断扩大并趋于完备。1985年，劳动力市场项目调研委员会提出了一种实习生制度，TAFE每接受一名实习生，可以从政府得到1700澳元，每个学生需要再次接受13周的脱产学习，完成培训课程。在大量政策的支持下，TAFE吸引了来自高中生、大学生以及在职人员等社会群体的青睐，大批社会青年和劳动者开始进入TAFE接受与岗位相匹配的技能培训。在校生人数得到大幅度增加，自此澳大利亚职业教育与培训进入了黄金发展时期，TAFE成为职业教育与培训的主要承担部门。1984年TAFE注册学生数大约为100万人，1987年达到近150万人，是当时大学和高级教育学院学生数的三倍。

（四）澳大利亚 TAFE 模式的改革时期（20 世纪 90 年代至今）

20世纪90年代，受经济低迷的影响，澳大利亚联邦政府各项经费紧张，使得对TAFE的资金支持开始呈现出下降的趋势。同时，这一时期TAFE学院因人才培养效率较低而受到社会各界的批评。为了适应经济社会发展的需要，在政府与社会各界的支持下，澳大利亚TAFE迎来了重塑阶段。

1992年，澳大利亚联邦政府宣布澳大利亚国家培训局（Australian National Training Authority）正式成立，培训局成员大部分由行业人员构成，培训局制定的行业能力标准影响TAFE的课程计划，使TAFE的人才培养与行业更紧密地对接，以此提升教学效率与质量。国家培训局的设立促使澳大利亚职业教育体制向培训方面改革，也拉开了TAFE改革的序幕。

1995年，澳大利亚职业资格框架（Australia Qualification Framework，AQF）颁布实施，促进了TAFE与其他教育类型的衔接互通，使得澳大利亚教育体系内各种教育类型实现了有机融合。1998年，澳大利亚国家培训局要求各行各业将本行的职业技能标准集成为培训包（Training Packages，TP），各TAFE学院必须根据培训包的相关要求来设置新的课程、组织教学与考核，考核合格者方可获得全国通用的证书。同年，用以指导职业技术教育与培训机构的资格确认、注册，确保培训质量的认证框架建立（Australian Recognition Framework，ARF）。进入到21世纪，澳大利亚 TAFE 始终稳步发展并不断完善，联邦政府根据不同时期社会对于职业教育与培训的需要，出台了一系列国家战略及政策，TAFE已经发展成为政府引导、行业主导、市场导向、能力本位的教育与培训体系，其灵活开放的办学方式满足了不同学习者的学习需要，最大限度地服务了经济社会的发展。

二、澳大利亚TAFE模式的特点

TAFE在实践中得以不断发展和完善，以其制度化、规范化、终身化以及开放性等鲜明的特征逐渐成为澳大利亚技术与继续教育的主体，并开始走向世界舞台。澳大利亚TAFE模式具有以下几个特点：

（一）内外联通的澳大利亚资格框架

澳大利亚于1995年开始引入体现终身教育理念的澳大利亚资格框架（Australia Qualification Framework，AQF），AQF实现了不同教育层次和不同类型教育之间的相互衔接与沟通。它通过模块化的课程内容使相邻的资格证书得以互相衔接，使职业教育与普通教育、高等教育相互沟通。

直到2008年，一个专门负责澳大利亚资格框架整体运行、监控实施过程并保障发展的部门——澳大利亚国家资格框架委员会（AQFC）正式成立，标志着澳大利亚资格框架趋于完善。2011年，在澳大利亚国家资格框架委员会的指导下，澳大利亚资格框架进行了多次修改，并于当年7月正式颁布，新颁布的资格框架如表3-3-1所示。

表3-3-1　澳大利亚国家资格框架（2011）

水平等级	中等教育	职业教育	高等教育
10级			博士学位
9级			硕士学位
8级		职业研究生文凭	高等教育研究生文凭
7级		职业研究生证书	高等教育研究生证书
6级		职业教育与培训	学士学位
		高级文凭	高等教育高级文凭
5级		职业教育与培训	高等教育文凭
		文凭	副学士学位
4级		四级证书	
3级		三级证书	
2级	高中教育	二级证书	
1级	证书	一级证书	

TAFE学院职业教育具有连续性。终身教育强调教育的连续性，要求教育从以前只对学生的职前教育负责进步到对学生的职前职后负责，学生受教育的时间极大扩展，人们可以通过持续不断的学习从容应对社会发展带来的各种挑战。TAFE学院提供培训包中的6级资格证书，分别是一级证书、二级证书、三级证书、四级证书、文凭和高级文凭，每个等级证书都代表了不同水平的能力要求，其中一

级、二级证书为低级水平证书，三级、四级证书为中级水平证书，文凭和高级文凭为高级水平证书，人们可以根据其职业生涯规划不断向高级能力水平发展。同时，TAFE学院职业教育不仅自成体系，又与中等义务教育和普通高等教育相互衔接与贯通，通过学分转换实现普职衔接。TAFE学院提供的一级和二级证书主要培养半熟练工人和高级操作员，学习领域包括医疗、家政、旅游等，招生对象为初中毕业生，学习时间为半年。因此，TAFE学院一、二级证书的职业教育培训与澳大利亚初级中学教育衔接，属于初等职业教育。TAFE学院提供的三级和四级证书主要培养熟练工人和高级熟练工人，三级证书要求学生具有某种专业技术、自我管理能力和管理他人的能力，四级证书要求学生能应用广泛技能制定工作程序，并管理监督他人工作，招生对象为高中毕业生，学习时间为一年，因此TAFE学院三、四级证书的职业教育培训与澳大利亚高级中学教育衔接，属于中等职业教育。TAFE职业教育通过一到四级证书与学校中学教育相衔接。TAFE学院的文凭和高级文凭主要培养辅助技工和辅助管理员，理论知识占比大，实际操作性比较弱，招生对象为高中毕业生或高中毕业已经工作的人，学习时间为两年左右，获得高级文凭后可以免试升入大学二年级获取本科学位，文凭和高级文凭既可以由TAFE学院颁发，也可以由大学颁发，因此属于高等职业教育专科层次，与普通高等教育相衔接。值得一提的是，少数TAFE学院提供的研究生证书和研究生文凭属于高等职业教育本科层次，由此可见澳大利亚职业教育更加趋向高层次。

由以上可以看出，澳大利亚的资格框架非常灵活，当受教育者获得一种证书或文凭后，可以顺利地进入到更高一级证书或文凭的学习，如若未完成某一证书的所有课程而终止课程学习时，也可获得部分资格，而该部分资格在后续的澳大利亚资格框架证书的学习中依然有效。受教育者高中毕业进入TAFE学院学习后，在高中阶段所获得的职业教育课程学分可以得到承认，进而可以直接进入到后续课程模块的学习。受教育者从TAFE学院毕业后，可以选择直接就业，也可以选择进入到大学学习。而其在TAFE学院学习的相关专业的课程可全部或部分得到承认，这也为TAFE的毕业生能够进一步深造创造了条件。同时，TAFE学院作为沟通各类教育的"立交桥"，高中生、大学生以及在职人员均可在其学习和工作的同时参与TAFE学院的学习，并获得相应等级的职业资格证书。

（二）完善的质量保证体系

为了保障TAFE的人才培养质量，澳大利亚政府建立了包含澳大利亚资格框架（Australia Qualification Framework，AQF）、培训包（Training Packages，TP）以及澳大利亚认证框架（Australian Recognition Framework，ARF）三部分的国家培训框架体系（National Training Framework，NTF）。

澳大利亚资格框架（AQF）设计清晰且规范，其主要作用在于规范就业市场。如，AQF规定了各行各业中技能要求高的岗位必须持有职业证书方可就业。即使是大学本科生、硕士生甚至是博士生，毕业后想要从事技术性工作，也需要获得TAFE学院颁发的培训证书才能够在生产经营一线岗位就业。澳大利亚资格框架规定了初等教育与中等教育、职业教育与培训、高等教育之间的分立与相互融通，明确了各方的关系与衔接方式。

1998年，澳大利亚国家培训局要求各行各业将本行的职业技能标准集成为"培训包"（Training Packages，TP），各TAFE学院必须根据培训包的相关要求来设置新的课程、组织教学与考核，考核合格者方可获得全国通用的证书，培训包的内容及相关要求成为职业培训、资格认定及评估标准的重要依据。培训包的引入直接将能力标准与澳大利亚资格框架联系起来，培训包包含了各个行业、不同层级的能力标准，学生只要达到某个资格所需要的能力要求，就能拿到对应的资格证书，并且该证书在全国范围内都通用。"培训包"由行业培训顾问机构、国家培训质量委员会、注册培训机构、国家行业技能委员会和企业根据《培训包开发流程政策》《培训包产品政策》《培训包标准》这三个国家层次的要求共同开发和管理，各培训包都围绕具体的核心理念进行职业定位，包含同一职业领域下不同的专业方向，每个专业方向包含多个选修能力单元和必修能力单元，能力单元非常详细描述了某一个工作岗位需要的知识和技能，一个专业方向又包含不同层级、不同水平的能力要求，达到该层次能力要求就可以获得该层次的资格证书。培训包清晰呈现了学习技能并获得资格证书的系统过程。

1998年，澳大利建立了澳大利亚认证框架（Australian Recognition Framework，ARF）和新学徒系统（New Apprenticeship System）。认证框架的主要功能是按照培训框架制定的标准对培训机构进行资格确认和注册，以最大限度地保障培训的质量。澳大利亚"新学徒制"是在整合传统学徒制和受训生制度的基础上，将职业学校教育与在职培训有机结合的特色学徒制体系。自1998年实施新学徒制后，澳大利亚政府又先后出台了资格框架（Australia Quality Framework，AQF）与培训包（Training Packages，TP）。2001年，澳大利亚政府又对其原有的认证框架（Australia Recognition Framework，ARF）进行了修订，最终形成了新的澳大利亚质量培训框架（Australia Quality Training Framework，AQTF）。资格框架、培训包以及质量培训框架共同构成了澳大利亚新学制的培训项目与依据（如图3-3-1所示）。培训机构和TAFE学院根据这三个培训项目和标准为学徒提供培训并开设相应的课程，学徒毕业时颁发全国认可的学历资格证书：资格框架（AQF）1-4级。同时，澳大利亚新学徒制的行业职业覆盖面非常广，从传统行业到新兴服务业，有500多种职业可以选择。可以说，澳大利亚资格框架、培训包以及澳大利亚认证框架三者从宏观管理层面保证了TAFE的质量。

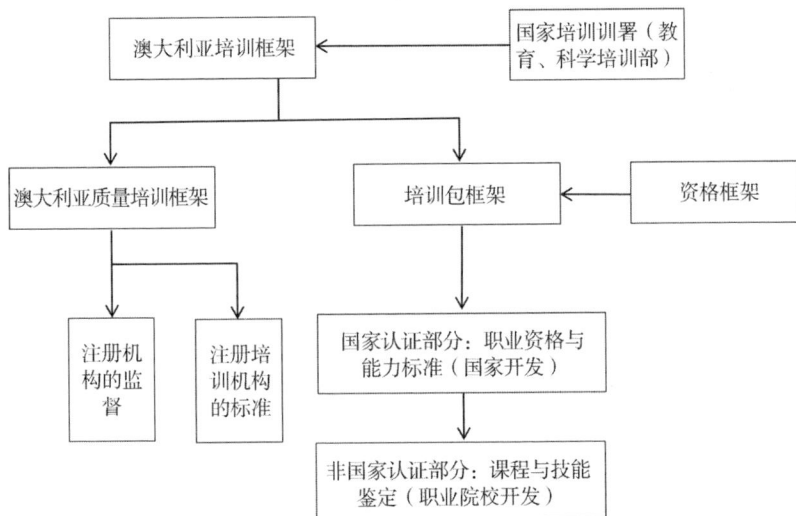

图3-3-1　资格框架、培训包以及质量培训框架

（三）行业主导的办学机制

一直以来，行业在TAFE学院的办学中都占据着主导地位，这也是几十年来TAFE学院得以持续高质量发展的秘密武器。由行业协会主导开发的培训包（Training Package）是TAFE学院开展教育与培训工作的基本依据，可以实现培训目标与行业技能要求的有机统一，也是促进教育培训与就业衔接的有效保障。培训包涵盖国家认证和非国家认证两个部分，其中，非国家认证部分可由培训部门或行业自行开发，一般由行业专家依据行业实际需求和岗位职责要求完成培训包的开发工作，包括相关岗位要求和标准等内容，学时较短，在短期培训方面发挥着重要作用，培训项目需要根据市场需求进行动态调整，一般每3—5年修订一次。TAFE学院可依据培训包中的能力要求制定培训计划，开发相应的课程。行业主导的办学机制还体现在行业参与TAFE学院教育培训的全过程，包括教育培训过程中课程的设计、课时的安排，相关的决策与管理，培训的质量评估等。

（四）专兼结合的师资队伍

TAFE学院高度重视师资队伍建设，严格的任职要求、教师深入企业的进修模式以及专兼结合的师资队伍是澳大利亚TAFE学院长期以来得以高质量发展的重要保障。TAFE学院的教师大多来自行业企业一线具有一定实践经验的专业技术人员，对招聘要求也做出了明确的规定。应聘者必须具备5年以上相关领域的工作经历，同时必须具备相关行业的职业资格证书以及教师资格证书，也就是"双证书"。达到上述条件的应聘者，入职后还要先做5年及以上的兼职教师，在教学能力得到充分锻炼后方可转为专职教师。TAFE学院的教师在完成额定的教育教学工作的同时，还有深入相关企业进行进修锻炼的权利和义务。教师需要参与相关专业协会活动并且定期到企业进行技能训练，不断学习相关行业的新知识、新技能，以确保自己在教学活动中能够做到与时俱进。TAFE学院除了负责对专职教师的招聘、培养管理外，还注重相关行业兼职教师的选聘，进一步要求教师既能胜任专业教学的要求，也可以担任对学生技能训练的指导任务。

（五）灵活开放的终身教育理念

澳大利亚的教育学家为了使人才培养的目的能适应经济和发展的需要，创导了终身教育的理论。这是被世界上各国的教育专家称作为20世纪最伟大和最重要的教育理论。澳大利亚TAFE体系就是完全建立在终身教育理论之上的教育和办学体系，这一体系也使得人们在一生当中可以根据自身需要而选择适宜的时间、合适的地点进行学习。

澳大利亚TAFE学院的教育理念灵活开放体现在对受教育者的年龄和学历都没有严格的限制，年龄范围可在14—70岁之间，高中生、大学生、研究生甚至是博士生以及在职人员，只要有参加职业培训的需要，均可进入到TAFE学院接受职业培训，在获得学位证书的同时还能够获得相应的职业资格证书。在办学形式上，TAFE学院涵盖职前教育、职后教育、正式的学历教育以及非正式的短期培训等多种形式，供学习者自由选择；在学习方式上，学习者可以选择半日制或全日制学习，甚至可以选择利用课余时间完成学习课程，学习地点可以是学校，也可以是工作场所，只要达到技能要求并通过考核就可以获得相应的资格证书。同时，澳大利亚TAFE还设立了新颖的学徒制和实习制，对失业人员进行学徒前培训，其在获得初级证书后，可与雇主签订雇佣合同，并仍以学徒制形式参加在职培训，实习制不同于学徒制的一点是合同时间较短，学习时间在半年以内。澳大利亚TAFE不仅给各阶段的学生提供了技能培训的机会，更为错过教育机会的在职人员、年长工人等提供了接受二次教育的机会，深化了终身教育理念。

（六）独立有效的第三方评估

高质量的人才培养水平一直是澳大利亚TAFE得以保持旺盛生命力的重要基点。2009年5月，澳大利亚联邦政府发布了《改变澳大利亚的高等教育体制》的一项预算报告。该报告承诺将对包括大学、职业教育与培训在内的整个第三级教育系统进行史无前例的投入，由此掀起了澳大利亚高等教育和职业教育与培训的全面改革，澳大利亚第三级教育进入了新一轮的规模扩张期。为了消除大众对因规模扩张而造成教育与培训质量下降的疑虑，澳大利亚成立独立于教育部而设立的"高等教育质量标准署"（Tertiary Education Quality and Standards Agency，TEQSA）和"澳大利亚技能质量署"（Australian Skills Quality Authority，ASQA）两个全国性的监管机构，分别对高等教育质量和职业教育与培训质量进行监管，主要涉及从机构的注册到课程认证、教师专业资格、教学质量认证、教学成果的评估等。只有通过ASQA的审查才具有办学资格；ASQA每3—5年对培训包进行一次审查并更新；TAFE学院的课程设置也要受到技能质量署的严格把控，每年定期或不定期接受审查。每年年末，监管部门会对TAFE学院进行全面的审核，如果没有达到要求的质量考核标准，即会取消其办学资格。除了要接受澳大利亚技能质量署的监督外，各州还根据自身需要设置了专门的以工作成果的达成为导向的评估机构，制定量化的可观测的教学执行和评估标准，并多途径对评估材料进行收集、监督教育教学过程的实施与完成。可以说，第三方评估措施对于促进TAFE学院教学、保障培训质量、促进专业教学改革和整改起到了十分重要的作用，在很大程度上提高了TAFE学院的办学质量。

三、澳大利亚职业教育人才培养模式改革的新动向

澳大利亚职业教育人才培养模式一直致力于不断改革和创新，正朝着TAFE学院服务终身教育、不断扩大吸引力和致力于社会包容等方向发展。这些新动向将进一步提升职业教育的质量和影响力，为学生和职业人士提供更多机会和支持，以适应现代社会不断变化的需求和挑战。

（一）TAFE学院服务终身教育

澳大利亚TAFE学院在招生上没有年龄限制，鼓励人们多次、不断学习；着重进行对学员职业能力的培养，使他们能较快适应社会职业岗位的需要；课程安排提供有阶段性的但又可以连续的教育与培训课程，使学员可以在不同时期、针对

不同需求选择相应课程；教学针对不同的学习对象和课程类型，采取各种灵活多样的方式、方法和手段，为一切愿意接受教育或培训的人提供有效服务。澳大利亚TAFE体系突破了传统的一次性教育的局限，建立了"学校—工作—再学校—再工作"的多循环的终身教育模式。职业技术教育不再仅限于学历教育的框框里，真正从以传授知识为中心转到了以培养实际工作能力为中心。澳大利亚TAFE学院就是建立在终身教育理论基础上的特色鲜明的职业教育制度。

（二）不断扩大吸引力

联邦政府逐渐不再垄断TAFE，让其寻求更大的发展空间。TAFE经费由原来政府包干到现在的多渠道筹措，这一来源的变化增加了TAFE集资的困难，因为其技术转让和在职培训的有偿服务无法与大学竞争，再加上其地位始终不能与高等教育平行，TAFE体制面临巨大挑战。但这促使TAFE尽可能地扩大吸引力，所谓有吸引力的职业教育具有个体性和历史性这两个特征。前者体现为职业教育的吸引力需要因人而异，而后者体现在时代的变迁、经济社会和个体的变化而不同。两者最终归结于人们的选择。在澳大利亚国内，TAFE得到各行业、雇主及大学的认可，但若要保持竞争力，要考虑雇主这一关键因素。TAFE在政府的引导下，十分重视对雇主的调查，通过了解雇主如何雇佣、培训人员及如何使培训满足工作需要和对职业教育与培训的意见，开设标准统一、与市场紧密相关、内容实用、灵活多样的课程，并使用学习模块和教学方式来尽可能满足众多学习者的不同学习目标和要求。另外，政府也给出优惠政策，推动TAFE形成国际化的视野，树立国际标准意识，开拓国际职业教育与培训市场，增强对国外学生的吸引力。

（三）致力于社会包容

澳大利亚政府把实现职业教育和培训中的公平作为国家职业教育与培训改革的一个核心目标，其国家培训局颁布了一系列针对社会弱势群体的扶持政策，并采取了积极的应对措施以实施，TAFE成为其重要的载体。目前它首要的任务是促使TAFE体系支持所有学习者最大程度挖掘他们自身的潜能，并调查如何为弱势群体取得较好的社会和经济回报，了解个体动机之后为其学习和获得资格证书创建机会并提供通道。以往的TAFE更多关注普通大众，现今也需要更多地了解弱势群体在参与和完成学习培训中可能遇到的阻碍，考虑在面对那些有不利经历的个体需求或因风险无法参与学习或接受雇佣的人群时，如何满足所有的个体，以达到最大程度上的社会公平。TAFE学院通过开展这些有效的办学措施，培养社会所需要的各类人才，有助于缓解社会矛盾，从而有效推动澳大利亚的经济发展，维护澳大利亚的社会稳定。

第四节　美国的社区学院模式

　　社区学院模式是美国高等教育体系中的重要组成部分。这种模式旨在为各个社区提供质量高、经济实惠的教育机会，帮助学生获得职业技能和学术知识，以实现个人和职业发展的目标。社区学院通常位于当地社区，提供广泛的学术课程和职业培训项目。这些学院的课程设置广泛多样，包括副学士学位、职业证书、技能培训和继续教育课程。学生可以选择在社区学院就读一到两年的课程，获得职业技能，或通过转学到四年制大学攻读学士学位。美国的社区学院模式在提供质量高、实用性强的教育方面发挥着重要作用。

一、美国社区学院模式的发展

　　从1636年的哈佛大学创办至今，美国的高等教育已经走过近400年的历史。美国社区学院的历史相对较短，但经过长期的发展，美国社区学院现已比较完备，并以其不可替代的地位成为美国高等教育系统的重要组成部分。社区学院是美国高等教育的独有产物，其历史最早可以追溯到20世纪初期建立的两年制初级学院，至今已有100多年的历史。

　　从最初的初级学院到现在的社区学院，其内涵也得以逐步丰富，由最初的单一转学功能向复合型社区服务功能转变。

（一）美国社区学院的萌芽时期（1856—1919年）

　　1. 形式多样的初级学院

　　适龄高中生的大量增加使得当时社会背景下学生对接受高等教育的需求给四年制大学带来了严重的压力。为了满足人们对于高等教育需求无限扩充的需要，让更多学生有机会接受高等教育，同时也为了缓解四年制大学的入学压力，1856年，芝加哥大学首任校长威廉·雷尼·哈帕（William Rainey Harper）首次提出了"初级学院"的概念，并指出"初级学院是指大学的一、二年级"。1892年，哈帕将芝加哥大学分为"高级学院"和"初级学院"两部分。1901年，哈帕等人在伊利诺伊州的朱丽特高中（Joliet High School）设立初级学院。最初，初级学院所设置的课程类似于四年制大学的一、二年级课程，但由于师资资源有限，课程设置没有像四年制大学那样丰富，学生的选课范围受到了较大的限制。这一时期的初级学院并不是独立的教育机构，而是美国四年制大学的组成部分。

2. 普通教育课程为主，职业教育课程为辅

为了使学生获得相应领域的就业知识与技能，美国一些州的初级学院开设了职业教育类的课程，如工程类、商业类的课程等。但总体来说，早期的初级学院依然是以升学为主要目的，即是为了让学生经过初级学院的学习之后，能够到四年制大学的高级学院继续学习，而职业教育在早期的初级学院中还属于从属地位。

尽管初级学院设立的初衷是为学生进入高级学院学习而做准备，但并不是所有的学生完成初级学院的课程后都会进入到高级学院继续就读，而是有一部分人选择了直接就业，而这一部分人是否具备了就业所需要的知识与技能成为其是否能够顺利就业的一项重要影响因素。基于此，部分州开始在初级学院课程中增加了与就业相关的课程。1917年的"史密斯—休斯"法案（Smith-Hughes Act）指出，联邦政府拨款支持农业、商业和工业、家政等方面的教育，使得人们开始关注这方面的课程，初级学院的职业教育也因此得到了一定的发展。

这一时期公立的初级学院开始增设职业教育类课程，如职业类商业课程包括速记、打字、会计、市场与价格、金融与银行、记账、商业数学、投资理论、市场与价格、商业法等；家政类课程包括膳食、食物的准备与服务、烹调、食品化学、食品研究、家庭护理、裙子制作、布料的选择与加工、裁缝等。

3. 成立初级学院协会

1920年，第一次全美初级学院会议召开，并成立了美国初级学院协会（American Association of Junior College）。初级学院协会成为对内研究发展问题、对外集体发声的初级学院的团体代表，这也使得美国初级学院的发展进入到了一个全新的阶段。初级学院协会成立后，来自初级学院和相关机构的代表在每年的初级学院大会上就初级学院发展所面临的种种问题进行探讨，并给出建议性或倡议性的解决方案，为初级学院的发展与改革提供了重要的智力支撑。

（二）美国社区学院的初步发展时期（1920—1944 年）

1943年，美国已建立初级学院共计624所，入学人数达到了32.5万多人。经过几十年的发展，美国初级学院的数量和入学人数都有了大幅度的增加，这说明初级学院所提供的教育培训服务得到了社会大众的广泛认可，同时也表明这一时期美国民众有着较高的中学后教育需求。

初级学院的准备教育和终结教育在稳步发展的同时，美国社区教育职能也开

始崭露头角。1920年到1930年，在当地社区和政府的号召下，很多初级学院为失业人群开设了短期实用技术培训课程，涉及的领域包括汽车维修、装修、餐饮服务等。这些课程属于学位制以外的继续教育。为所在社区走向工作岗位的妇女们开设了基础文化知识补习班和短期职业培训班。

随着初级学院的蓬勃发展，其教育培训功能也越来越多地受到民众的关注。初级学院除了其转学功能外，职业教育与培训的功能越发凸显，成为初级学院的另一个重要职能。这一时期，初级学院被社会广泛认同的功能主要表现在四个层面：普及教育的功能、准备教育的功能、终结教育功能及指导功能。而这四项功能当中，准备教育的功能即指为升学到四年制大学的三、四年级而做准备的教育；终结教育的功能指的就是职业教育与培训的功能。初级学院成为美国高等教育的重要组成部分。这一阶段，美国初级学院的办学特色逐渐凸显，针对已经就学的高中毕业生教授普通教育和职业教育；取消学费限制，低收取甚至零收取；允许学生根据实际情况选择离家较近的学校入学并取消入学考试；打破年龄界限，拓宽接受教育的年龄范围；课程设置以学生的兴趣爱好、学习能力、市场需求为导向。在初级学院发展过程中其办学特色得以逐步形成，不仅满足了大批高中毕业生能够接受正规的高等教育，同时也帮助了一些经济水平相对较低的中学生接受教育与培训以提高就业能力。如提供短期的职业培训类课程，涉及农业、手工技艺、工程科技等领域的终结性教育。

这一阶段，美国初级学院的转学教育主要集中于人文学科，而如工商业、农业、师范、家政等职业课程的比例相对较小，仅占全部课程的23%，这种比例失衡的情况持续了四十多年，直到1960年才有所改善。

（三）美国社区学院的快速发展时期（1945—1983年）

为了满足美国经济社会发展对高新技术人才的需求，美国高等教育委员会于1947年提出进一步扩大美国初级学院的办学职能，即让初级学院与社区紧密结合起来，为社区经济发展和全体社区人员提供服务。自此，美国初级学院正式更名为美国社区学院。

1. 社区学院数量大幅度增加

到了20世纪五六十年代，受到教育公平思潮的影响，美国社会掀起了轰轰烈烈的社区学院运动。1963年颁布的《职业教育法案》不仅提高了联邦政府对职业学院的支持，而且还为与职业教育相关的工作学习项目、培训与研究等提供一定的资金支持。1968年《职业教育法案修正案》提出建立职业教育国家咨询委员会。此后，在各州政府的推动下，涌现了大批的社区学院。

2. 社区学院服务群体不断扩大

"二战"结束后，美国有大批军人退伍。美国国会于1944年颁布了《退伍军人权利法案》，旨在帮助退伍军人在二战后更好地适应平民生活。该法案在救济、贷款及教育福利等方面给予这些退伍军人诸多优惠政策。有相当一部分退伍军人选择了到社区学院学习，这在一定程度上促进了社区学院的繁荣。除了退伍军人外，社区学院另一个重要的服务对象是女性学生和有色人种学生。由于美国社会开始倡导男女平等、禁止种族歧视等，使得更多的女性学生和有色人种学生开始选择到社区学院学习知识与技能。

3. 社区学院课程设置体现社区和经济发展需求

"二战"后，美国社区学院规模得以不断扩大的一个重要原因在于社区学院能够满足社区教育培训服务的需求。这一时期，社区学院除了要继续提供转学类的副学士学位教育服务和应用类的副学士学位教育及证书培训服务外，社区学院还增加了其他的教育培训服务项目。

为了帮助不具备高中文凭的学生学习副学士学位课程和证书课程，很多社区学院开设了GED（General Educational Development）教育培训课程以及与高中教育课程雷同的课程。GED考试最初是为"二战"的退伍军人而设立的，但是后来发展成为针对未获得高中文凭的学习者而设立的考试。社区学院推出GED课程和与高中教育雷同的课程，是为了满足社区未达到高中知识水平的学习者的需要，以使他们具备中学后教育所必需的知识和技能。

为了满足部分社区居民自我充实的需要，社区学院推出了单一或多口课程服务项目。即学习者出于自我充实的需要，到社区学院自由选择自己喜欢的一口或数口课程学习。这种教育服务的方式充分考虑到了社区个人的个性化教育培训需求。因为在这种情况下，人们到社区学院学习不是为了获得学位和证书，而是为了充实和提高自己，满足个人的兴趣爱好。

社区学院还关注社区组织尤其是企业的培训需求，提供符合客户要求的教育培训服务。因为这一时期企业为了增加生产和拓展市场，需要更多技术技能型人才。在自身培训能力有限的情况下，企业会就近求助于社区学院这类教育培训机构。教育培训市场的这种变化自然就进入了社区学院的视野。所有这些拓展的教育培训项目都使得社区学院满足社区教育培训服务的功能大大增强。

社区学院课程的设置实际上是社区教育培训不断演变的结果。由于进入社区学院的学习群体中成人比例的提升，加上人们进入社区学院学习就业知识和技能的倾向增强，社区学院学习职业教育课程的人数比例不断上升。到了20世纪60年代，社区学院学习职业教育课程的人数超过了学习转学类课程的人数。

（四）美国社区学院的调整与完善时期（1984—2008 年）

1984年开始，美国以《卡尔·D. 帕金斯职业教育法案》为依据，对职业教育进行了改革。其中，一项重要的内容就是美国联邦政府协助各州扩充职业教育并提高职业教育的质量，为更多群体提供接受职业教育的机会。

1. 积极探索产学合作

在美国联邦政府劳工部的倡导下，很多职业教育产学合作项目得以实施。联邦劳工部针对这些合作项目定期出版报告，研究和总结项目实施过程中的成功经验，以便在更多州推广这种产学合作办学形式。这一时期产学合作项目的参与主体较多、项目形式多样，社区学院在这类产学合作项目中主要负责提供师资、开发和设计课程、提供场地等。

社区学院与产业界的合作成为社区学院和产业界提高各自竞争力的重要手段。一方面，提高自身的竞争优势需要高质量的劳动力；另一方面，社区学院为了促进学生就业需要培养学生市场需要的知识和技能。产业界所需的劳动力很多来自社区学院这样的教育机构，而社区学院培养学生所需的教育资源，如专业技术人员、生产和服务设备很多也来自产业界。

2. 重视学生由学校到工作的过渡

1994年，威廉·杰斐逊·克林顿（William Jefferson Clinton）签署了"从学校到工作机会法案"（School-to-Work Opportunities Act of 1994），该法案提出的诸多措施对社区学院的发展产生了重要的影响。根据该法案，联邦政府分别于1994、1995、1996财政年度投入了0.45亿、1.2亿、1.8亿美元到各级各类教育机构中。尽管该法案所提供的资金是针对整个教育系统的全口径投入，但是对社区学院的发展依然起到了积极的推动作用，如进一步推动了社区学院与产业界的合作，使部分实习实训课程被赋予一定的学分，从而促进了社区学院实践教学的发展。

从学校到工作机会的过渡实质上是为了提高学校教育与工作的匹配性，使各类与工作相关的学习，如实习、基于工作的培训、学徒制培训等能够融入到学校教育中，促使学生能够更为有效地学习到与职业相关的知识与技能。

3. 开始引入信息化教学手段

随着信息技术的进一步发展，自20世纪90年代以来，在线教学成为社区学院师生最为感兴趣的教学方式。为了满足教育者多样化的学习需要，很多社区学院开始开设网络教育课程，学生实现了线上、线下教育相结合，甚至有部分社区学院还推出了全部基于网络教学的教学项目。

（五）美国社区学院的再变革时期（2009 年至今）

为了使社区学院能够更好地满足产业发展需要、更好地促进就业，在政府的倡导和支持下，社区学院开始与产业界联合开发课程，为受教育者提供工作驱动的教育培训。2015年1月，奥巴马总统在田纳西州的派力西比州立社区学院发表演讲时，提议社区学院应像高中一样实行免费入学。同年国情咨文演讲中，奥巴马提议社区学院免学费。奥巴马关于社区学院免费的提议得到了各州政府的积极响应，一些州陆续推出了社区学院免学费学位或证书课程，使更多的社区学院学生有机会到社区学院学习并完成学业。以加利福尼亚州洛杉矶市的做法为例，该市为学区的部分学生提供为期一年的免费社区学院教育。

二、美国社区学院模式的特点

在美国的教育体系中，社区学院模式以其独特的特点和重要的地位而备受关注，这种模式以其独特的特点在美国的教育领域中扮演着重要的角色。美国社区学院模式的特点包括联邦政府和州政府的明确管理分工、特色鲜明的教师队伍、多元化的办学职能以及深度的产学合作。这些特点使得社区学院能够为学生提供实用性强、职业导向的教育，为他们的个人和职业发展奠定坚实基础。

（一）联邦政府和州政府管理职责分工明确

美国是联邦制国家，共分为50个州和1个特区（哥伦比亚特区）。除国防和外交事务由联邦政府统一管理外，各州对本州的各项事务具有很大的管理权。美国联邦政府对社区学院的管理方式就是在尊重各州对社区学院管理权的基础上颁布相关法律和政策引导社区学院的宏观发展。

社区学院的管理以州政府为主，其办学经费也主要来源于州政府和地方政府。各个州都有自己独具特色的管理和运作方式，如部分州在社区学院课程管理上设置了统一的课程编码，并且可以与州内四年制大学的课程相衔接；而有的州则是通过协议的形式建立起社区学院和四年制大学间的联系。如弗吉尼亚州成立了专门的委员会对社区学院进行管理，而俄亥俄州是通过社区学院协会来对本州内的社区学院进行协调和管理。

这种以州政府为主体的社区学院管理方式既有其优点，也有些不足。优点在于各州可以根据自身需要而调整社区学院的发展战略，设置独立的课程体系，根据需求自主开发课程、更新和调整课程内容、聘用教师、开展校企合作等。而不足体现在这种以州政府为主体的管理下，很难形成全国统一的规范管理体系，州与州之间的课程很难实现衔接，各州职业教育证书体系的不一致性在一定程度上限制了劳动力的流动。截至目前，美国还没有形成与社区学院职业教育发展配套统一的职业资格证书体系和课程体系，职业教育办学过程中，社区学院和产业界的合作教育方式也缺乏规范。

（二）特色鲜明的专兼职教师队伍

通常来说，美国社区学院中教师所承担的工作相对比较稳定，主要承担基础和核心的教学任务，所以社区学院在聘用专职教师时会更加地谨慎。部分社区学院也会考虑从优秀的兼职教师中聘用为专职教师。美国社区学院和美国社会各界对于专职教师的要求非常严格，专职教师必须具备1年以上的教学经验或者具备5年以上的实践经验，要求硕士以上学位，能够自主编辑教材，其薪资是兼职教师的两倍到三倍。专职教师对于社区学院的文化、管理制度、课程特点、学生特点等都较为熟悉，因此能够按照社区学院的要求较好的完成教育教学任务。同时，部分专职教师还会深度参与到社区学院的日常管理工作中。

美国社区学院的兼职教师通常是由来自各行各业的专业技术人员构成，行业企业一线技术人员的加入，为社区学院教育注入了新观念、新思路、新技术、新工艺等，兼职教师主要负责专业性突出、与就业联系紧密、与新兴科技和经济快速发展步伐一致学科的教学任务。一些企业为了培养所需的人才或建立人才库，还鼓励企业的专业技术人员到社区学院工作，参与社区学院的课程开发和课程教学。这种长期形成的文化非常有利于社区学院整合企业专业技术人力资源，从而使社区学院的教育教学很容易达到动态平衡。

（三）多元化的办学职能

在美国社区学院一百多年的发展历程当中，多元化的办学职能是保障其稳定可持续发展的重要因素。在美国联邦政府、州政府、地方政府以及社会各界的支持下，由单一办学职能的初级学院发展成为了当前集转学、职业教育与培训、社区教育、成人教育于一体的多元化办学主体。以社区为基本单元、以社区经济发展为服务对象，为不同年龄阶段有意愿接受职业教育与培训的学生提供高质量的课程和教育服务。多元化、综合化的办学职能体现出美国社区学院办学理念的实际化、办学层次的提升以及服务范围的不断扩大。社区学院本着立足于社区、服务社区的办学宗旨，除了提供转学教育和职业教育与培训外，还十分重视社区成人教育的发展，并逐渐成为社区成人教育培养的重要机构。社区成人教育的对象范围较广，面向社区各年龄段有教育需求的居民。既满足了在职人员更新职业知识、提高岗位技术水平的需要，也满足了包括失业人员、家庭妇女和退休老人等进一步学习的需要，进而为再就业做好准备。

（四）深度的产学合作

美国拥有悠久的产学合作历史，最早可以追溯到1906年9月赫尔曼在建筑工程专业推行的合作教育项目。随后，辛辛那提大学护理专业、俄亥俄机械学院陆续开展了合作教育。1926年，合作教育专业组织——合作教育协会成立。自此以后，合作教育的办学形式逐渐在美国得以推广应用，其范围也逐步扩展到了职业教育和基础教育领域。

从社区学院人才培养的视角来看，从培养什么样的人、怎样培养到人才培养质量的反馈以及人才培养方案的改进等都离不开雇主的配合与积极参与。从企业雇主的视角来看，积极参与社区学院的人才培养，可以更为有效地克服"技能鸿沟"（Skill Gap），使得社区学院培养的人才能够更好地满足企业用人需求。从其他社会组织的视角来说，积极参与社区学院合作教育是一种社会责任担当的重要体现。所以，合作教育成为社区学院人才培养的重要途径。

社区学院最常见的产学合作形式是其与所在区域内的教育机构和用人单位合作，通过学徒制、共同开发课程或聘请企业技术人员为兼职教师等为合作教育整合更多的资源。同时，在政府的倡导和相关政策支持下，社区学院还与大学和行业企业及其他组织合作成立了"高级技术中心"，大学是科技创新的重要来源，企业是科技成果转化为生产力的平台。在政府的极力倡导和资助下，部分"高级技术中心"依托社区学院而建立，主要为地方经济社会发展服务。

三、美国社区学院模式改革的新动向

根据美国社区学院协会的报告，到2018年，接近2/3的美国就业岗位需要高中后的教育以及相应的证书和学位，这意味着到2025年美国需新增1500万到2000万受过教育的劳动力，而社区学院将是培养这些新增劳动力的主要机构。如若社区学院能够采取积极有效的改革来提升其教育质量和毕业率，那么社区学院将不仅能够更好地为受教育者提供服务、为弱势群体提供一条通往中产阶级的捷径，同时还将帮助美国重新构建起劳动力队伍。基于此，社区学院正尝试多种方法改善困境，提升其办学成效和受教育者的学习成效，以更好地发挥其在美国社会建设的重要作用。

（一）社区学院承诺计划

2015年，奥巴马在田纳西州参观派里希比的州立社区学院时，简要介绍了他的"社区学院承诺计划"提案，该提案将使众多的学生免费就读社区学院。如果所有的州都加入这个"社区学院承诺计划"，每年大约有900万学生受益，全日制学生平均每年能够节省学费3800美元。尽管该计划最终没有获得国会的认可，但在奥巴马的积极倡导下，2015年9月，无党派性质的社区学院承诺计划国家咨询委员会正式成立。在该委员会和各州政府、地方政府的通力合作下，目前已推动41个州，超200所社区学院加入了该项计划。社区学院承诺计划所需要的资金主要由地方和州政府筹措。实施该计划的社区学院可以免除学生完成副学士学位、职业证书或是修读转入四年制大学学分所支付的学费及其他相关费用，让学生不至于因为负担不起学费而中止学业。

除了为受教育者提供免费的教育机会外，社区学院承诺计划项目还为学生提供咨询、辅导、指导以及其他支持学生顺利开展学业的项目。同时，该项目与美国人力资源开发研究公司（Manpower Development Research Corporation，MDRC）合作，安排校园教练给学生提供学术和个人问题的咨询和帮助；在学生与校园教练会谈的基础上决定每月资助额度；增加暑期辅导项目；通过MDRC的管理信息系统对学生的行为进行监测和评估。

2017年，部分州开始尝试将免费教育的范围扩大到成人，在该计划的推动下，旧金山成为第一个向所辖地区内所有居民提供免费社区学院教育的城市。同时，免费的社区教育课程也开始在美国农村地区的成人学生中开展。

（二）推行"指导性路径"改革

2012年，美国社区学院协会提出，社区学院发展的首要目标是将社区学院副学士学位和各类证书的完成率提高到50%。为了达成这一目标，美国社区学院开始倡导"路径"式学习模式。该模式要求社区学院与受教育者建立合作伙伴关系，为受教育者的发展提供具体的指导，来帮助学生获得学业和就业上的成功。该学习模式包含清晰的学术计划、明确的学习顺序、教育实习项目、综合实践与合作学习项目以及继续升学和直接就业方面的引导。

2015年，社区学院研究中心的托马斯·贝利等人将"路径"学习模式具体化为"指导性路径"学习模式，并将其推广为全国性的社区学院改革运动。"指导性路径"改革包含四个方面的变化：一是以职业为中心或以升学为中心来设计学生的学习；二是帮助学生选择进入一个专门的学习领域和路径；三是确保学生走在正确的路径上；四是保障学生的学习效果。目前，已有近300所社区学院承诺将开展大规模的"指导性路径"改革，这项改革将会带来社区学院学生学习体验的更新，也将进一步引导他们朝着可能成功的目标迈进。

（三）职业能力导向的"可叠加证书制度"与"学徒制"

淡化传统的学分导向，建立基于能力导向的人才培育体制是当前美国社区学院职业教育和培训的新趋势。目前，部分美国社区学院开始积极探索开展"可叠加证书制度"。学生完成社区学院提供的基础技能培训并获得初级证书后，可以选择直接就业，也可以选择继续接受更高级的技能等级证书的学习。不同的证书累计还可以转化为获得副学士学位学习所需要的学分，即将证书教育嵌入到学历教育中。为了帮助社区学院开展此项措施，2015年美国教育部职业技术与成人教育司发起The Mapping Upward项目，选定了13所社区学院作为试点，开发出了一套完整的"可叠加证书制度"操作指南，2018年教育部及其合作的研究机构公布了该指南，向更多的社区学院推广这一做法。

社区学院与职业领域相结合的另一个新动向便是"学徒制"重新受到了重视。美国于1937年开始实施"注册学徒制"，经过几十年的改革与发展，美国联邦政府于2014年开始实施"注册学徒制振兴计划"，向学徒制项目提供资金支持的同时，支持社区学院将学徒制计划纳入其学习课程。2017年6月，特朗普总统签署了一项名为"扩大美国学徒制"（Expanding Apprenticeship in America）的行政命令，继续加大了对学徒制的资金投入。2017年颁布的《学徒和职业培训法》通过税收减免的方式鼓励企业参与到学徒制培训项目中。美国社区学院与私营或公共部门雇主合作，监督实习开展，保障学习效果。2018年5月，"扩大美国学徒制"工作组发布报告呼吁尽快制定一项"单独的、精简的、以行业为主导的"学徒制计划或"行业认可的学徒制"项目。2020年颁布的《国家学徒法》旨在将报告中的诸多条款纳入法规，并使之现代化，用以扩大新兴行业的注册学徒资格。该法案还进一步加大了对学徒制项目的资金投入，美国社区学院逐渐成为学徒制的主要承担者。

第五节　国外典型职业教育人才培养模式的借鉴

上述国家都发展了独特而成功的职业教育人才培养模式，为我们探索和借鉴提供了宝贵的经验和启示。国外典型职业教育人才培养模式的借鉴对于我们提升职业教育质量、满足市场需求、培养高素质人才具有重要意义。通过学习其他国家的经验，我们可以探索创新的教育方法、适应快速变化的职业市场需求。

一、加强职业教育法制化建设

从德国双元制职业教育、英国现代学徒制、澳大利亚TAFE学院到美国的社区学院，在漫长的历史长河中得以不断发展，并为经济社会发展输送大量技术技能人才，一个重要的原因就在于都有完备的法律保障体系。如，为保障双元制职业教育的成功开展，德国于1961年颁布了《职业教育法》把职业教育作为国家制度确定下来。1981年又颁布了《职业教育促进法》，对双元制职业教育做了进一步的修订。同时，还制定了《企业基本法》《青少年劳动保护法》《实训教师资格条例》等配套法案，从多个维度去保障"双元制"职业教育的开展。除此之外，德国还有370多种国家承认的职业培训条例。在职业办学经费投入方面，德国联邦《基本法》明确规定国民生产总值的1.1%、工资总收入的2.5%用于职业教育，同时还规定要为职业进修提供帮助及提供学习期间的收入、待遇等问题。对职业教育在国民教育体系中的地位而言，联邦德国于1976年颁布的《高等学校总法》明确规定高等专科学校具有与大学同等的地位，这也保证了持有职业教育文凭的青少年免于遭受学历歧视。在企业参与职业教育方面，德国在《职业教育法》和《职业教育促进法》等法律中规定，工厂企业着重对学生进行实际操作的训练，职业学校着重教授专业课和文化基础课。在德国，凡在某一区域的企业、商会、个体经营者或工商企业界的法人单位，都必须参加本地区相应的行业协会。德国《职业教育法》明确规定，每个行业协会都应设立一个职业教育委员会，作为专业决策机构，其职责是组建职业教育机构、制定职业教育规章制度、认定培训资格、组织技能考试等。

与经济社会的快速发展同频共振，我国职业教育也得以快速发展，但与之相比较而言，职业教育法制建设呈现出落后的状况。我国直到1996年才颁布了第一部《中华人民共和国职业教育法》，该法实施后，各省市自治区先后制定了职业教育的地方性法规，现已初步形成了以《宪法》《教育法》《劳动法》为基础，以《职业教育法》为核心，以各地的地方性法规为补充的职业教育法律体系。

随着经济社会快速发展，新产业、新业态、新商业模式不断涌现，职业教育的发展也面临着全新的机遇和挑战。如职业教育的思想观念、体制结构、制度环境、培养模式和办学机制等不能很好地适应当前形势的要求；职业教育社会认可度依然较低；行业企业参与度还不够深入；职业教育区域发展不平衡等。在我国大力发展职业教育的背景下，应当积极借鉴国外职业教育法制化建设，推动职业教育的快速发展。如为职业教育的社会地位和经费投入提供明确的法律保障；以法律的形式明确行业企业参与职业教育的义务与方式等。同时，还应当加强对其相配套的法律法规的建设。建立一个完整的法律法规体系，以保障职业教育的顺利运行。

二、突出企业参与的核心地位

企业的深度参与是职业教育质量的重要保障。在德国，企业参与职业教育的制度核心并非在校企合作这样的微观层面，而是在顶层设计的层面上，其核心则在于多个利益主体共同参与的机制设计，这一机制设计允许企业通过其利益代表机构参与到职业教育的标准制定和决策之中。并充分地体现在德国职业教育的核心组织原则之一的共识原则之中，在此原则下，雇主和经济组织、政府以及工会共同参与到职业教育政策和标准的制定和调整过程中，通过谈判和协商，在职业教育中尝试寻求共识并达成一致。

实际上，行业企业在职业教育中所拥有的权力在某种程度上甚至超越了共识原则在抽象层面所展现的多方协商与共同治理机制。与普通教育相比，经济界在职业教育领域的权限要大得多，1969年的《职业教育法》几乎赋予了经济界主导职业教育与培训的权力；经济界的这一主导权更清晰地体现在2000年之后的几个职业教育改革的尝试之中，无论是两年制学徒培训的引入，还是施罗德政府计划引入培训税的失败尝试，以及2005年《职业教育法》的修订，经济界都在德国政党政治的实际运行中发挥了关键性的作用，并能够与政府及工会在不同的事务上达成联盟，其背后的重要原因则在于，经济界在社团主义的决策中拥有优势地位，且政府及工会都仰仗企业提供职业培训岗位。正是在这样的背景下，行业企业被赋予了前文所述的职业教育的重要权限，尤其是参与制定标准、认定资质以及监督管理职业教育过程的权力。

从这个意义上讲，德国企业参与职业教育培训的动力在一定程度上来源于其影响和参与职业教育的权力及其带来的效果，正因为经济界在职业教育的政策制订、实施和监管上均具有很强的权力，他们能够按照自己的意愿影响乃至塑造职业教育的形态和内容，从而在其中实现自己的诉求。

回到制度本身，行业企业之所以能在职业教育中有这样重要的影响，其制度基础正在于其内在的利益协调权衡机制，它赋予了职业教育不同利益主体参与和影响决策的权力，以保障其权利和利益。当然，正如历史制度主义理论所指出的，当下德国职业教育这样的制度安排，既有二战后德国职业教育立法和制度建设的原因，不容忽视还有其在历史进程中制度演化的成分，仅仅凭借设计是无法形成今日颇为复杂的制度格局的。

2022年5月1日，新修订的《中华人民共和国职业教育法》正式施行。针对以往校企合作过程中往往存在"学校热、企业冷"的现象，新《职教法》中提出"国家发挥企业的重要办学主体作用，推动企业深度参与职业教育，鼓励企业举办高质量职业教育"。同时提出"对深度参与产教融合、校企合作，在提升技术技能人才培养质量、促进就业中发挥重要主体作用的企业，按照规定给予奖励；对符合条件认定为产教融合型企业的，按照规定给予金融、财政、土地等支持，落实教育费附加、地方教育附加减免及其他税费优惠"。这些政策的落地实施将有助于提高企业的积极性。

三、加大职业教育经费投入

作为职业教育发展的基础，办学经费的重要性是显而易见的。我国现在虽然逐步加大了对职业教育资金的投入，并且职业教育水平已经取得长足的进步，但和一些职业教育强国比起来还有不小的差距。

德国双元制职业教育经费的来源主要有两个渠道，职业技术学校的经费主要由国家及各级政府承担，占职业教育总体经费的15%左右，剩下85%的经费由培训企业承担。而政府为了减少开支，鼓励中小型企业参与"双元制"人才培养，政府会给予企业一定的税收等优惠政策，以达到互利共赢的局面。英国联邦政府通过立法手段保障教育经费的投入，并采取相对灵活的经费政策，由政府拨款设立了"职业教育基金会"和"普通大学教育基金会"。在英国，有75%的职业教育经费来自职业教育基金会的拨款，剩余25%来自一些企业的赞助和普通大学教育基金会。澳大利亚TAFE学院的办学经费中有90%以上来自于联邦政府的拨款，其次是来自学费及企业的投资。美国社区学院的经费来源渠道广泛，主要有政府拨款、公共性服务收费、社区税投入、社区债券、学生学费等。其中，有76%来自政府拨款，15%来自学生学费收入，剩余近10%来自社区税、社区债券等投入。而政府拨款中60%为州政府拨款，联邦政府和当地政府拨款分别为5%和11%。

在我国，职业教育经费的主要来源是国家财政拨款和学杂费收取，此外基建拨款、社会捐集资、事业性收入和其他收入等也是职业教育经费的筹集渠道。但是，从职业教育未来可持续发展的角度来看，现阶段的经费投入保障远远不能满足职业教育大发展的需要。可喜的是，目前，国家已经出台了一系列的法律法规，为建立健全职业教育经费投入保障机制提供了法律和政策支持。

首先，近年来，国家对职业教育经费的投入稳定增长，但是职业教育经费在整个教育经费中所占的比重较小的状况尚未得到根本转变，所以，需要进一步加大财政对职业教育经费的支持力度。

其次，现阶段，职业教育经费主要来源是国家财政拨款和学杂费收取，社会投入比例过低，这就需要职业教育机构要积极主动、敢于担当，开拓向社会筹资办学的渠道，努力实现互利共赢的办学局面，激发社会参与职业教育的积极性，扩展职业教育经费的筹集渠道。进一步建立健全法律法规来支持职业教育，使职业教育经费筹集和使用受到法律的监督和保障，从而形成长效机制，将职业教育纳入法制轨道，促进职业教育走上健康快速的发展道路。

最后，各级政府应统筹规划，制定相应政策来鼓励和引导企业投资职业教育，大力提倡民办职业教育、校企合作办职业教育。对因企业规模等因素无力或无意直接参与举办职业教育的企业，借鉴国外职业教育经费筹集的通行做法，根据企业职工工资总额的适当比例抽取相应的职业培训专项经费，由政府进行统筹管理，用于地方及全国职业教育和培训经费的资助。这样一来，不但可以极大地增加职业教育经费的来源，为职业教育提供坚实的资金支持，又可以鼓励企业投资职业教育，促进职业教育健康快速发展。

四、建立全国统一的资格框架

当前，我国职业教育与职业培训长期以来形成的分而治之的格局依然尚未改变。职业院校的管理权限归教育部门，技工院校和职业培训的管理权限归人社部门；追求学历文凭为主的职业学校教育与追求职业资格为主的职业培训二者处于相对分离状态；教育部门颁发的与劳动就业无直接关联的学历文凭证书，与人力资源和社会保障部门颁发的与劳动就业相关联的职业资格证书之间不存在相互对应关系。社会上普遍存在"重"学历文凭证书"轻"资格证书的现象，一方面是大学生"就业难"，另一方面是企业"技工荒"。为此，要把职业学校教育和职业培训置于同一体系，就必须构建一种能够对学历文凭证书与职业资格证书进行相互比对的制度，使二者建立等值互认的关系，赋予职业资格证书应有的地位。

从世界各国发展职业教育的成功经验来看，构建国家资格框架对不同教育路径获得的资格进行认证，实现职业资格证书与学历文凭证书的相互比对是各发达国家和地区的普遍做法。目前，国际上已经有160多个国家构建了国家资格框架，占全球的四分之三，欧盟和东盟还建立了地区资格框架。借鉴发达国家先进经验，我国要完善职业教育和培训框架体系，有必要尽快建立我国国家资格框架制度。2019年，国务院《中国教育现代化2035》明确提出"建立全民终身学习的制度环境，建立国家资历框架"，一些地区也进行了初步的探索。

五、职业教育服务全民终身教育

党的二十大报告提出，建设全民终身学习的学习型社会、学习型大国。我们正在迈入一个科技高速发展、知识即时更新、过往经验无法全面指导未来进步的终身学习型社会，从经济活力强、竞争激烈的国际化大都市中心城区，到新型经济崛起、面貌日新月异的乡镇村庄，居民或主动、或被动地不断学习，适应生活改变、顺应社会进步。不论是德国双元制，还是英国现代学徒制、澳大利亚TAFE以及美国社区学院，都具有一项重要的作用，即服务于终身教育体系的构建。职业教育和培训是提升人力资本的关键路径，是面向全人生的、具有终身教育功能的重要教育类型。国际和我国的发展经验已经证明，建立与继续教育相融合的、高质量的现代职业教育体系，是构建学习型社会、支撑人们终身学习并持续提升人力资本的重要战略举措。

第四章　新时代我国职业教育人才培养模式的建构

新时代职业教育人才培养模式建构的理论基础包括社会决定论、马克思主义人学理论、多元智能理论和学习者为中心的教育理论，从各自的角度为职业教育人才培养模式的建构提供理论支撑。习近平关于职业教育的重要论述以"人本论""立德树人""人人出彩""中国梦"为逻辑的起点、支点、主线和归宿，明确了新时期职业教育的发展定位、改革路径、重要使命、根本任务、发展方向和发展动力，兼具理论性与实践性、兼具继承性与创新性、兼具求实性与前瞻性，是新时代职业教育人才培养模式改革的指导思想。要坚持以"德技并修""校企共育""适应性""面向市场""面向实践""面向人人"为基本原则，在培养理念、培养目标、培养过程和培养实施等方面秉持正确科学的价值取向。

第一节　新时代职业教育人才培养模式建构的理论基础

一、社会决定论

社会决定论是西方社会学流派之一。主张社会因素决定人类行为和社会现象，社会对人类行为有强制性和约束性，特别强调法律制度、社会文化、观念意识和风俗习惯对人们行为的指导、制约作用；文化是影响人格形成的经常的主要因素，主要代表有法国的涂尔干。马克思和恩格斯创立了辩证的社会决定论学说，直接的物质的生活资料的生产，是一个民族或一个时代的国家制度（法）的观点、艺术以至宗教观念的基础，也是理解和解释"上层建筑"的基础。

（一）涂尔干的社会决定论

埃米尔·涂尔干是诞生于19世纪和20世纪之交的法国社会学年刊学派的总导师，著名的哲学家、教育家和社会学家，他与卡尔·马克思和马克思·韦伯并称为构筑西方当代社会理论大厦的三大巨匠。涂尔干的社会决定论思想最早可以追溯到苏格兰启蒙哲学家亚当·弗格森。弗格森是继亚里士多德之后第一个强调人是社会动物，而且只能通过社会来认识。他率先提出社会与个人一样古老，语言与手脚对人来说同样重要，如果不研究人的群体就无法了解个体等社会决定论的命题。他还与摩尔根提出了人类社会经过蒙昧、野蛮、文明三个阶段的假说。涂尔干全面继承了弗格森的这些思想，但更强调研究方法的实证化、规范化和操作化。1898年，他创建《社会学年刊》推广了"神圣/凡俗""外在/内化""原始分类""图腾原理""集体意识""集体表象"等社会决定论概念。在他看来，世上的一切事物在信仰中可以分成现实的和理想的两大类，世界也由此可以划分为神圣的事物和世俗的事物两个领域，形成了法国社会学年刊学派。该学派认为社会是个体外部的一切行动、思想和感受的方式，并提出了社会决定论的范式：社会事实自成其类，只能用现在的其他社会事实来解释，而不能化简到心理和生物层次；社会先在是独立于个体之外的，并大于个体之和，能对个体形成强制；社会的强制力来源于无形而有力的集体意识和集体表象，而以"圣俗"分类为基础的宗教则是社会的核心形式；人们依据社会文化分类对自然界进行分类，社会文化分类的依据是两元对立原理；上述所有社会现象都有现实功能，因而可以用科学方法进行实证研究。同时，涂尔干试图通过社会学家的身份回答现实问题，帮助法国社会重新整合、恢复安定。他的3部主要著作《社会分工论》《自杀论》《宗教生活的原初形式》都紧密围绕着秩序和整合，分别回答社会团结和整合的基础，社会整合与个人的关系，集体意识对社会和个人的作用等问题。

涂尔干的社会决定论认为人类社会具有个人与自然的和社会的双重性质。个人与社会之间形成二元对立结构，具有明显的分界线；个人依赖社会，但同时受社会控制。由于个人与社会是性质完全不同的实体，因此两者之间形成紧张的状态，社会要求个人压抑自己，并摆脱个人自然天生的思想与行为方式。人类社会是由个人组成的特殊整体，但不是一种简单的个人相加的总和；社会事实和集体意识是把个人组合成社会的主要力量，如果没有社会事实和集体意识，社会也将不会成立。社会现象具有独立性、集体性和强制性，从个人外部作用于个人内部的力量，是一种作用于个人意识的压力，通过压制个人，使个人服从于它。人们大部分的意念和倾向不是与生俱来或靠自身形成的，而是来自社会的压力。社会压力具有某种强迫的性质，具有一种未经人们认可就主宰人们的性质，在引导和影响下不知不觉中到来的，没有给人们预先思考和衡量的时间和余地，迫使人们自觉或不自觉地接受。社会现象包括基本部分和形态部分，基本部分也称为"动作状态"，包括思想、行为和感觉等，具有明显的强制性。形态部分是指外在的"存在状态"现象，包括人口分布、居住环境、交通道路等，与"动作状态"一样对个人同样具有强制性。社会现象可以从不同的角度分类，从性质上可以分为普遍现象和例外现象两类；从形式上可以分为规则现象（常态）和不规则现象（病态）两类；从社会对技术作用和影响的不同程度可以分为强社会决定论和弱社会决定论。强社会决定论认为社会是技术及其发展的唯一决定因素，只看到和强调社会对技术发展作用的一种极端表现；弱社会决定论虽然认为技术对社会有所影响，但强调技术是由社会所控制和决定的。此外，任何社会现象均有其功能，社会的各组成部分是满足社会整体需求和必要条件的要素和单位，其功能在于维持社会整体的正常运转。如果社会各部门的功能正常，则社会是均衡的稳定的，反之则不均衡并有可能产生动荡。涂尔干的社会决定论对后来的人类学和社会学影响很大，不少理论都是在涂尔干的社会学理论基础上发展起来的。

（二）马克思的社会决定论

社会决定论的基本点在于社会生活的决定因素是什么，把社会存在看作决定性因素，还是把社会意识看作决定性因素。马克思和恩格斯创立了辩证的决定论学说，并同唯物史观有机地联系在一起。认为人们创造必需财富的物质生产是社会前进运动的主要决定因素，人们生存的物质条件是历史进步的首要原因，但同时不完全排除社会意识的各种形式、思想、文化和一切上层建筑对经济基础和社会存在的发展。人们在置身于各种社会关系的同时，也确立了他们的活动目标，并把他们自己也变成了社会的个人。人们发生相互关系的过程不仅要求在生产、技术和工艺方面的交互作用与合作，而且要求在精神、思想方面也进行交互作用与合作，如交换观点、印象、意见等，这是物质交换的反映。精神领域对社会发展的作用越是增长，这一领域就越是准确地反映出社会的客观需求。

生产方式在人类社会发展中起决定作用。而社会经济形态不是个体的机械堆砌，而是具体的历史体系，并合乎规律的更替，生产力、生产关系、生产、消费、经济基础、上层建筑、社会集团和阶级、家庭都处于相互联系和相互作用之中；同时，每一个具体的社会形态又都是作为社会整体的一种完全确定的类型而出现的。社会经济形态以这样的方式在历史演进的过程中变成一个整体，这一整体性的确立又构成了体系发展过程的一个阶段。为此，具体社会的属性就不能再从个别人的特性中去找，而个别人的特性要从作为社会有机体的社会本性中去寻找。

社会作为一个系统，包容了许多不同的对抗力量。对抗力量是由于作为个体的社会成员在需求、利益和价值目标上各不相同。社会规律就是在力量冲突中表现出来的。人类的活动是在社会规律的基础上进行的。一种社会现象对另一种社会现象的严格依存性就是通过纷繁复杂的规律表现出来的。规律的统计性和概然性所反映的不是被研究的社会过程中每一客体的行为，而是所有客体构成的整个阶级所固有的某些特征。但一切社会规律，无论是过程性的规律，还是统计性的规律，都是作为必然性与偶然性的具体结合而实现的。人作为社会系统的组成部分，既有个体自身的属性，也有同社会某些亚系统相联系的系统属性。这些属性作为个体属性是偶然的，而作为由相互作用的个体组成的统一整体的属性是必然的。通过个体的相互作用，个别属性必然会转变为系统属性。

社会决定论的系统方法的主观依据是社会现象及过程之间实际的相互联系，是人们生活本身的系统性。生产力发展水平和与此相联系的剩余产品的积累和集聚能力，在很大程度上取决于生产关系的结构及其复杂程度。社会结构又决定着这一结构可在其中正常发挥功能的文化系统的复杂程度。社会决定论的主观方面表现在：人们的物质生活条件和物质财富的生产引起特殊的需求和利益，决定着最终的和最近的目标，规定着历史任务和实现这些任务的手段，推出能够制订行动纲领并使之付诸实现的社会力量。另一方面，需求和利益本身又可以成为激发人们行动的力量。需求和利益作为整个逻辑结构系统的中介，能够引起对活动和对改变客观条件的愿望。根据唯物辩证法的社会决定论，人们自己创造着自己的历史，同时要顺应一定的条件和环境，其中经济条件归根结底是决定性的因素；但还有其他因素，传统也起着自身的非决定性的作用。作为一个完整系统的社会的每一个组成部分，本身都是一个复杂的亚系统，都包含着相互作用的现象及过程，都在独立地发挥其作用。

（三）社会决定论对职业教育人才培养模式的意义

职业教育作为与社会经济各领域发展联系最为紧密的教育形式，其人才培养的目标体系、服务对象、办学体系、评价机制和培养质量等方面，都以社会发展的现状和实际需要为依据。社会在现代职业教育发展和职业教育人才培养过程中具有决定性的作用。

1.职业教育人才培养目标的社会决定性

职业教育和培训是职业教育学习者实现就业的中介，而作为职业教育学习者的个体是就业和职业的主体，只有不断提升自身的职业能力和综合素质，职业教育学习者才能逐步达成职业发展目标和实现自我价值。职业的发展可以体现不同历史阶段社会发展需求的变化，而个体职业目标的构建往往需要建立在一定的社会需求之上，从而促使自我实现职业发展目标并体现出相应的社会价值。职业教育是在学习者实现职业目标、体现时代价值的过程中达成自我价值。因此，社会多样化的需求及职业教育学习者个人多元的职业生涯发展目标和自我价值决定了职业教育人才培养的定位和目标。2019 年，《国家职业教育改革实施方案》明确提出，经过5—10年时间，职业教育基本完成由政府举办为主向政府统筹管理、社会多元办学的格局转变，由追求规模扩张向提高质量转变，由参照普通教育办学模式向企业社会参与、专业特色鲜明的类型教育转变，大幅提升新时代职业教育现代化水平，为促进经济社会发展和提高国家竞争力提供优质人才资源支撑。2021年，《关于推动现代职业教育高质量发展的意见》进一步提出：到2025年，职业教育类型特色更加鲜明，现代职业教育体系基本建成，技能型社会建设全面推进。办学格局更加优化，办学条件大幅改善，职业本科教育招生规模不低于高等职业教育招生规模的10%，职业教育吸引力和培养质量显著提高；到2035年，职业教育整体水平进入世界前列，技能型社会基本建成。技术技能人才社会地位大幅提升，职业教育供给与经济社会发展需求高度匹配，在全面建设社会主义现代化国家中的作用显著增强。在中国特色现代职业教育体系的建设过程中，最重要的是在符合职业教育发展规律的前提下，职业教育的发展和人才培养目标要与我国经济社会高质量发展和产业布局结构调整的目标相一致。随着职业教育作为类型教育的确立和加强，现代职业教育体系内部各层次结构逐步合理，把握我国建设科技强国、教育强国、制造强国，特别是经济发展方式和产业结构转型升级过程中所需的各级各类技能型人才的趋势，及时调整职业教育内部各层次教育的人才培养目标，在全面推动我国经济社会高质量发展过程中能培养出层次明显、结构合理、符合要求的技术技能型人才和高层次应用型人才梯队，是职业教育明确人才培养目标的总原则。

2.职业教育人才培养对象的全社会性

职业教育办学形式的灵活性、办学目标的针对性、教学实施的分阶段性，决定了其在服务范围上突破了普通教育的选拔限制性，成为具有服务全民性特征的"面向人人的教育"。传统职业教育主要服务于在校学生，更多地集中在帮助适龄职业教育的个人顺利实现就业，使个体毕业后找到工作并顺利入职。随着学习型社会的不断形成，终身教育理念开始渗透于各级各类的教育之中，继续学习的能力和可持续发展的能力逐渐成为职业教育学习者在竞争激烈的就业市场中获得发展机会的关键能力。随着我国职业教育"百万扩招"，职业学校教育的服务对象不仅仅是在校的应届毕业生，还包括社会考生（农民工、下岗职工、退役军人、新型职业农民等）。同时，实施培训也是职业院校的法定职责。面向人工智能、大数据、云计算、物联网、工业互联网、建筑新技术应用、智能建筑、智慧城市等领域，开展企业职工新技术技能培训；开展面向高校毕业生、退役军人、农民工、去产能分流职工、建档立卡的贫困劳动力、残疾人等重点人群的就业创业培训项目，职业院校承担春潮行动、雨露计划、求学圆梦计划等政府组织的和工青妇等群团组织开展的培训任务，与行业企业合作开设大学生、退役军人就业技能训练班，开展先进制造业、战略性新兴产业、现代服务业及人才紧缺领域的技术技能培训；开展适应残疾人特点的民间工艺、医疗按摩等领域的培训；涉农职业院校送培训下乡，把技术技能送到田间地头和养殖农牧场，深入开展技能扶贫，培育高素质农民和农村实用人才；开发具有专业特色的创业课程，建设创业孵化器，对自谋职业和具有创业意向的参训人员进行创业意识、创业知识、创业能力等方面的培训。全体社会成员可持续发展的需求决定了职业教育服务对象的全民性和服务范围的广泛性，职业教育在促进我国经济社会不断发展的过程中，在提升我国国民整体素质、受教育年限和技术技能水平等方面发挥着重要作用。

3. 职业教育人才培养主体的社会依赖性

无论是国际还是国内职业教育的发展历程，校企合作现已经成为全世界职业教育发展的普遍选择，行业企业等社会组织在职业教育发展过程中具有重要的作用。《国务院关于加快发展现代职业教育的决定》《职业学校校企合作促进办法》《国家职业教育改革实施方案》《关于推动现代职业教育高质量发展的意见》《中华人民共和国职业教育法》《关于深化现代职业教育体系建设改革的意见》等政策的实施，产教融合建设试点实施方案、产教融合型企业实施办法，从订单班、前校后厂，到产业学院、产教融合型企业、产教融合型城市……产教融合、校企合作逐步走向深入，"合而不深""校热企冷"的瓶颈正在进一步"破题"。一是办学主体的社会依赖性。行业主管部门、工会和中华职业教育社等群团组织、行业组织、企业、事业单位和社会组织都是职业的办学主体。职业教育"香起来""亮起来""活起来""特起来""强起来"都离不开企业等其他主体的支持和参与。在产教融合的办学体制和校企合作的办学机制下，职业教育与产业深度融合、与企业开展实质性合作、建立现代企业培训制度，利用自身的师资和企业的设备、实训条件来培养符合企业岗位需求的技能型人才，从而缩短新入职员工的岗位过渡期，减少企业用于各类人员培训人力、物力和财力，实现职业学校和企业之间的优势互补，有效解决我国职业教育供给与市场需求的结构性矛盾，提升职业教育的办学效益。二是课程设置与内容选择的社会依赖性。工作体系决定了职业教育专业和专业群课程的设置，要以对应的某一职业群所需的技能为依据，根据岗位技能形成和发展的顺序来安排课程的实施，课程内容的选择也应以工作过程中某一职业的实际工作内容为参考。最重要的是职业教育课程体系以及课程内容的开发和选择的主体，必须熟知相关职业群的技能标准以及岗位工作的具体内容。为此，国家实施了"1+X"证书制度，调动社会力量参与职业教育的积极性，引领创新职业教育人才培养的培训和评价模式，深化职业教育的教师、教材、教法改革，行业企业在职业教育课程开发环节中有着举足轻重的作用。

4.职业教育人才培养评价的社会参与性

职业教育人才培养的评价是与职业教育人才培养目标高度相关的活动，是对办学方向和目标达成度的一种判断、检验和测量。在评价方式方面，按照社会和业内认可的要求，行业企业作为评价参与主体，建立以行业评价为基础的业内评价机制，注重引入市场评价和社会评价，发挥政府、行业企业、学校、社会等多元评价主体作用。在评价内容方面，重点评价职业教育人才培养过程中"德技并修""产教融合""校企合作""育训结合"、学生获取职业资格或职业技能等级证书、毕业生就业质量、"双师型"教师队伍建设等情况，加大职业培训、服务区域和行业的评价权重。在评价主体方面，通过职业教育培训评价组织参与实施能够依据国家有关法规和职业标准、教学标准完成的职业技能培训。通过政府加强监管，放宽准入，严格末端监督执法，严格控制数量，保证培训质量和学生能力水平。在已成熟的品牌中、在成长中的品牌中、在有需要但还没有建立项目的领域中规划一批，通过社会化机制公开招募并择优遴选培训评价组织。在评价制度方面，社会评价作为职业教育人才培养评价改革中的关键一环，引导家长和社会公众有序参与职业教育人才培养评价，在培养过程中吸纳家长和社会公众参与职业院校治理，在出口环节吸纳家长和社会公众评价毕业生的就业质量；完善国家、省、校三级职业教育质量年报制度，通过问责制度、工作机构和问责体系，规范学校层面质量年度报告内容，创新形式和渠道，扩大质量年报的社会影响力；支持专业机构和社会组织规范开展职业教育评价，推动独立中介机构、行业企业和社会团体参与评价职业教育人才培养质量，将第三方评价机构的资质认定制度化，规定第三方评价机构的认可机构、认可标准、认可程序、认可周期等内容。在用人评价方面，要扭转"唯名校""唯学历"的用人导向，建立以品德和能力为导向、以岗位需求为目标的人才使用机制；促进人员与岗位相适应，招聘要按照岗位需求合理制定招考条件、确定学历层次，不得将毕业院校、国（境）外学习经历、学习方式作为限制性条件，职业学校毕业生在落户、就业、参加机关企事业单位招聘、职称评聘、职务职级晋升等方面应与普通学校毕业生同等对待。

二、马克思主义人学理论

马克思主义人学理论是关于人的哲学，是马克思主义哲学的一个分支，是马克思主义原理的重要组成部分，是马克思在总结以往人学理论的基础上并与其他学派不断斗争的产物，通过回答和解决人的存在和发展问题，促进人类的自身解放和个性的自由全面发展，彰显马克思主义的社会价值观。现阶段我国社会的主要矛盾和人的个性化不断彰显，以马克思主义人学为指导构建中国特色职业教育人才培养模式是时代发展的要求，因此，要在改革创新的实践中推进以人为本，培养高质量的技术技能人才。

（一）马克思主义人学理论的内涵

马克思在费尔巴哈人类学发展的基础上，运用了历史唯物主义，批判了空想社会主义，科学论证了理想社会，从实践的角度观察并分析人。马克思主义人学理论是一个系统的体系，属于生成论人学，研究对象是现实中的人，研究分析人和世界、群体和世界、个人和文化世界以及个人和精神世界的关系，重点关注人的生存、存在、发展、本质、价值等问题，是研究作为实践主体的人及其本质、存在和历史发展规律的科学理论和方法论，具有实践性、革命性和科学性。

马克思把人作为相对独立的研究对象，将"人"看作经济和社会等活动以及经济和社会等关系的本质、基础和主体承担者，是社会历史的前提及创造主体，"任何人类历史的第一个前提无疑是有生命的个人的存在"[①]，认识社会历史的前提是科学的认识人。马克思人学理论以批判和揭露人异化的现象和根源并探寻

---

① 《马克思恩格斯选集》第一卷，人民出版社1995年版，第67页。

人的解放和发展的实现方式为主题。科学理解人的本质是马克思人学理论的逻辑前提和根据，从人的需要入手揭示人的本质，接连引出人的创造性生产劳动、人的社会关系和人的个性，分别体现出人的内在本质、类本质、社会本质和个性本质，构成了人的本体论、人的社会观、人的历史观和人的价值观，形成了马克思人学理论的思维逻辑。

1. 关于人的本质

马克思认为正确理解人的存在和本质是正确解决人的问题的前提、基础和根据。人的三种基本存在形态包括：作为人类种属的一般形态、作为群体在不同社会类型中的特殊形态和作为个人的具有个性的个别形态。人的存在特征包括：作为人的概念的前提和基础的自然存在，包括生命、需要、能动、对象、感性和受动性等内容；人区别于动物的类存在，包括共通性的关系、类意识和自由自觉的生产活动等内容；作为决定性的社会存在，将人和人的社会区分开来，社会关系是其根本内容；人区别于其他人的个性存在，主要包括自我性和自主性等内容。人的存在状况包括人的异化和人的自由而全面的发展两个部分。并从人与动物、人与社会、人与他人的关系中探寻人的本质，人的需要、生产劳动、社会关系和人的个性分别规定了人的内在本质、类本质、社会本质和个性本质。

2. 关于人的社会性

马克思从社会关系出发考察人的社会生活过程，使得马克思人学理论在思想史上实现了根本变革。他把人看成社会人，着力探究人的社会属性，包括人的合作与群聚、集体和社交、人与人之间的相互需要以及社会的规定性和制约性。通过分析个人与生产力、生产关系、社会利益、国家、社会意识、社会生活条件之间的关系，说明个人在实际的生活过程中产生了社会生产、生产力、生产关系、社会利益、国家和社会意识，社会生活过程成为实现个人活动的必然条件和社会形式，个人既是社会生活过程的前提和目的，也是结果和手段，在具有主体性的同时也受社会规定的制约。社会是人的社会，是自由个人的联合体，既包括个人发展的前景和趋势，也涉及个人和社会发展的模式。人自由而全面发展要以个性为本位，消灭旧的分工、剥削和利己主义，依托发达的社会生产力，实现每一个个人的自由、平等和全面发展，并实现个人和社会发展的和谐统一。

3. 关于人的发展

马克思着重从动态方面考察人的历史发展。他从个人、劳动和人类社会生活条件的关系出发，考察个人的历史发展过程及表现形式，揭示人的历史发展的根据和基础、条件和方式、内容和规律以及地位和作用。人的发展在人类社会的史前时期表现为物质生产的手段，到了共产主义社会人的发展表现为目的本身，才真正实现自由个性。在前资本主义社会，着眼于人的能力与活动的关系，人的发展表现为"原始的丰富""人的依赖关系""自我牺牲"；在资本主义社会，着眼于人的社会关系和个性发展的社会基础，人的发展是畸形的、个人独立的和利己主义的；在共产主义社会，着眼于人的发展的方式和性质，人的发展表现为"全面发展""自由个性""个人与社会的和谐一致"。从本质上来说，人的历史发展是个人本质力量通过劳动而实现的；人是社会物质生活条件的创造者，也是社会物质生活的产物，人的个性发展、群体发展和人类的发展在历史中的地位是转换的；人是社会生活条件的手段也是目的，个性发展的程度依赖于个人对社会生产力总和的占有程度和方式；任何一个对象对个人的意义，取决于对象的性质、个人的感知能力及其性质。人的历史发展的条件包括：主体条件、生产实践条件和外部客观条件。马克思从弄清人的本质为出发点，把个人的全面发展放在社会历史发展过程中，分析人的历史发展的方式——全面、自由、和谐发展。他把人的全面发展同时看成理想目标和过程，并与人的应有、自由、和谐发展联系及区别开来。个人的全面发展是个人的类特性、社会特性和个性在个人那里的应有的、和谐的和自由的发展，其思想实质是使人在世界中实现其价值、确立主体地位和达到自我实现，使人实现自由活动或生存，使人的个人发展和人类社会发展实现和谐一致。

4. 关于人的价值

马克思从人本身和人的主体性出发，探究人的个性、权利、异化、解放和自由等问题。个性是人的价值的表征，人的个性是分析人的价值的出发点和根据。马克思认为人的个性包含3个维度：作为个人对外部世界独特的主体倾向性，包括：能力、自主性、自觉性和创造性；作为特定社会群体成员的个人所具有的某种社会特征，包括：特殊的社会心理和性格、社会关系和道德精神等；作为个人在外部世界的个别存在的形式个性，包括：不可重复性、独特性、不可取代性和唯一性等。人权问题关系到个性能否充分的表现和发挥，马克思认为人权问题既有人性根据也有社会经济根源，他运用科学认识人的本质的方法论，从人的类本质、社会经济关系和个性出发，认为人权包含人作为人类所应拥有的一般权利、具有社会性和阶级性以及作为个人应享有的个别权利。人权具有现实的社会基础和根源，受社会条件的制约，社会关系规定了人权的具体内容，随着社会的发展不断改变形式和内容，反映一定阶级的利益，并为不同阶级服务，并在人的种种关系中确证人的价值、尊严和主体性。马克思从价值伦理因素的人本主义和经济学分析人的异化，把人和他人的异化看作核心，把异化视为分工和私有制的内在必然性，人的异化对整个人类的发展的积极作用是有限的，对个人发展的作用是消极的，并针对人的异化提出了人的解放。作为马克思主义人学理论的归宿和落脚点，人的自由的基础包括人类学和经济学，自由是人的一种权利和追求，也是支配外部客体必然性的能力，还是人支配自身并使外部必然性为人服务的能力。

（二）马克思主义人学理论的特点

1. 始终是在"关系"中研究人

马克思主义人学理论的基本内容主要包括：人与自然、人与劳动、人与社会、人与历史、人与人、人与自身的关系等。人既属于自然，自然也属于人，先从人与自然的关系入手，研究自然界时，也就是研究人。而人是通过劳动与自然界产生关系，自由自觉的劳动是人的类特性，构成了马克思人学的本体论。人的劳动是在社会关系中进行的，人的本质的现实性是一切社会关系的总和，社会是人的存在、发展的形式，人的社会性以及人和社会的关系构成了马克思人学的社会观。在人和历史的关系中，马克思考察了人的发展的历史过程和表现形式、本质内容和规律、条件和方式、根据和基础以及地位和作用等，构成了马克思人学的历史观。在人和人的关系中，分析了个人与人类、群体、阶级以及个人同自身的关系，论述了个人异化和解放、个性实现和自由等问题，构成了马克思人学的价值观。

2. 始终从人的角度研究与人有关的问题

人与自然的关系从本质上来说是人与人的关系，"自然界是关于人的科学的直接对象"。劳动是"一本打开了的关于人的本质力量的书""人的本质力量的公开的展示"，"通过工业……形成的自然界，是真正的、人类学的自然界"，"自然科学通过工业日益在实践上进入人的生活，改造人的生活，并为人的解放做准备"[①]。人的活动创造了社会历史，并在其中不断改变人的本性；社会历史是个人本质力量的发展史，是"自然界成为人这一过程的一个现实部分"，是"人的真正的自然史"，"人也有自己的产生活动即历史"；共产主义是人的解放的必然环节和社会形式，其基本原则是每个人自由而全面的发展；从物和物的

---

① 《马克思恩格斯全集》第四十二卷，人民出版社1979年版，第95、119、129、167页。

经济关系中揭示人与人的社会和价值关系，从财富的"物"的形式中揭示出人的能力等。

3. 始终研究"完整"的人

马克思主义人学理论是关于人的一般性的总体科学，与其他哲学最本质的区别是其研究对象是完整的人和本质，以及完整的人的存在和历史发展的一般规律，而他的整个思想体系都在不同层面予以体现。人类实践活动的发展过程的首要前提是把人看作现实的人，通过科学的分析和认识，人的现实本质是社会关系的总和，人的劳动和社会实践是在社会关系中开展的，具有社会历史性，人类社会历史的发展过程也是规律性的。马克思主义政治经济学是研究特定群体以及群体之间的经济关系，把认识和理解特殊的"经济人"以及他们之间的经济为前提，其假设是在特定社会关系中从事经济活动的以追求利益为目的、具有独立性和能力的经纪人。马克思的科学社会主义研究个人的解放和全面发展的实现形式和条件，是从人学理论分化出来的相对独立的一个分支，是人学理论的实践和运动形态。马克思科学的人道主义关注的是人的现实存在与本质实现之间的矛盾，研究人和外部世界之间的非人性关系，以及消除这一关系的人性要求。马克思的人学理论包含着科学的人道主义，科学的人道主义是马克思人学理论的一个层次。

（三）马克思主义人学理论对职业教育人才培养模式中的意义

马克思主义人学理论是关于人的学说，涉及人的各个方面，同时它是一个内涵不断发展、内容不断丰富、体系不断完善的过程。随着人类社会实践在范围和深度两个方面不断扩展，马克思主义人学理论已经涉及人类社会的方方面面，渗透到社会生活领域的多个层面，与社会行业或产业的发展相互交织。随着人本主义在全世界的广泛推崇，以人为本的教育理念得以树立并被广泛接纳和认可，职业教育人才模式也必须顺应教育发展趋势，以职业教育的学习者为本，尊重学生意愿和个性，在为党育才、为国育人的同时，把学生培养成为真正的自己，实现全面发展的真正的人。

1. 职业教育人才培养理念体现以人为本

教育理念决定着教育模式，教育理念是教育模式的灵魂，处于统领地位。职业教育长期以来过于强调"工具性"，职业教育人才培养模式仍在坚持以物为本，努力把职业教育的学生培养成为能够符合行业企业的职业岗位需要的人，能够像"机器"一样劳动的人。特别改革开放以来，以发展经济为中心，大力发展生产力和生产关系，推动了各行各业的飞速发展，特别是科学技术成为第一生产力，技术万能论、技术中心主义成为当时经济发展阶段的主基调，人才培养观念把标准和效率放在第一位，忽视了人自身的社会性、个体差异和全面发展。职业教育人才培养片面强调人的工具性和效用性，追求的是通过反复训练进行技能教育，强调机械的重复、服从和顺应，把学生培养成"利器"，为国家和产业培养技术工人成为第一需要，忽视了人才的主体性、实际情况和能力差异以及自身存在的价值、能动性，更多的是强调教育的客体加以塑造，而不是当成教育的主体进行培养，造成了人格、自我认识和发展能力的缺失。但新时代的今天，技术中心主义的社会基础发生重大变化，人的主体地位更加突出，人的主体性更加凸显，特别是"中国式现代化"要求人的现代化，要求职业教育不仅把学习者培养成为应用型人才、技术技能人才和劳动者，同时还要把他们培养成为真正意义上的"人"。职业教育人才培养的终极目的是发展人，技术只是手段，为此，职业教育应树立以人为本的教育理念，以人的全面发展为核心，使职业教育学习者拥有主体地位，从被动的学习和应付岗位需求转向主动学习和自我实现的需求，鼓励职业教育学习者自主学习，将技术技能的习得与实现高质量就业、追求高品质生活、实现高水平社会价值和获得自由而全面的高质量发展相结合。

2. 职业教育的教学体现以人为本

为了满足现代化对技术技能人才个性化和多样化的要求，职业教育在教学活动中要根据学习者的个性和擅长，结合经济社会发展需要，通过一定时期的培养成为一个现代化所需要的人。特别是人的智力结构的差异性造成了个人在技能和专业领域的分化，职业教育人才培养模式应对不同类型的学习者，帮助形成正确的人生观、价值观、职业观，具备实现自身价值的职业能力，在教学过程中要对学习者进行全面了解，针对每名学习者的个性特点，以帮助每一个人成功出彩为出发点，有针对性地提供教学，最大限度地开发个人不同的潜能。除了教授具体的操作技能，还要唤醒个人的潜能，尊重个人的选择，激发个人的学习兴趣和动力，将个人爱好与专业学习相结合，在增强个人技术技能的同时，促进人的个性和心智共同发展。而创新是一个国家、一个民族发展进步的不竭动力，也是现代化技术技能人才的必备素质，在我国职业教育人才培养中具有核心地位。人的现代化要求职业教育的人才培养的重点放在高新技术上，在继承性应用的基础上进行创造性应用，将学习者的技术技能传授与训练，落实到创新意识和创新能力培养中；在提高学习者专业理论知识和技术能力掌握和熟练程度的同时，注意培养他们的创新思维和创新精神，通过创设自主创新的情境，把培养高素质创新型的技术技能型人才摆在首要位置并贯穿于职业教育人才培养的始终。同时，在职业教育管理方面，要把朝气蓬勃的年轻人视为活生生的"准社会人"，在尊重个人"个性"的基础上，要以人性化的教育管理方式关爱每名职业教育的学习者，把他们培养成为学有所成、学有所长的人。

3.职业教育的教师队伍建设体现以人为本

职业教师是培养人才的主体，职业教育师资队伍建设的过程是人才开发的过程，应坚持解放和发展人才的理念，不断激发教师的自我管理和自我发展的意识，尊重和关怀教师，进而激发教师的显性和隐性能力。总体上看，职业教育师资队伍的质量不高，吸引力不强，流动性较大。因此，要把握职业教育教师职业认知的规律，通过营造良好的环境吸引更多的优秀人才愿意投身到职业教育事业中来；要把握职业教育专业自我发展的规律，认可职业教育教师从事的专业以及待遇要求，制定相应的入职和任职标准，提供相关的环境和条件，满足教师实现自我发展的要求；要把握职业教育教师情感需要的规律，在感情投资方面，要在薪酬和待遇上尽量满足教师的要求，使之在生理需求和心理需求两个方面都得到满足，提高职业教师的自我认同感和实现自主全面发展的内驱力。在职业教师管理方面，除了体现人文关怀之外，还要建设良好的人文环境，根据职业院校的规划和实际需要引进人才，为职业教师提供良好的教学环境和条件，以及提供进一步提升和交流的机会和空间，促进教师高质量发展。此外，从职业教育教师的实际出发，合理配置人，实现人尽其用；重视教师的培训和教学水平的提高，为他们提供去与专业对口的国内外高水平研究大学和科研机构学习深造的机会，为他们提供去国内外对口的技术领先或标准制定的企业锻炼实习的机会，提高教师整体的综合素质和专业素养；在晋升和评比环节，要针对不同的专业和岗位，制定不同的标准，使得各专业的优秀教师都有脱颖而出的机会，成为专业或专业群的带头人，从而打造专业品牌。

三、多元智能理论

传统的智力理论将语言能力和数理逻辑能力视为智力的核心，这两种能力通过整合方式使得智力得以存在。对于智力的定义过于狭隘，未能揭示智力的全貌和本质。20世纪70年代开始，研究者们从心理学的不同领域对智力的概念进行了重新检验，最有影响的是耶鲁大学的心理学家罗伯特·斯滕伯格（Robert Stenberg）提出的"三元智力理论"，将智力划分为分析性、创造性和实践性三个维度。20世纪80年代哈佛大学认知心理学家霍华德·加德纳（Howard Gardner）提出了多元智能理论，将智能定义为人在特定情景中解决问题并有所创造的能力，认为每个人都拥8种主要智能，提出了"智能本位评价"的理念，主张进行"情景化"评估，强有力地挑战了传统的智能理论，为职业教育人才培养模式的改革创新提供了启示。

（一）多元智能理论的内涵

加德纳在参与哈佛大学教育研究生院1967年创立的《零点项目》过程中，分析整理了大量关于神童、脑损伤病人、有特殊技能而心智不全者、正常儿童、正常成人、不同领域的专家以及不同文化中个体的研究，提出了对智力的独特观点，并在对人类潜能的大量实验研究的基础上，于1983年出版了《智力的结构》（Frames of Mind）一书，首次提出并论述了多元智能理论的基本结构，认为个体身上都存在着相对独立的、与特定的认知领域或知识范畴相联系的7种智力，奠定了多元智能理论的基础。他认为，人的智力应该是一个量度，是关于解决问题能力（ability to solve problems）的指标，并将人的智能划分为9个范畴：

1. 语言智能（Verbal/Linguistic intelligence）

个人听说读写的能力，能够有效地运用语言或文字描述事件、表达思想与人交流的能力，突出地表现在演说家、主持人、播音员、作家、编辑、记者、律师等职业。

2. 逻辑数学智能（Logical/Mathematical intelligence）

个人的运算和推理能力，对事物间各种关系，如类比、对比、因果和逻辑等关系比较敏感，喜欢提出问题，通过数理运算、逻辑推理和实验等探寻问题的答案、事物的规律和逻辑顺序，突出地表现在从事与数字有关工作的人身上。

3. 空间智能（Visual/Spatial intelligence）

个人感受、辨别、记忆和改变物体的空间关系，并借此表达思想和感情的能力，对线条、形状、结构、色彩和空间等关系比较敏感，用意象及图像进行思考，通过平面图形和立体造型进行表现，突出地表现在画家、几何学家和建筑学家等职业。

4. 身体动觉智能（Bodily/Kinesthetic intelligence）

个人调节身体运动以及运用双手改变物体的能力，能够较好地控制身体，做出恰当的身体反应以及善于利用身体语言来表达自己的思想，突出地表现在运动员、舞蹈家、外科医生、手艺人等职业。

5. 音乐智能（Musical/Rhythmic intelligence）

个人感知音调、旋律、节奏和音色等能力，对音乐节奏、音调、音色和旋律比较敏感，通过作曲、演奏和歌唱等方式进行表达，突出地表现在指挥家、作曲家、歌唱家、乐师、乐器制作者等职业。

6. 交往智能（Interpersonal intelligence）

个人与他人相处和交往的能力，通过觉察和体验他人的情绪、情感和意图做出适宜的反应，具体包括：组织能力、协商能力、分析能力和人际联系。

7. 自省智能（Intrapersonal intelligence）

个人认识、洞察和反省自身的能力，能够正确地意识和评价自身，把握和控制自身的个性、情绪、动机、欲望和意志，在正确的自我意识和评价的基础上做到自尊、自律和自制，喜欢相对独立的工作和有自我选择的空间，突出地表现在哲学家、心理学家、政治家和教师等职业。

8. 自然探索智能（Naturalist intelligence）

个人能够辨别各种环境特征，并进行分类和利用的能力，包括对自然和社会探索两个方面，突出地表现在猎人、农民、生物学家、天文学家等职业。

9. 存在智能（Existentialist Intelligence）

个人对生命、死亡和终极现实等提出并思考这些问题的能力。

（二）多元智能理论的特点

1. 多元性

传统教育一直强调人的数学和语文两方面的发展。虽然语言和逻辑在智能中具有非常重要的位置，但并不是人类智能的全部。智能是由多种要素有机地组合在一起的，通过不同的方式、不同的程度，相对独立地表现出来，不同智能要素之间没有重要和不重要之分，在人的成长成才过程中应被同等对待。

2. 差异性

虽然每个人的身上都有多种智能要素，但每种智能要素显性程度不尽相同，有的智能要素表现得很突出，有的智能要素表现得相对不明显，也就是通常意义上智能的优势和劣势。同时，个人智能要素的发展受到社会、自然和教育条件的影响与制约，发展的方向和程度以及表现形式也会因外部环境特别是教育条件的不同而存在明显差异，因而每个人的智能表现出不同的特点。

3. 文化性

智能与个体所处的社会文化环境有密切的关系，文化决定着个人智能的发展方向，不同文化的个体具有不同的指向性。个人的智能结构和特征表现出显著差异。每一种文化对智能的理解相同，对智能表现形式的要求也不尽相同。文化还会影响智能要素在不同阶段的发展速度、发展水平和操作水平。不同文化所崇尚的技能不同，造成了个人认知发展的差异。

4.实践性

智能体现为具体的能力，包括个体解决已经存在的实际问题的能力、发现新知识和新问题的能力以及生产或创造社会需要的产品或服务的能力，这些能力都需在社会实践活动中得以发展和提高。而智能的众多要素表现强弱的结果也需要在实践中得以体现和检验。

（三）多元智能理论在职业教育人才培养模式中的体现

职业教育人才培养模式改革既适应经济社会和行业企业的需求，也要满足技术技能人才成长成才需要，把推动职业教育学习者的发展作为改革的出发点和落脚点。然而，受先天因素、成长环境、智力发展、学校教育和考核评价等多种因素的影响，职业院校学生的身心发展呈现出较大的差异性。"唯分数"的选拔标准和途径，社会公众对职业教育"差生集中营"的刻板印象和对职业院校学生都是"差生"的偏见未得到有效扭转，影响了现代职业教育的发展。在提倡高质量发展和实现职业教育现代化的新阶段，多元智能理论为理解和帮助学生智能的差异提供了思维和行动路径，有助于深化职业教育人才培养模式改革，为每个人提供出彩的机会。

1.正确看待职业教育学生的智能差异

根据多元智能理论，人类的智能是多元的，而个人的智能都有自己的特点和表现形式，不同的个体间智能要素的强弱是不同的。教育应当反映个体智能表现出的差异。当前对学生的评价以笔试为主，从基础教育到高中教育再到高等教育，语言智能和数学智能较强的学生成绩更为出色，学术教育是适合他们发展的途径和方式。而成绩相对较差并不证明他们智能水平低，而是结构化的标准化的笔试并没有测试出他们智能方面的强项，如动手操作能力、艺术表现力、人际交往能力、运动能力、空间想象能力和自我克制能力等。如果继续让他们走学术教育的道路，笔试无法反映的智能得不到发掘和培养，可能会扼杀他们在其他领域做出杰出贡献的机会。职业教育作为一种相对独立的教育类型，要为在语言和数学智能较弱，而其他智能较强的学生提供发展的机会和条件，帮助他们实现全面发展。当前，职业院校的招生渠道包括：普通中高考、普高单招、中高职对口单招、综合评价考试招生、技能拔尖人才招生、3+2 自主招生以及政策性安排（如退伍军人、新疆班等），职业院校学生的教育和文化背景更加复杂多样，职业教育人才培养模式改革正视学生智能的多元性和差异性。

2. 根据人的智能的特点深化教学改革

多元智能理论认为每个人都有着基本相同的智能要素，只是表现程度有所不同。要把智能发展的差异性视为宝贵的资源，用发现和欣赏的角度去看待学生，通过正确的引导和培养，让他们相信"天生我才必有用"。不同智能类型学生的学习方式、习惯和内容敏感性是不同的。教学中应在分析教学对象的智能差异及构成的基础上，根据其智能的优势和劣势，对教学的内容采取不同教学方式进行"因材施教"，以契合不同学生的智能类型和发展水平。既要鉴别并发展学生的优势智能，也要帮助学生将优势智能迁移到其他智能，使弱势智能也得到发展。在教学目标上，并不是要将学生都培养成"全才"，而是根据学生的具体情况确定最适合的发展道路，为每名学生的成长都铺设一座桥，让他们有所学、有所得、有所长。在具体的教学活动中，不能仅仅完成教学大纲的要求，还要从关注学生智能、开发学生潜能和促进学生全面发展的角度，改进教学形式和环节，更多地让学生参与进来，如：通过小组合作学习和讨论促进人际智能的发展；通过反思环节，促进学生的内省智能的发展，促进每个学生全面充分地发展。

3. 对职业教育学生进行全面多元的评价

多元智能理论主张关注学生不同的智能类型，进行全面评价，并提出了情景评估的方法。当前对职业教育人才培养的评价内容更多关注专业理论知识、评价方式以书面形式为主、评价手段更多依靠终结性评价，评价主体以职业院校为主，弱化了专业实践知识、实际动手能力、过程性评价和行业企业等利益相关者的参与。要构建能够全面评价智能差异化学生的评价模式，在评价指标、评价方法、评价内容和评价主体方面体现出可测性、多样性、综合性和多元性。首先要按照可行性、完备性和可测性的原则制定科学的评价标准，充分反映评价的价值尺度和边界。评价的内容不仅覆盖基本素质、文化基础课程、专业基础课程及技能学习，还要包括称职就业能力，包括知识、技能、经验、态度等能够胜任未来工作所需的全部内容，以及能够适应技术升级和转岗所必需的继续学习的能力。评价方法要针对职业性和动手能力强两大特点，运用现代信息技术和方法"数字化"评价学生，将过程性和终结性相结合，评价学生智能在不同时间、阶段和场所发展的状况。评价主体在职业院校的基础上，让政府主管部门、行业企业、事业单位、第三方机构、家长等主体参与到评价中来，构建多主体的评价体系。

4.在实践中推进职业教育学生智能发展

多元智力理论认为人的智能是创造性地解决实际问题的能力，包括实践能力和创造力两个方面。智能不是静态的，也不是一成不变的，而是在解决问题的实践中不断开发和发展的，具有鲜明的社会实践性。而职业教育是以能力为本位，主要培养面向生产、建设、管理和服务一线的技术技能型人才，实践性也是其显著特点之一。职业教育学生在语言和数理逻辑智能方面相对处于弱势，同时在智能要素方面又表现出不同的特点，在承认每名学生独特性的基础上，在教学中要强化实践教学，多渠道激发学生的多元智能，通过同学直接的合作或协作发展人际智能，通过师生对话、同学交流、小组汇报等发展语言智能，通过现场观摩、亲手实验发展空间和观察智能，通过项目化的技能实习或实践，在"做中学"，综合发展学生的多项智能。在开发学生多种智能的同时要帮助学生发现自己的长处，匹配到适合其智能特点的职业和业余爱好，培养学生对学习的乐趣和坚持不懈学习的内在动力。此外，还要通过创设展示才能的平台，参与社会实践与调查以及开展各种活动，帮助学生发展智能强项弥补弱项，拓展学生智力发展的空间，尽可能地发现、发展和发挥每个人的潜在能力，促进学生的全面发展。

四、学习者为中心的教育理论

随着社会的不断进步，人们对于教育活动和教育所培养的人有了更深入的认识和理解，传统教育教学模式的弊端便逐渐显露。基于传统教育教学模式的弊端，美国人本主义心理学家和教育家卡尔·罗杰斯在经过对学校教育教学活动进行长期考察的基础上，将"以患者为中心"的心理咨询疗法运用于教育领域，于1952年首次提出了"以学习者为中心"的教育理念，并在《论人的形成》一书中，对"以学习者为中心"的教学进行了详细阐述和充分补充，首次提出了具体、系统和全面的教学框架，"以学习者为中心"的教学理论基本形成。"以学习者为中心"的教学理论将学习者置于教育教学活动的核心地位，强调发挥学习者的主导作用，认为每个学习者都有"自我实现"的发展潜能和动机，主张教师应当信任学生，促进学生人格发展。

（一）学习者为中心的教育理论的内涵

卡尔·罗杰斯主要进行心理咨询和心理治疗的研究与实践，在心理治疗过程中，"以当事人"为中心，首创非指导性治疗，强调人具备自我调整以恢复心理健康的能力。关于自我的理论是罗杰斯人格理论的核心，也是他的心理治疗理论和人本主义教育理论的基础。他认为个体是完整的有机体的存在，是一切体验的发源地，且在自我实现倾向的驱使下成长与发展，其结果就是"自我""自我概念"的发展、扩充实现。

"自我概念"和"经验"是罗杰斯人格理论中的两个重要概念。自我包括个体对自身机体的整个知觉、他体验到的其他所有知觉，体验到的这些知觉与所处环境中与其他知觉以及整个外部世界发生关系的方式，即个体对个人的特性、人际关系及其价值规范的知觉。"自我概念"和"经验"构成了人格，当二者协调一致时，他便是整合的、真实而适应的人，反之他就会经历或体验到人格的不协调状态。自我概念包括：真实的自我，较符合现实的自我形象；理想的自我，一个人期望实现的自我形象。自我概念是在个体与环境相互作用的过程中形成的，这两种自我是否和谐与趋近，直接影响心理健康的质量。并用"无条件积极关注"来解释自我发展的机制，提出了"机能健全的人"的概念，意指那些获得无条件积极关注的人。

从20世纪60年代开始，罗杰斯把"以人为中心的治疗"理论扩展到了心理治疗领域之外，形成了"以学习者为中心"的教育理论，将学习定义为学习者的经验学习，以学习者个人经验的成长为中心，学习者的自发性和主动性成为学习的动机。因此，教育的目标是使学习者学会学习从而产生变化，并对外界的变化做出及时的反应，进而使学习者成为知道如何学习、具有独特人格特征而又充分发挥作用的"自由人"。罗杰斯强调，在达到这一目标的过程中，教师要贯彻"非指导性"教学的理论与策略，即教师要尊重学生、珍视学生，力求创造出一种情感融洽、气氛适宜的学习情境，在感情上和思想上与学生产生共鸣；应像治疗者对来访者一样对学生产生同情式理解，从学生的内心深处了解学生的反应，敏感地意识到学生对教育与学习的看法；要信任学生，并同时感受到学生信任，促进学生的学习，使学生自己成为学习的主宰，这样才会取得理想的教育效果。

（二）学习者为中心的教育理论的特点

1. 以培养"完整的人"为目标

传统教学活动以学习者掌握知识量的多寡来衡量学生的学习效果，并以此作为依据来评判是否达到教学目标，但世界是处于不断发展变化的过程中的，仅仅依赖于获取固定的知识和技能、接受固定训练所培养出来的学生是难以适应当代社会发展变化需要的。因此，教育教学活动的目标不应当只是局限于追求让学习者掌握多少知识，而应当更侧重于追求培养真正意义上的学习者。一个真正意义上的学习者，应该是一个学会如何开展学习、学会适应动态变化的人，是一个"健全""完整"的人。罗杰斯倡导在教育教学活动中加入"情感"因素，以情感教学为内在驱动力，关注学习者的整体发展，尊重学习者需求，注重激发学习者自身的潜能，以培养知、情、意、行完整统一的人为教育教学目标，积极促进每个学习者成为"自我实现"的人。

2.倡导有意义的自由学习

从内容上来看，学习者的学习可以分为两种类型，即认知学习和经验学习；从方式上来看，学习者的学习则可以分为有意义学习和无意义学习两大类。认知学习是一种机械性的学习，从心理学上来讲，它只涉及学习者的心智，而不涉及学习者的情感，它对于学习者成为"完整的人"作用不大，是一种无意义学习，因此学习者在进行认知学习时动机并不强，效率也不高；经验学习则涉及学习者个人经验的获取，是一种将学习者兴趣、爱好、需要有机结合起来，以学习者内部需要为驱动力的学习，对学习者的行为、选择、个性、态度产生重要影响，因而是一种有意义的学习。罗杰斯认为，真正有价值的学习，是有意义的学习。以学习者为中心的教育理论倡导教学活动要积极引导学习者进行有意义的自由学习，强调引导学习者将个人的身心状态与学习材料进行充分连接，全身心地投入学习情境，自发、自为地开展学习。

3.教师成为学习的"促进者"

罗杰斯认为那些能够影响学习者个体行为的知识，才是真正有意义的知识，而这一类知识往往需要学习者自己去探索和发现，并内化到自己已有的知识体系当中，形成对自己有用的知识，那些由教师直接教给的知识对学习者来说实用性并不高。因此，在教育教学活动中，教师的角色定位应当发生变化，教师所要发挥的作用应该是为学习者创造良好的学习氛围，提供学习者开展各类学习活动所需要的资源，营造能够让学习者自由地发挥自身潜能、表达个人情感的组织环境，即教师的作用定位应该是"促进学习"，成为学习者学习的"促进者"，而不是机械的知识"传授者"。这就要求教师要做到以下几点：一是充分尊重每位学习者，承认每个学习者都是一个独立的个体，尊重不同学习者间的差异性，尊重每个学习者的发展潜能；二是转变观念，将教育教学活动的中心地位归还给学习者，让学习者自己决定如何学习；三是建立自由、包容的学习环境，加强与学习者之间的情感交流和互动，形成教师与学习者双向流通的交往模式。

4.提倡学习者的自我评价

传统教学活动的评价以教师对学习者的成绩做出评定的方式为主，教师通过群体学习者间的对比，根据某一学习者在集体所处的位置来做出"相对评价"，尽管这种评价方式有其积极意义，但弊端却始终不容小觑，主要表现为：一是这种评价方式造成了教学目标的偏离，教师和学生都片面地追求分数，"唯分数论"成为主流；二是当学习者在群体中的相对评价趋于稳定时，评价的激励效果就被弱化，从而影响了评价作用的发挥；三是这种评价方式在一定程度上影响了师生间的关系。以学习者为中心的教学理论主张用学习者的"自我评价"来代替传统的"相对评价"。"自我评价"是指由学习者负起考核自己的责任，自己确定评分标准，并实际执行评价，看自己的行为是否达到预定目标的一种评价方式。"自我评价"对学习者的能力素养提出了更高要求，学习者既是评价的主体，也是评价的对象，使得学习者由被动变主动，激发了学习者的动力。

（三）学习者为中心的教育理论在职业教育人才培养模式中的体现

实现人的全面发展，既是职业教育现代化的途径，也是职业教育现代化的目标。发展优质、包容与公平的现代职业教育，关键要以职业教育的学习者为中心，实现人的现代化。作为职业教育现代化的重要组成部分，职业教育人才培养模式是人才培养目标、实现目标的手段、对培养目标进行评价的方法以及相应管理制度的集合。如何满足经济社会、科技文化以及人自身等方面需求，特别是人的发展需求，是衡量职业教育人才培养质量高低的重要标准。"以学习者为中心"构建职业教育人才培养模式体现了经济社会发展对培养全面发展的现代人的根本要求，是职业教育现代化的重要基础和核心特征。

1.以职业教育学习者为中心制定人才培养标准

职业教育人才培养的目的不仅仅是为了掌握相关的专业知识和技能，更主要的是要加深对专业的知识体系、技术思想、文化传承和工匠精神的理解，生成继续学习能力和培养思维习惯。特别是当前行业和职业的变化速度日新月异，对职业教育人才培养模式的适应性和灵活性提出更高要求，在培养目标方面既要包括专业教育所要达到的知识和技能标准，也要包括未来发展所需的通用能力所需的通识教育的标准。职业教育人才培养模式改革要重视学习者关注的内容，从学习者的切身利益出发，充分考虑学习者的短期目标和长远规划，在使学习者掌握和具备职业院校和企业要求的基本的知识素养和技术技能的基础上，培养学习者自我驱动品质和创新思维能力，发展学习者绿色技能和可持续发展的能力。通过职业教育，帮助学习者既立足当下又面向未来做好准备，规划个人的工作与生活技能，储备岗位变化和职位迁移的适应能力，形成以学习者为中心，促进学习者全面发展的综合性、整体性职业教育人才培养标准。

2. 以职业教育学习者为中心配置职业教育资源

围绕职业教育学习者的学习、成长和成才的需求，建设服务于职业教育人才培养的实物化的和数字化方式存在的教育资源，包括教学设施、实训设备、教师队伍、课程体系、环境条件以及课内外活动等。实物化的职业教育资源要充分考虑资源对学习者的充足性、有用性和便利性等，确保资源是为职业教育学习者所建、所用，提升资源配置和使用的效率。数字化的职业教育资源在以学习者为中心的配置过程中发挥更积极的作用，要利用信息技术和人工智能，研究分析学习者的学习需求、学习行为与学习习惯，根据学习者的需求定制和安排职业教育资源，开发相应的教育资源配置方案，推送个性化的职业教育资源。为学习者提供接触和学习优质职业教育资源的机会，实现先进的教育理念、教学方法和成长经验的共享，通过信息技术实现优质学校和优质教师的课堂同步和远程授课等。在学习借鉴的基础上，各职业院校也要开发自己的数字化教育资源，实现校内和校友之间的免费使用，提高职业教育资源的受众面和使用效率。同时，也要以职业教育学习者为中心深化校企合作，统筹职业院校和企业之间的资源，以学习者的学习和职业生涯发展为起点，增强学习者在校企合作过程中的收获感。

3. 以职业教育学习者为中心设置课程改革教学

职业教育的人才培养是通过课程来实现的。要构建"以学习者为中心"的职业教育课程体系，首先要把握未来技术的发展趋势和工作岗位的变化特征，根据未来工作的对人才的知识、能力和素养的需求，确定和建立职业教育的人才培养框架和课程的定位、内容与结构。在教育目标上要将当前需求与未来发展相统筹，在内容标准上要将工作岗位要求与学生能力发展相结合，在教学过程中要将职业教育的教学规律与学习者的学习能力相适应，质量标准要关注和反应学习者在学习过程中的专业能力和职业素养的形成水平。而课程的开发模式和组织框架要将分析专业工作系统和研究职业能力相结合，以职业教育课程开发模式为基础，运用学习心理与行为的研究方法和成果，满足工作发展和人才成长的要求。在具体教学过程中，要以学习者为中心修订和完善职业教育专业教学标准，从学习者的实际需求和教学实践要求出发合理编排教学日程和内容，明确教学双方的责任，特别是学习者的课程参与和评分的要求。通过数字化或物联网络化，生成和分析学习者的学习数据，判断学习者的学习能力与收获、职业素质和倾向等，为学习者提供精准性、个性化和适应性的教学，推动"以教定学"向"以学定教"的转变。充分利用案例教学法、项目教学法等现代教学方法，创新基于信息技术环境的教学方式，创造学习者充分参与的高效的职业教育课堂。

4. 以职业教育学习者为中心实施人才质量评价

职业教育人才培养质量应回归学习者本身，全面反映学习者个人的知识学习、技能习得和身心发展。要从实现"人的全面发展"为逻辑起点，从专业层面开发以职业教育学习者为中心开发人才培养评价的框架和标准，包括：理论知识和专业技能、问题意识和解决能力、人际关系与社交能力、创新思维和创新能力、领导能力和团队意识等，既要对学习者在职业院校期间进行评价，还要评价学习者适应未来的工作和生活的能力。在此基础上，进一步细化到各个领域和每门课程的评价标准，实现总体评价标准与各专项评价标准之间的一致性和衔接性。在评价的取向上，要着力提高学习者的学习能力和学习水平。首先要关注职业教育学习者的学习动机和学习过程，了解学习者的学习行为和技能训练之间的联系，掌握学习者学习知识、运用技能、发展能力和培养过程的轨迹，获得能够体现学习者专业知识、技术技能与综合素质等方面发展的证据，在此基础上转化为数据，利用数字化的评价工具，对学习者的学习情况进行综合评价。在确定学习者学习程度与水平的基础上，依据评价结论结合学习者发展、技术世界和职业岗位的发展趋势，为学习者未来的学习与发展提供科学的建议与指导。

第二节　新时代职业教育人才培养模式建构的指导思想

指导思想是人们在进行某种实践活动时，人脑中事先占有压倒优势的想法，在实践活动过程中将始终依照此想法去推进和实施。指导思想又称行动指南，是指导职业教育人才培养模式改革发展的理论体系，是从宏观的角度和总括的高度来指示引导职业教育人才培养模式的理念要素、目标要素、内容要素和方式要素，是职业教育人才的目标定位、培养规格、课程体系、教材建设、师资队伍建设、实习实训基地建设的理论基础。新时期职业教育人才培养模式改革发展将以习近平关于职业教育的重要论述为科学指南，不断将职业教育人才培养模式改革向前推进，构建具有中国特色的职业教育人才培养模式。

一、习近平关于职业教育重要论述的理论内涵

党的十八大以来，习近平总书记从坚持和发展中国特色社会主义出发，站在实现"中国梦"和治国理政高度，发表了一系列关于职业教育的重要论述，形成了完整的理论体系，深刻地揭示了我国职业教育的本质和规律，深刻地回答了新时期"如何看职业教育""为谁办职业教育""办什么样的职业教育""怎样办好职业教育"等根本问题，是新时期我国职业教育改革发展的总方向和总遵循，为职业教育人才培养模式的改革与创新提供了科学依据。

（一）明确了新时期职业教育的发展定位和改革路径

党的十八大以来，习近平总书记从党和国家的高度重视职业教育的发展，曾多次强调职业教育的重要性。2014年，习近平总书记就加快发展职业教育作出重要指示，提出职业教育是国民教育体系和人力资源开发的重要组成部分，是广大青年打开通往成功成才大门的重要途径，是培养高素质技能型人才的基础工程，肩负着培养多样化人才、传承技术技能、促进就业创业的重要职责；职业教育事关中华民族伟大复兴和社会主义现代化强国的建设；作为我国经济持续健康发展的重要基础，肩负着传承技术技能、促进就业创业的重要职责；作为广大青年打开通往成功成才大门的重要途径，为每个人的人生出彩提供了机会。并多次强调"职业教育前景广阔，大有可为""要把职业教育摆在更加突出的位置"。

关于新时期职业教育如何发展，习近平指出职业教育发展要坚持党的领导、坚持正确的办学方向、坚持立德树人。即要"优化职业教育类型定位，深化产教融合、校企合作，深入推进育人方式、办学模式、管理体制、保障机制改革，稳步发展职业本科教育，建设一批高水平职业院校和专业，推动职普融通，增强职业教育适应性，加快构建现代职业教育体系"。要牢牢把握服务发展和促进就业的办学方向，推动专业（群）设置与岗位（群）需求对接、课程内容与职业标准对接、教学过程与生产过程对接、毕业证书与职业资格证书对接。要深化体制机制改革，创新各层次各类型的职业教育模式，坚持产教融合，校企合作，统筹职业教育、高等教育、继续教育协同创新，推进职普融通、产教融合、科教融汇，引导社会各界积极支持和参与职业教育改革与发展。系统阐明了新时代职业教育的办学方针和改革重点，特别明确了职业教育"类型定位"，是我国职业教育理念的重大变革。

（二）确立了新时期职业教育的重要使命和根本任务

职业教育的使命是职业教育作为一种教育类型存在的理由和依据，是对自身责任和义务的庄严承诺。建设教育强国是中华民族伟大复兴的基础工程。"全面建成理论前瞻小康社会，进而建成富强民主文明的社会主义现代化国家，根本上靠劳动、靠劳动者创造"，在实现"两个一百年"奋斗目标的新征程上，广大劳动者要勤奋和扎实的工作，锐意进取，再创新的业绩。"社会主义是干出来的，新时代也是干出来的"，"两个一百年"奋斗目标和中华民族伟大复兴中国梦的实现都必须要依靠实干。同时，还要树立和弘扬劳动精神，而"工匠精神"作为对劳动精神的升华，是一种精益求精、追求极致的执着精神，也是习近平总书记赋予新时期职业教育的新使命。新时期职业教育新使命就是要"为实现'两个一百年'奋斗目标和中华民族伟大复兴中国梦提供坚实人才保障"。

"立德树人"是我国职业教育改革发展面对的重大时代命题，也是职业教育人才培养模式改革创新的出发点和落脚点。职业教育培养的各级各类技术技能型人才，只有德才兼备，才能肩负起实现"两个一百年"奋斗目标和中华民族伟大复兴中国梦的历史使命。"立德树人"是党的教育方针的根本要求，各级各类职业学校必须坚决贯彻好实施好，将思想政治教育和技术技能培养进行融合统一，回答好"为谁培养人"和"培养什么样的人"的根本问题。职业教育必须树立德能兼备的人才观，特别是要把社会主义核心价值观这个"大德"融入职业教育人才培养的全过程，把职业道德和敬业精神渗透到职业教育人才培养体系中，使职业教育的学习者成为社会主义核心价值观、工匠精神和职业道德的弘扬者和践行者。新时代职业教育的根本任务是要树立正确人才观，培育和践行社会主义核心价值观，着力提高人才培养质量，努力培养数以亿计的德能兼备的高素质技术技能人才。

（三）确定了新时期职业教育的发展方向和发展动力

办学方向是职业教育在具体的办学实践中必须首先明确的关键问题，决定着职业教育办学的根本目标和实现程度。职业教育作为一种相对独立于普通教育的类型教育，有着特定的办学方向。习近平总书记从我国经济社会发展全局和促进人的价值实现出发，把"服务发展、促进就业"作为新时期我国职业教育的办学方向。"服务发展"是指职业教育要为经济社会高质量发展服务。虽然我国职业教育培养了大批技术技能型人才，为推动经济社会发展做出了重要贡献，但还不能完全适应经济高质量发展，距离达到"中国式现代化"的新要求还有明显差距，突出表现在人才培养结构和人才培养质量上。因此，新时代的职业教育必须主动适应现代化建设，服务科教兴国战略，为实现全体人民共同富裕的现代化服务。"促进就业"指职业教育要为人的成长成才服务。就业是人民群众最关心、最直接和最现实的问题，是民生工程也是民心工程，事关人民对美好幸福生活的向往。作为广大青年打开通往成功成才大门的重要途径，面对经济结构的深刻调整、经济发展方式的深刻转变和新冠疫情的负面影响，部分劳动群众特别是青年人员的就业面临暂时困难，职业教育必须帮助广大青年提高综合素质和技术技能，实现更好就业，达成幸福生活，改善民生福祉。

发展动力是职业教育人才培养模式改革前进的推动力量和源泉，包括：完善体制机制、提高人才培养质量、健全企业参与制度和促进职业教育公平。职业教育人才培养模式改革成功的关键是完善体制机制。"体制机制不畅"是当前职业教育存在的突出问题。要通过改革职业教育体制机制，使不同层次职业教育和不同类型相同层次的教育之间联系更加紧密、连接更加畅通，为职业教育人才培养模式改革提供制度保障。提高人才培养质量是增强职业教育认可度和夯实类型特征的最重要因素，人才培养模式决定着培养规格和质量。职业教育不能固步自封，要面向经济社会发展，面向市场需求，走产教融合、普职融通、科教融汇的联合培养之路，走好工学结合、知行合一的理论实践相结合的培养之路。行业企业是职业教育人才培养的重要主体，通过健全行业企业的参与制度，调动行业企业直接参与职业教育人才培养的积极性、主动性和可持续性，切实发挥行业企业在职业教育人才培养中的主体作用。不同地区职业教育发展呈现非均衡性，在人才培养的理念、课程、师资、实习实践等方面存在显著差异，特别是在农村地区、民族地区、贫困地区职业教育办学条件还很薄弱，人才培养模式还较为落后，因此，要加大对"三区"职业教育人才培养模式改革发展的支持力度，通过优化资源配置，促进城乡、市域、省域之间职业教育人才培养模式改革的协调和均衡。

二、习近平关于职业教育重要论述的内在逻辑

逻辑的原意是思想、规律性、言辞和理性，广义上泛指规律，狭义上指思维的规律或研究思维规律的学科，在这里主要指某种特殊的理论、观点或看问题的方法。不仅要全面理解习近平关于职业教育重要论述的理论内涵，而且要分析内在的逻辑，包括逻辑的起点、支点、主线和归宿，精准把握其精神实质，进而更

好地指导新时期职业教育人才培养模式改革与实践。

（一）以"人本论"为逻辑起点

思想或理论体系都有其内在的逻辑起点，它是思想构建和理论展开的原点和基础。习近平在马克思主义"人本论"哲学思维的基础上，结合我国社会主义初级阶段的主要矛盾和在全面建设社会主义现代化国家新征程中，把青年成功成才的"人本论"作为职业教育思想的逻辑起点和基石。马克思主义"人本论"的终极价值追求是人的解放和自由全面发展，习近平在其价值立场和价值取向的基础上，把为人民服务作为执政理念，把"人民对美好生活的向往"作为党治国理政的"奋斗目标"，反映到职业教育领域，就是把职业教育作为通往成功成才的大门和实现人生价值的重要途径，创新各层次各类型职业教育模式，推进育人方式、办学模式、管理体制和保障机制改革，帮助青年掌握技术技能，增长真才实学，实现人生理想和抱负，也要高度重视农民工、职业农民、退役军人和下岗失业人员的培训与再培训，使劳动者更好地适应市场环境的变化，为劳动者成长创造条件。同时，在关注"个人的发展"的同时，习近平勉励大学生要将自己的命运同国家民族的命运紧紧联系在一起，紧跟时代前进的步伐，自觉肩负历史使命，把为国家和民族作为学习的动力和动机，争做有理想、敢担当、能吃苦、肯奋斗的新时代好青年，激励广大青年走技能成才、技能报国之路。

（二）以"立德树人"为逻辑支点

逻辑支点是支撑整个思想或理论的逻辑体系的关键点、联结点，将理论体系内部的各要素连接和支撑起来。习近平关于职业教育的重要论述始终把"立德树人"作为根本任务和逻辑支点。职业教育是教育现代化的重要一环，无论是职业教育现代化和职业教育高质量发展都要全面贯彻党的教育方针。立德树人是教育的根本任务，也是职业教育的根本任务，必须回答好"为谁培养人""培养什么样的人""怎样培养人"的根本问题。"人无德不立，国无德不兴"，习近平多次在座谈、讲话、指示、贺信和党的报告中明确指示各级各类学校要始终以"立德树人"为根本任务，在2014年对职业教育工作的批示中指出"要树立正确人才观，培育和践行社会主义核心价值观"；在2019年对职业教育工作的批示中强调"坚持立德树人"。要把立德树人作为职业教育人才培养工作的主线，要立社会主义之德，要在坚定理想信念和厚植爱国主义情怀上下功夫，引导学生树立共产主义远大理想和中国特色社会主义共同理想，把社会主义核心价值融入人才培养全链条，嵌入思想道德教育、通识教育、专业理论和技能教育、实习实训教育的各个环节。围绕立德树人设计专业体系、教学体系、教材体系和管理体系，培养具有坚定理念信念和使命担当的中国特色社会主义事业的建设者和接班人。

（三）以"人人出彩"为逻辑主线

逻辑主线是贯穿于思想理论体系的中心线索，是联结逻辑起点、逻辑支点和逻辑归宿的中心思想和核心观点。习近平关于职业教育的重要论述把实现"人人出彩"作为逻辑主线，"人人皆可成才"是习近平关于职业教育的重要论述的核心理念和价值追求。教育公平是指国家对教育资源进行配置时所依据的合理性的规范或原则；人人享有平等的受教育的权利和机会，促进人的潜能得到充分和自由的发展；教育者在任何时间和地点都被公平的对待。教育公平是社会公平的基础。习近平始终把促进教育公平作为优先发展战略纳入治国理政的总体布局，把人民对"更好教育"的期待和对"美好生活"的向往作为党的奋斗目标。党的十九大报告和二十大报告，都把"推进教育公平"作为重点任务。通过修订《中华人民共和国职业教育法》保障人人享有平等的职业教育权利；通过完善职业教育政策，确保人人平等地享有职业教育资源；通过制定发展规划和专项规划，确保人人受到平等的教育对待，具有同等取得职业教育学业成就和成功就业的机会。加大了对农村地区、民族地区、贫困地区职业教育支持力度，努力让每个人都享有人生出彩的机会、梦想成真的机会、同祖国和时代一起成长与进步的机会。

（四）以"中国梦"为逻辑归宿

逻辑归宿是思想或理论体系的最终目的。习近平在2014年和2019年对职业教育的批示中，无论是加快发展职业教育还是加快构建现代职业教育体系，都是为了实现"两个一百年"奋斗目标、全面建设社会主义现代化国家和实现中华民族伟大复兴的中国梦，提供坚实人才保障和有力的技能支撑。"中国梦是全国各族人民的共同理想，也是青年一代应该牢固树立的远大理想。"[①]中华民族伟大复兴中国梦的实现，归根到底还是要靠人才和教育。职业教育作为国民教育体系和人力资源开发的重要组成部分，肩负着培养多样化人才、传承技术技能、促进就业创业的重要职责，承担着培养高素质技术技能人才、能工巧匠、大国工匠的重要任务，与经济社会发展紧密相连，要发挥职业教育优势服务国家战略、建设教育

---

① 习近平：《习近平谈治国理政》，外文出版社2014版，第50页。

强国建设和技能型社会建设。但职业教育在我国各类教育中仍是"短板",体系建设不完善、制度标准不健全、经费投入不足且较为单一、企业主体作用发挥不强和参与动力不够等造成了职业教育的适应性不强。因此,各级党委和政府要高度重视职业教育,把职业教育摆在更加突出的位置,通过制度创新、政策供给、投入力度、弘扬精神和提高地位,更好支持和推进职业教育现代化。

三、习近平关于职业教育重要论述的时代特征

习近平关于职业教育的重要论述是马克思主义职业教育思想中国化的最新理论成果,是中国特色现代职业教育体系建设的重大理论创新,对指导现代职业教育高质量发展和职业教育人才培养模式创新具有重要的理论价值和现实意义。习近平职业教育思想在理论性与实践性、继承性与创新性和求实性与前瞻性等3个方面实现了统一,构成了习近平关于职业教育重要论述的鲜明时代特征。

(一)兼具理论性与实践性

在继承和发展了马克思主义职业教育思想的基础上,紧密结合我国基本国情和职业教育发展实际,提出和确立了关于职业教育的新思想新论断新要求,体现了在建成世界最大职业教育体系之上建立职业教育强国的深厚底蕴和理论自信。习近平创造性地继承和发展了马克思主义关于职业教育的理论,深刻阐释了我国职业教育现代化和现代职业教育体系建设的若干重大理论和实践问题,由此推动了马克思主义职业教育思想中国化的深入发展,从而形成了体现我国职业教育发展特色、符合职业教育发展实际并具有科学理论体系和形态的职业教育思想,科学解答了新时代中国职业教育发展的战略方针、办学方向、根本任务、指导原则以及方法举措等,形成了包括职业教育战略意义论、办学方向论、重大使命论、根本任务论和改革发展论的新时代职业教育理论体系,具有鲜明的针对性和时代性。加快发展现代职业教育的总目标是为全面建设社会主义现代化国家、实现中华民族伟大复兴的中国梦提供支撑,在坚持和拓展中国特色职业教育发展道路这个根本问题上,要树立自信和保持定力。通过政策支持、经费倾斜、法律保障,明确了当前及今后一段时期职业教育改革发展实践的框架,体现了党办好人民满意的职业教育的决心,将推进我国现代职业教育新时期新阶段的高质量的创新发展,开启社会主义职业教育事业的新篇章。

(二)兼具继承性与创新性

习近平关于职业教育的重要论述既承前启后又继往开来,在新的历史条件下

领导职业教育改革发展并取得新的伟大胜利。既继承了马克思关于人的全面发展思想、恩格斯关于教育与生产劳动相结合的思想和列宁社会主义职业教育思想，同时又吸收了毛泽东教育与职业、工作与读书和主学与兼学"三结合"的职业教育思想，邓小平大力、合理和有效发展的职业教育思想，江泽民优先、优化和优质发展的职业教育思想，胡锦涛科学发展的职业教育思想，符合职业教育发展的客观规律。习近平关于职业教育的重要论述不仅具有历史继承性，而且具有鲜明的创新性。在加快发展现代职业教育的实践中，习近平坚持马克思主义职业教育思想的立场观点、科学社会主义的基本原则、马克思主义中国化职业教育思想优秀成果，坚持和加强了党对职业教育的领导和社会主义的办学方向，根据时代变化和我国职业教育发展实际，深刻分析现代职业教育所面临的世情、国情和教情，聚焦新时代职业教育改革发展课题提出了新的观点和新的论断，以崭新的思想内容为我国新时代职业教育改革发展和实现职业教育现代化做出原创性贡献。赋予了职业教育在科教兴国战略和人才强国战略中的重要地位，明确了职业教育的类型定位，给予职业教育的重视程度和支持力度前所未有，将职业教育人才培养与中华民族伟大复兴的"中国梦"和社会主义现代化建设紧密结合起来，指明了建设现代职业教育体系的蓝图和路径，成为中国共产党职业教育思想理论成果的重要组成部分。

（三）兼具求实性与前瞻性

问题意识和问题导向是马克思主义的鲜明特点。坚持问题导向是习近平治国理政的方法论，也是习近平关于职业教育重要论述的突出特征之一。在习近平关于职业教育的重要论述中，集中体现了强烈的问题意识和精准的问题导向。问题是推进职业教育工作的导向，也是职业教育改革的突破口，要紧紧抓住影响现代职业教育高质量发展和建设现代职业教育体系的重大问题和关键问题，进一步聚焦职业教育改革的重点、堵点和难点，增强职业教育改革的针对性和时效性。当前和未来一段时期，我国职业教育发展的主要矛盾是人民群众日益增长的对于高层次、高水平和高质量的现代职业教育的需要与职业教育发展的不充分、不均衡、质量不高之间的矛盾，以及高层次技术技能人才需求与供给之间的结构性矛盾。习近平关于类型定位、产教融合、普职融通、体制机制改革、增强适应性等指示，体现出对当前职业教育问题的敏锐洞察和未来职业教育现代化的高瞻远瞩。同时，习近平以构建人类命运共同体的高度赋予了职业教育面向世界和面向未来的新使命。支持中外职业教育交流合作，与金砖国家建立职业教育联盟，开展职业技能大赛；在吉尔吉斯斯坦成立鲁班工坊；同东盟加强职业教育合作；实施"未来非洲—中非职业教育合作计划"，同非洲国家合作设立"鲁班工坊"。展示了习近平以世界眼光，推动中国职业教育走向世界，向世界职业教育的发展贡献中国方案。

第三节　新时代职业教育人才培养模式建构的基本原则

原则是代表性及问题性的一个定点词，指说话或行事所依据的法则或准则。基本原则是国民经济社会发展或者某一领域所适用的并体现基本价值的原则。

一、坚持"德技并修"原则

"培养什么人、怎样培养人"是我国社会主义职业教育现代化进程中必须解决好的根本问题。"立德树人"是职业教育的根本使命、任务和要求，符合职业教育和人才培养的规律，丰富了职业教育人才培养的内涵。"德技并修"是职业教育人才培养的基本特征和具体要求，推动职业教育人才培养模式改革，必须在"立德树人、德技并修"的人才培养实践中下功夫。职业教育的内容包括职业道德、科学文化和专业知识、技术技能等三个方面，在职业教育人才培养过程中应弘扬社会主义核心价值观，进行思想政治教育和职业道德教育，培育劳模精神、劳动精神、工匠精神，传授科学文化与专业知识，培养技术技能，进行职业指导，达到培养德智体美劳全面发展的社会主义建设者和接班人的要求。坚持德育第一，践行社会主义核心价值观，在感情、理念和思想方面增强对习近平新时代中国特色社会主义思想的认同；按照专业要求，系统传授公共基础知识和专业理论知识，提高学生的理论素养；着力培养和提高学生的实践和动手能力。坚持以专业建设为龙头，科学制定和有效实施专业人才培养方案，构建以专业教育为统领的人才培养体系；构建素质教育体系；构建产教融合校企合作体制机制，形成校企合作育人的支撑体系。坚持党建领航，强化各级职业院校的党建工作，充分发挥全体共产党员的先锋模范作用统领高水平育人。形成党委统一领导、党政齐抓共管的工作体系，以"大思政"支撑育人工作开展与创新；着力构建服务型学生体系，全方位提升职业教育学生管理的水平。

二、坚持"校企共育"原则

校企合作是职业教育的本质特征。在政府的牵引和推动下，职业教育产教融合、校企合作的法律、法规和政策制度不断完善，特别是2022年新修订的职业教育法明确规定，要坚持产教融合、校企合作，对深度参与产教融合、校企合作，在提升技术技能人才培养质量、促进就业中发挥重要主体作用的企业给予奖励。产教融合、校企合作已成为我国职业教育改革发展的重要原则，"校企共育"也已成为职业教育人才培养的主要模式和改革创新的重要原则。行业企业正在成为各级各类职业教育办学和人才培养的重要主体。"1+X"证书制度试点稳步推进，产教融合型城市和产教融合型企业、职业教育集团（联盟）的建设和发展，混合所有制的改革，都将推动企业在职业教育人才培养模式改革中发挥更大的作用。未来职业教育人才培养模式的改革，需要各级各类职业院校探索校企共育的新形式、新渠道和新方法，将呈现出百花齐放发展态势，工学结合、理实一体和顶岗实习将成为职业教育人才培养的基本常态。校企共同开发教材、制订人才培养方案和开发教学资源等将日臻成熟和完善。职业院校的专业教师进入企业锻炼交流，行业企业的技术人员、能工巧匠和研发人员入校担任兼职教师将成为常态化发展趋势，并将成为"双师型"教师队伍的重要组成部分。校企共建共享的校内外实习实训基地，将在职业教育人才培养中发挥重要作用。

三、坚持"适应性"原则

增强职业教育适应性是职业教育高质量发展的内在要求，也是推动职业教育助力"中国式现代化"的前置条件。职业教育适应性的着力点是职业教育人才培养模式的适应性，其本质是增强职业教育人才培养的适切性和灵活性，保持职业教育人才培养模式对各类技能习得的包容度和承载力。职业教育人才培养模式的适应性具有普遍性和相对性。职业教育与经济社会发展、产业调整升级和企业人才需求具有较高的关联性，为此，职业教育人才培养模式适应性的普遍性是指人才培养的理念、目标、定位、规格、师资、实训等受生产力发展水平和社会对于职业教育认知水平的制约；而相对性是指职业教育人才培养与经济社会发展、人的发展以及教育自身发展的需求并不是绝对和完全适应的，既可能超前也可能滞后。法律法规、公共政策、技术革新、产业革命、个体需求都会推动职业教育人才培养模式的改革与创新，通过对职业教育人才培养模式构成要素的调节，保持职业教育人才培养与外部环境的发展同频共振。产业链精细化、特色化和差异化对传统职业的内容提出新要求并催生新的职业，复合型技术技能型人才的需求将大幅增加，职业教育人才培养模式需要在理念、内容和方式上发力，不断提升人才培养的系统性和时效性。随着人才培养能力和质量的显著提升，职业教育的社会认可度和影响力将显著提升，职业教育人才培养模式改革将占有主动权，逐步形成充分适应新发展阶段的类型化的培养模式。

四、坚持"面向市场"原则

职业教育是面向市场的就业教育。我国职业教育先驱黄炎培先生曾说："办职业学校最大的难关，就是学生出路。职业教育的最终目的是使无业者有业，使有业者乐业。"市场对人的职业理念、职业行为、职业精神、职业技能和职业规划产生影响。办好职业教育的关键是培养的学生符合市场需要。好的职业教育人才培养模式一定是把面向市场放在突出位置。构建新时代职业教育人才培养模式，既要发挥我国的制度优势，依靠政府"强有力的手"向前推进，也要发挥市场在资源配置中的决定性作用，为职业教育人才培养配置所需的资源。职业教育的跨界属性，决定了职业教育资源必须采取计划和市场的双重配置方式。通过建立和完善职业教育产权制度，强化市场配置职业教育资源的制度保障。职业教育是为特定职业或岗位培养人才，必须面向社会和市场，紧密对接行业企业需求。根据经济高质量发展和个人对于工作和职业的预期调整职业教育人才培养的思维和理念。根据市场供需、职业岗位要求、技术技能的变化调适各层次职业教育人才的目标和定位。根据价值观念、知识变迁、技术升级、职业岗位、工作内容、素质要求的变化及时调整课程门类和课程结构。"做中学"和行动导向仍是职业教育的人才培养的基本方式，随着5G网络的推广，职业教育数字化、智能化和信息化不断推进，线上远距离教学和仿真虚拟平台将成为职业教育人才培养的主要方式。

五、坚持"面向实践"原则

职业教育是面向能力的实践教育，是提高职业能力的重要途径。以"用"为主是职业教育的灵魂。职业教育人才培养模式也要以"用"为主，重点强调技术技能的传承与习得，重点培养实践能力、操作能力、创新能力和创造能力。虽然发达国家的职业教育人才培养模式各不相同，但都把培养学生的实践能力作为核心。构建新时代职业教育人才培养模式必须把培养实践能力作为关键点。要将培养目标转向主动设计的"技术人"，面向未来，主动参与技术设计与创新。要在人才培养特色、人才培养方案、课程资源、"双师型"师资队伍、实践教学体系等方面实现突破，在教学理念、范式、路径与方法等实施变革。要针对产业需求，整合"政、校、行、企"各方面的职业教育资源，面向前沿技术领域，加强针对性应用技术创新。实践教育是职业教育作为类型教育的显著特征之一，是实现职业教育人才培养目标，掌握实践技术技能的必要途径。真实的工作环境、生产一线和操作过程是职业教育人才培养质量的关键影响因素。把课堂设在生产服务一线，实践课时要达到总教学课时的50%以上，确保实习实训的时长和质量，在实践中增长才智、提升技能。未来低层次的简单的重复的技术岗位将逐渐被机器人代替，对于技术技能的层次要求不断提升，因此，在培养能力的同时，将各层次的职业教育与普通教育融通，培养一大批高层次高素质的技术技能人才。

六、坚持"面向人人"原则

职业教育是面向人人的终身教育。职业教育作为提升人力资本、增强职业能力的重要渠道、促进人的全面发展的重要途径和建设学习型社会的重要抓手，在实现教育公平、促进和扩大就业、普及大众技能方面发挥重要作用。为助力人才结构调整、促进社会和谐、保障和改善民生、建设技能型社会，职业教育必须始终面向社会各个群体和个人，不仅要让每个人都有接受职业教育的机会，而且要让每个人通过职业教育拥有人生出彩的机会。职业教育涵盖了中职、专科、本科和研究生层次的学历教育，也涵盖了职业技术培训的非学历教育；涵盖了适龄教育人口的学习者，也涵盖了下岗再就业人员，新型农民，农民工，现役、转业和退伍军人和企业在职员工等全体劳动者，是贯穿人的终身的教育。职业教育人才培养模式要充分考虑个人的教育经历、知识储备、学习目标、所在专业、年龄层次、学习能力的具体性，个人之间的差异性以及个人发展的生成性。要继续坚持"以人为本"，要体现培养德智体美劳全面发展的社会主义建设者和接班人的一般性要求，不同专业（群）的专业性要求和不同层次的差异性要求，还要体现对于不同个人的弹性要求。弹性设计和按需组合基础课、专业课、选修课和实习实训的结构和内容。通过学年制、学分制、学年+学分制、项目制等，线下+线上、虚拟+现实等方式，为"人人皆可成才、人人尽展其才"创造条件。

第四节 新时代职业教育人才培养模式改革的价值取向

所有的教育改革都会涉及到价值问题，在改革前进行价值判断和做出价值选择，从而主导改革的价值取向，驱动、引导和规范改革行为，最终实现改革的目标。"价值取向是价值主体在进行价值活动时指向价值目标的活动过程，反映出主体价值观念变化的总体趋向和发展方向。"[①]在职业教育人才培养模式改革中，必然涉及不同的价值主体，包括政府、行业、企业、科研机构、普通本科高校、职业本科高校、高职院校、中职学校、学生和其他利益相关者，基于自身的需求、偏好和价值，不同主体的价值取向也不尽相同。多元价值取向之间的不一致性会对职业教育人才培养模式的改革形成障碍或阻力，影响改革的进程和方向。因此，在职业教育人才培养模式改革过程中，必须对不同主体的价值取向进行整合，在总体上协调一致，为改革的持续深入推进提供价值统摄和精神支持。

一、培养理念的价值取向

理念层面的价值取向是教育改革实践活动最高层次和具有终极意义的价值追求，是不同价值主体核心价值观的高度凝聚和集中体现。在职业教育人才培养模式改革中，要确立切近职业教育宗旨、承载职业教育使命、反映职业教育主流的社会价值。

（一）自由平等的价值取向

自由是人类从古至今一直不懈追求的理想目标，是人存在和发展的自由，是社会主义国家公民实现全面发展的重要保障。人的自由全面发展是马克思主义的终极目标，是中国特色社会主义的理想目标，是核心价值观的首要追求。实现人的自由全面的发展是任何类型教育的终极目的，自由作为职业教育的核心价值取向之一，也应该在职业教育人才培养模式改革中得到应有的珍视和充分的体现。对于学习者而言，在改革中要进一步破除制约职业教育学习者自由发展的藩篱，激发他们的自主性和主体性，使他们享有发展的主动权，获得更大程度的学习自由，为人才的多样发展创造相应的环境和条件。对于职业教育教师、职业院校和教育行政管理部门，同样也需要"自由"。教师是职业教育人才培养模式改革的

---

① 阮青：《价值哲学》，中共中央党校出版社2004年版，第160页。

主体，在人才培养的实践中不断推动人才培养模式改革。只有教师拥有充分的学术自由和教学自由，才能充分体现他们在人才培养中的主体精神和创新才能。职业教育行政管理部门拥有法定职权范围内的改革自由，根据国家和当地区域经济社会发展的需求，通过政策引导、经费支持、检查评估等方式，促进职业教育人才培养模式改革。而平等是指所有人在职业教育面前一律平等，都享有参与职业教育的权利，分享我国职业教育改革发展的成果，促进社会平等。要保障和扩大考生入学的平等，确保符合报考资格的考生不受民族、性别、年龄、地域等的限制，都有机会参与职业教育考试选拔的权利；要保障和促进职业教育身份的平等，享有平等的受职业教育权和获得同等待遇的权利；要保障和促进职业教育选择权，在专业选择、课程选择、学习方式选择等方面有平等的权利；要保障教育教学活动参与权，能够平等地享有使用职业教育的设施、资源、信息、知识和技能以及发展的机会；要享有被平等评价的权利；要有获得毕业证书、学位证书以及在就业市场上被同等对待的权利。

（二）公正法治的价值取向

公正是指公平和正义，既是人类共同的理想追求，也是维护职业教育稳定发展的必然要求。职业教育人才培养模式改革的出发点和落脚点是促进教育的公平正义以及让每个人都有人生出彩的机会。职业教育人才培养模式改革必须坚持公正的价值导向，使得改革的参与主体被公正对待，教育资源在各类教育间得以公正分配，进而促进社会公正。首先是制度公正，制度和政策要确保各类教育要被公正对待，要反映各方的诉求、协调好各方利益，兼顾一般性与特殊性，通过维护规则的公平性来体现规则的正义性；其次是程序公正，在涉及职业教育人才培养重大利益的关键环节，必须严格按规则办，过程公开透明，确保程序公正；最后是实体公正，人才培养模式改革要面向所有学习者，为他们提供个性化和针对性的学习条件和保障措施，既要确保优秀的学生脱颖而出，也要确保每一个学生获得展现自我和实现自我的机会。法治是人类政治文明的重要成果，是治国理政的目标，是实现治理体系和治理能力现代化的主要手段，是实现职业教育高质量发展的基本保障。要依法管理职业教育，推进职业教育发展和治理的现代化，运用法治思维和法治方式推动职业教育人才培养模式改革。当前人才培养模式改革向深水区推进，利益主体多元化趋势不断加强，各主体之间的关系愈发复杂，更需要以法律为准绳，运用法治手段，规范和制约行政权力，依法配置资源和保障不同主体的权利。教育行政管理应依据"法不授权即禁止"和"法定职责必须为"的原则，在法治的框架下依法依规积极推进职业教育人才培养模式改革。职业院校应依法享有办学自主权，掌握职业教育人才培养模式改革的主导权，在既定的法律法规框架内，在尊重和维护其他主体合法权益的前提下，推进人才培养模式改革；同时按照"法不禁止即自由"的原则，勇于创新，探索建立具有自身特色的人才培养模式。职业教育学习者要积极顺应和自觉遵守培养模式改革的新要求，也要学会运用法律武器保障个人在学习过程中的合法权益。

（三）民主科学的价值取向

民主是人类社会的美好诉求，是社会主义现代化国家的重要特征，实质是人民当家作主。要不断完善社会主义民主推进职业教育现代化，保障和维护人民选择职业教育的权利。职业教育人才培养模式改革，不仅需要凝聚各利益主体的智慧，听取多方面的意见，而且还需要调动各参与主体的积极性和主动性，凝心聚力，提高改革的成功率。在人才培养模式改革中必须充分发扬民主，设计改革方案时，要做好前期全面的调研和充分的论证，主动听取教育管理部门、科研机构、职业院校管理者和一线教师、行业部门、用人单位和职业教育学习者及家长等的意见和建议，找准改革的突破点和路径，制订相应的政策措施；改革进程中，对于遇到的问题或出现的新情况，要集思广益、群策群力，共同研究并提出解决方案，并完善和落实；在改革的经验总结阶段，也要接受职业教育内部和外部，相关利益主体以及第三方评价机构的评价。科学是人类探索、研究、感悟宇宙变化规律的知识体系，科学是严谨的、实事求是的，又是创造的。职业教育人才培养模式改革的科学性是时代的需要，是解决改革中突出问题的需要，是职业教育可持续发展的需要。在改革过程中要充分发扬科学精神，遵循职业教育规律和学习者学习规律，依据技术技能人才成长的一般规律设计方案。要充分论证和制订改革方案，聘请多学科领域的专家学者开展专题研究，形成科学合理的改革实施方案，从源头上降低改革的风险。要广泛学习借鉴，职业教育具有共通性，要努力学习和广泛借鉴国外发达国家和先进地区职业教育人才培养模式改革的经验，结合地区、学校和专业实际进行科学化的改造，探索建立具有区域、本校和专业特色的培养模式；要积极进行试点总结和推广，在改革试点的基础上发现问题，为大面积推广排除障碍，同时要及时总结经验，把好的做法上升为政策措施或成功案例，切实发挥试点"先行"和"引领"的功用。

（四）效率效益的价值取向

效率是指在给定投入和技术等条件下，最有效地使用现有资源以满足设定目标的评价方式。职业教育人才培养模式改革是在一定资源约束条件下更有效率的提高人才培养质量。一方面是提高职业教育资源配置的效率，通过改革盘活现有存量的资源，优化配置教育教学资源，深度挖掘现有教育教学资源的潜力，提高职业教育教学资源的周转率和利用率，不断提高现有职业教育资源承载人才培养的能力。另一方面要提高人才培养的效率。职业教育人才培养过程实际上是一条前后连贯、有机衔接的各级各类技术技能人才的生产线。提高人才培养的效率，要优化人才培养流程，加强培养的过程管理，建立灵活多样的人才培养的机制，在资源投入有限的前提下，实现多出人才、出高质量人才的目标。效益是效果与利益。职业教育人才培养模式改革是不断提升职业教育效益的过程。通过培养模式的改革，培养出的各级各类技术技能人才更加契合社会各行各业的实际需求，能够在社会生产和生活中发挥更大作用，即职业的教育产出是有效的，是更高水平和更优质的。人才培养模式改革应该追求更高的经济效益。对个人而言，接受职业教育后能够改变人生发展的轨迹，提升在人才市场中的竞争力，经济和社会地位显著提高。对于行业企业而言，雇佣职业教育培养出的人才能够提高生产率，增强技术创新和提高管理水平，通过高素质技术技能人才的劳动带来更高的市场效益。培养模式改革还应该追求更大的社会效益，提高国民整体素质和劳动力受教育年限，提升社会的知识化程度和文明水平，促进社会跨阶层流动和保持社会动态相对稳定，丰富不同年龄段的人的社会文化生活，增强国家人才竞争力等。

二、培养目标的价值取向

培养目标层面的价值取向是职业教育本质与职业教育规律的外在表现，是职业教育人才培养模式改革预期达到的、直接的核心价值，育人为本、全面发展、因材施教、提高质量的价值取向。

（一）育人为本的价值取向

职业教育人才培养是育人与育才相统一的过程。而育人是根本，是培养社会发展所需要的各级各类技术技能人才的前提和基础。在职业教育人才培养模式改革中必须坚持育人为本的价值取向，把培养高素质技术技能人才作为改革的核心目标。职业教育正式成为一种类型教育的时间比较短，较之系统化的学术性人才培养体系，是亟待发展和完善的教育类型和人才培养体系。因此，各级职业教育要更加关注技术技能人才的培养，着力加强人才培养模式的改革探索。尽管职业教育的发展中也会带动技术创新、文化传承和社会服务，但育人始终是职业教育的重心。以育人为本，就是要把立德树人作为根本任务，着力推进社会公德、职业道德、家庭美德、个人品德建设，引导职业教育学生牢固树立中国特色社会主义信念、实现中华民族伟大复兴中国梦信心，自觉培育和践行社会主义核心价值观，努力成为新时代"德才兼备、德技并修"的技术技能人才。以育人为本，就是要尊重学生的知识、技能的学习规律，把学生作为职业院校存在与发展的意义。在人才培养模式改革中，一定要贯彻以生为本，依据学生身心发展的特点设计培养方案、教学内容和教学方法，为学生知识学习和技能习得创造优质的环境和条件，帮助学生实现人生的目标和价值。以育人为本，就是要高度依靠教师，加强"双师型"教师队伍和行业企业兼职教师队伍建设，充分调动一线教师从事教学改革的主动性和积极性，充分发挥教师在人才培养过程中的主体性和创造性。

（二）全面发展的价值取向

人的全面发展是发展现代职业教育的目的，发展现代职业教育又是实现人的全面发展的保障和内涵。人的全面发展最本质的是人劳动能力的全面发展，即人的智力和体力的融合发展。职业教育培养的是一个完整的人，是充满智慧和人性的人，不是单向度的人或经济动物，实现人的自由而全面发展是现代职业教育的终极目标。职业教育人才培养模式改革要以全面发展为价值取向，促进职业教育培养的人才在道德品质、知识水平、专业技能、身心素质等全面协调发展。实现全面发展的目标，在职业教育人才培养模式改革中，要实现德育、智育、体育和美育的和谐统一；要实现通识教育与专业教育、理论学习与实际操作、个人品德与职业道德、学历教育与技能培训、学校教育与企业实践相融合；要实现科学教育与人文教育相渗透、显性课程与隐性课程相结合、智力因素和非智力因素相融通、个人发展与社会发展相统一、经验习得与创新创业相协调。

（三）因材施教的价值取向

因材施教是指针对学习者的志趣、能力等具体情况采取不同的教育内容、方式和方法。在职业教育人才培养模式改革中，要充分体现因材施教的价值导向，在维护最基本的教学相关标准之上，高度重视专业化技术技能人才的个性化培养和差异化发展。在招生选拔方面，建立和完善适合技术技能人才的考试选拔方式，开通申请审核通道，使得特殊人才，如偏才、怪才、有丰富实践经验的超龄人才，能够有机会接受所需的职业教育；在培养过程中，结合学生的实际情况和发展方向，制订个性化的培养方案，赋予学生更大的课程、教师、专业等方面的选择权，为特殊、有潜质学生提供专门的重点培养和指导；教师要观察分析学生的学习特点，根据对学生的学习风格有针对性地提供相配的教学方式，引导学生认识自己的学习特点，把学习风格转化为学习策略。在毕业要求方面，对于不同专业、不同方向的学生采用不同的考核方式，毕业设计和学位论文形式亦可多样化。

（四）质量为本的价值取向

质量是职业教育类型发展的生命线，提高质量是职业教育改革的永恒追求和核心价值取向的集中体现，质量也是我国职业教育高质量发展的应有之义。提高人才培养质量、提升职业院校毕业生就业竞争力、提高职业教育的适应性是我国职业教育人才培养模式改革最根本的价值取向。要加快建设和完善职业教育国家教学标准体系，稳步推进实施专业教学标准，通过教学整改进一步落实职业院校人才培养质量主体责任。质量追求不是单一的，而是综合的：不仅要满足经济社会发展对技术技能人才数量和素质的外在需要，而且要满足职业教育学习者自身发展的内在需要；不仅要达成预期设定的人才培养目标，而且培养的人才要在工作实践中达到具体职位或岗位的适切性要求；不仅要在纵向对比中体现质量提升和改进，而且要在横向对比和国际比较中展现卓越；不仅要提高职业教育学习者及父母、用人单位的满意度，而且要提高相关行业、主管部门和全社会的满意度。

三、培养过程的价值取向

职业教育人才培养模式改革过程中，必须紧紧把握职业教育的类型定位、特点和要求，坚持职业导向、分类培养和开放协同的价值取向。

（一）职业导向的价值取向

职业导向是指对于职业选择的倾向性。一方面是指学生基于自己的兴趣和对于未来工作的预期，在选择专业时的倾向，即根据自己未来想从事的工作去选择所学专业；另一方面是指办学机构自身的办学传统、条件、定位和规划以及社会需要和就业市场，在选择开设专业方面的倾向，即根据社会热门的职业岗位设置相关的专业。职业教育培养的人才是以明确的职业导向为目标培养各级各类的技术技能人才，人才培养模式改革必须坚持和强化职业导向，以相关职业领域所需要的技术技能人才为培养目标，强化学生作为未来社会的高素质劳动者和能工巧匠在专业知识、专业技能、专业精神等方面的训练，培养能够胜任职业群或职业带的综合职业素养，为他们将来的职业生涯和终身学习做好多方面的准备。但人才培养模式改革的职业导向不是知识和技术含量低、依靠经验积累的工匠型职业导向，而是需要掌握系统的专门知识和技能、具备创新要素和专业伦理的"专门化、懂理论、能创新"的职业导向。

（二）分类培养的价值取向

分类培养是职业教育人才培养模式改革的必然选择，是必须坚持的价值取向，这是由职业教育自身的特点决定的。第一，职业教育作为一种教育类型，与同一层次的普通教育培养的人才类型是不同的，要求职业教育采取与普通教育相区别的培养模式；第二，职业门类的多样性决定了职业教育专业的多样性，我国目前共有职业1639个，其中新增职业158个，职业教育共开设专业1349个，基本实现了对职业的全覆盖；第三，同一专业由于生源渠道的不一致，可能包括：职业学校的毕业生、普通学校的毕业生和来自社会的其他的学习者，因此，需要根据不同生源状况进行分类培养；第四，职业学校教育的全日制培养方式，也要根据学生的知识结构、学业水平、技术能力、实操水平和不同的专业方向进行分类培养。总而言之，"分类培养是学生个性发展的需要，体现了差异性原则；分类培养是根据社会的多样化需求进行培养，体现了适应性原则；分类培养注重学校特色和专业发展特性，体现了多样性原则"[1]。分类培养对于促进职业教育培养的人才差异化发展、提高职业教育人才培养质量、促进人才供给与社会需求的紧密衔接具有直接且现实的意义。

（三）开放协同的价值取向

职业教育与经济社会发展最为密切，人才培养模式改革中必须进一步扩大开放，与相关政府部门、行业主管部门或协会、企业建立广泛且密切的合作关系，充分整合校内外、部门间以及社会上的资源，形成有效的发展合力，共同促进职业教育人才培养质量的提高。职业教育人才培养模式的开放性主要体现在三个方面：一是向教育系统开放，与普通院校、其他职业院校和科研院所建立合作培养关系，实现教学实习实训的资源共享和培养优势的互补；二是向相关部门、行业和企业开放，充分了解用人单位对人才培养规格的需求，及时调整学科专业结构和招生计划，制订针对性的培养方案；三是向国外开放，积极学习和借鉴国外职

---

① 阮平章：《分类培养是研究生教育发展过程的必然选择》，《学位与研究生教育》2004年第8期，第23页。

业教育人才模式和培养经验，与国外高校和职业学校开展联合培养或设立联合学位项目，提高人才培养水平。职业教育人才培养模式的协同性强调的是基于人才的共同诉求，打破职业院校、政府、产业或行业、企业以及科研院所之间的壁垒，促进资金、师资、信息、技术等要素的有效配置及充分共享，通过加强各个培养主体之间的多元协调和沟通，最大限度地实现人才培养全过程的创新。

四、培养实施的价值取向

实施层面的价值取向是指在推进职业教育人才培养模式改革的过程中如何选择策略和方法的价值导向。尽管不是职业教育人才培养模式改革中最核心的价值追求，但改革的目标、功能和价值的实现至关重要。

（一）统筹兼顾的价值取向

从内部来看，职业教育人才培养模式改革是一件涉及职业教育大系统自身的全要素的事情，需要通盘考虑和整体考量，统筹协调好内部各要素之间以及各要素与系统外部的关系，以便形成稳定的内部结构和完善的内外功能的新系统。从外部来看，职业教育人才培养模式改革不是闭门造车，需要源源不断从职业教育之外的大的外部系统获取物质、能量和信息，离开了其他系统的支持和推动，职业教育人才改革会成为无源之水、无本之木。因此，在人才培养改革过程中要有全局意识和大职教观，统筹协调好各要素之间关系，全面兼顾和处理好各方面的利益。第一，要统筹兼顾参与职业教育人才培养模式改革的各主体以及各主体之间的利益关系，设计出各方主体都能接受的方案，减少改革的阻力，有利于更好地推进职业教育人才培养模式改革。第二，要统筹兼顾不同层次职业教育人才培养模式之间的关系，在不同层次之间建立合理的资源调整和配置机制，形成互惠互利、相互贯通、彼此支撑的发展生态系统。第三，要统筹兼顾职业教育人才培养模式内部各要素之间的关系，使各要素形成具有相对闭合的整体结构的功能耦合体，并在推进改革的过程中可以根据外部环境、内部进展以及不同阶段进行动态调整，使各要素相互配合，形成不断把改革推向前进的合力。

（二）循序渐进的价值取向

职业教育人才培养模式改革不是一蹴而就的，也不是一帆风顺的，在推进改革的过程中会碰到各种各样的问题，既有尚未解决的老问题，也有环境变化产生的新问题。如果不考虑职业院校的现实基础和基本条件，不考虑对职业教育人才的需求情况，过多地依靠行政强有力的手推行，改革的效果可能不会像预期想象的好，甚至会走向改革的反面。职业教育人才培养模式改革与经济社会发展、产业转型升级、对高质量置换职业教育的需求以及个人发展和自我实现密切相关，一定要系统规划和整体布局，试点先行，循序渐进。改革具有一定的迟效性，需要在改革过程中不断总结试点的经验和教训，在条件成熟的基础上稳步扩大试点范围，全方位推进。作为职业教育人才模式改革实施主体的职业院校和技师学院，一定要实事求是，从自身的办学实际出发，既要考虑到人才培养模式改革的办学资源、办学理念、培养观念、师资队伍、实训条件等，还要考虑到人才培养模式改革的阻力和成本，有计划、有方案、有步骤地向前推进和不断完善。

（三）因地制宜的价值取向

职业教育人才培养模式改革的核心目标是为区域经济社会高质量发展输送大量适用的不同类型不同层次的技术技能型人才。不同地域特点、不同经济社会发展水平、不同产业结构、不同行业企业，对职业教育培养人才的"数量"和"质量"、规格和定位的要求也不尽相同。因此，在推进职业教育人才培养模式改革的过程中，一定要因地制宜、因企制宜、因校制宜，确定差异化的人才培养目标，瞄准不同类型和不同层次的技术技能人才的目标细分市场，实行差异化竞争，培养具有专业特色的、满足行业企业发展需要的、具有较高竞争力和较强适用性的技术技能型人才。"因地制宜"是指在改革中要密切关注所在地或本区域的技术技能人才市场需求状况，关注行业企业发展的基础和动向，积极与当地政府、行业广泛有效的合作，获取职业教育人才培养所需的支撑条件，实现政产学研深度融合和高效协同，大量开展委托式、订单式、现代学徒制和新型学徒制等多种途径培养技术技能型人才，实现人才的培养链与产业链、技术链、创新链和就业链的连贯性和一体化。"因企制宜"是指在校企合作中，要根据企业所处的行业、所有制结构、发展规模、发展阶段、技术水平、人力资源结构等情况，采取不同的合作形式，通过"引企入校""引校入企""委托代理""混合所有制"等多种途径开展深度合作，努力打造校企之间的命运共同体。"因校制宜"，就是不同层次的职业院校要认清自己的专业、资源和技术优势，在职业教育人才培养模式改革中，确定适合本校实际的目标、策略、路径和方法，在某些专业或专业群形成比较优势和特色优势。

第五章　新时代职业教育人才培养模式改革的展望

步入新时代以来，我国社会文化、经济等方面获得了高速发展，不仅日益满足国内基本发展需求，还在国际竞争中争得了有利地位。综合国力的提升需要靠高质量人才来实现，而职业教育作为高质量技术技能人才的孕育点，在满足国内社会发展、提高国际竞争力方面发挥着不可替代的作用。因此，顺应国家发展的宏观诉求，加快人才培养模式改革，是新时代我国职业教育的首要任务。近年来，国家不断出台新政策，持续加大对职业教育的关注和支持力度。展望未来，我国职业教育人才培养模式改革应朝着构建中国特色学徒制、推行中国特色企业新型学徒制、构建以学习者为中心的职业教育人才培养模式这三大方向继续推进，不断提高我国职业教育的专业性，创新人才培养模式，适应新时代发展需要，为建成科技强国、人才强国，实现伟大复兴中国梦输送高素质中青年人才。

第一节　构建中国特色学徒制

中国特色学徒制从最初的起步构思，到全国多地的试点探索再到全面推广的过程，逐步形成了具有中国特色的现代学徒制，它是结合我国职业教育的发展从实践中形成的具有中国本土化特色的制度。党的十九届五中全会通过的《中共中央关于制定国民经济和社会发展第十四个五年规划和二〇三五年远景目标的建议》提出："加大人力资本投入，增强职业技术教育适应性，深化职普融通、产教融合、校企合作，探索中国特色学徒制，大力培养技术技能人才。"它明确了我国要推行中国特色学徒制，并对中国特色学徒制以法律形式进行确立。中国特色学徒制是新时期根据社会发展的需要结合学校和企业双方联合育人机制的一种创新，它顺应中国职业教育改革发展的需要，可以提升学徒培养质量，助力产教融合，加快技能型社会的建设。中国特色学徒制在发展的过程中仍存在着制度规范不健全、多主体间合作不协调等挑战，为此，要在中国特色学徒制推广的过程中把握学徒制发展的规律和趋势，全面推进中国特色学徒制高质量发展。

一、中国特色学徒制的内涵和特征

（一）中国特色学徒制的内涵

学徒制是一种劳动生产制度，是指徒弟在进入某个行业初期，由师傅带领一起工作，在这个过程中，师傅向徒弟传授知识、技能，从而使徒弟熟练地掌握某种技艺，以达到传承的目的。后来英国、德国等国家根据本国教育和职业发展的现实尝试将学徒制融入现代教育中，产生了现代学徒制。尽管现代学徒制的实现形式有很多种，但在一定程度上都是校企深度融合的一种教育制度。

中国特色社会主义进入新时代，中国特色学徒制为了顺应新发展格局，建设技能型社会、培养高质量人才，对原来的现代学徒制进行继承和发展，并在借鉴西方现代学徒制建设的经验和制度基础上，将"高层次""高质量"等新时代内涵融于其中。所以中国特色学徒制是基于现代学徒制在中国背景下具体实施所呈现出的独特形式，具有学徒制一般性和中国特色两方面特征，是对当前新发展格局和技能型社会建设的响应。中国特色学徒制是以现代学徒制进行融合创新的中国现代职业教育体制，是在中国社会经济环境下的本土化实践。

（二）中国特色学徒制的特征

1. 人才培养的性质具有中国特色

学徒制有其本质属性，这种属性可以说是一种共性，是所有国家学徒制都具有的显著特点。在实行学徒制的过程中，需要考虑共性与个性的关系，依据中国国情采取学徒制不同的实现形式，从而表现出与其他国家不同的内容，这就是具有中国特色的学徒制。每个国家在政治制度、经济发展水平、历史传统、社会观念等方面形态各异，学徒制必然不能照搬其他国家的模式，中国特色学徒制在制度的建立、校企合作的运行过程等方面都需要体现出鲜明的中国特色。

自古以来，人才的培养都是为本国家或地区的经济社会发展所服务的。当然，中国特色学徒制也不例外。中国特色社会主义发展进入新时代，我国所面临的国内外形势发生了深刻的变化。在此情况下，我国正在向高质量发展转变，人是推动发展的重要因素，而高质量人才对于经济社会的发展更是不可或缺。我国以习近平新时代中国特色社会主义思想为指引，制定了一系列有关中国特色学徒制的政策文件，在不同地区进行试点，为我国经济社会的发展培养高质量的技术技能型人才，使人才的产出满足社会的需要。中国特色学徒制是结合中国社会的具体情况而制定的，具有鲜明的中国特色。始终坚守"为中国人民谋幸福、为中华民族谋复兴"的初心使命，坚定不移走中国特色社会主义职业教育发展道路，体现出其鲜明的中国性特征，始终为全面建设中国特色社会主义现代化国家所服务。在学徒的个人发展方面，坚持以人为本的理念，进行育人育德综合性培养，致力于学徒知识的积累和技能的提高，从而实现人的全面发展。

2. 人才培养质量的高水平

21 世纪以来，一些发达国家实行了"再工业化"战略，另外随着经济全球化的影响，资本、技术及劳动力在全球范围内流动加剧，一些国家生产成本不断降低，国际竞争更加剧烈。我国也加速了产业转型升级的步伐。然而，产业转型升级对高素质人才的旺盛需求与传统学校职业教育的力不从心产生了矛盾。我国从中国特色学徒制的提出到试点以来，一直在致力于解决这个复杂的问题，承载着以更高办学质量助力我国产业升级转型的重要使命。

当前我国全面进入"高质量发展阶段"，国家颁布了《国家职业教育改革实施方案》《关于推动现代职业教育高质量发展的意见》等一系列文件加快推进职业教育的高质量发展，中国特色学徒制高质量办学的任务尤为凸显。探索中国特色学徒制，除了关注"特色"，还应该注重发展的高质量。高质量办学是中国特色学徒制建设的核心，是贯彻建设全过程的追求，无论是在政策制订、试点探索，还是职业院校和企业的实践中，高质量始终是各主体共同追求的目标、以期实现的发展愿景。

关于高质量，主要是从学徒、企业、职业学校和社会等多个角度综合考虑。以学徒知识的培养和技能的提高为逻辑起点，高质量的中国特色学徒制应满足上述不同利益主体的需求以及促进社会的发展。高质量对于学徒来说，中国特色学徒制应使学徒掌握必要的知识与技能，在此基础上获得相应的资格证书，从而使学徒找到与所学专业相适应的工作，快速进入社会，并注重学徒的可持续发展，建立终身学习的观念，为学徒的终身发展奠定基础。对于企业来说，要通过学徒制解决劳动力与企业需求不匹配的情况，为企业培养高质量的人才，通过与职业院校的合作，提高人才培养的质量和效率，降低人才培养的成本，提高员工的忠诚度，满足企业的劳动力储备需要。对于职业学校来说，要提高职业学校办学的质量，提高教师队伍的质量，形成办学的特色，吸引更多的校外优质资源，提升办学美誉度。对于社会来说，通过学徒制将学生进行合理的分流，满足社会对职业人才的需要，改变人们以往对于职业教育的偏见，增强职业教育的吸引力。高质量的中国特色学徒制还应能促进教育公平，在降低失业率，维护社会稳定方面起到重要的作用。中国特色学徒制还应在提高社会生产力、满足社会发展的需要等方面发挥重要的功效。

3. 人才培养主体的多元性

中国特色学徒制培养主体的多元性大致可以划分为两部分：一是以政府和第三方机构或组织为主体，这是一种以管理、监督与评价为核心的外部治理；二是以学校、企业、学徒个体直接参与学徒制过程为主体，是一种校企双元育人为核心的内部治理。中国特色学徒制需要政府社会、学校、企业等多方的共同合作来培养高素质人才。在这个过程中，政府要组织好中国特色学徒制的试点工作，进行经验的总结和普及，通过出台一系列相关的政策，让中国特色学徒制走向法治化的道路，并在此过程中出台相关的优惠政策，提高企业参与中国特色学徒制建设的积极性，降低企业培养人才的成本，还要对校企合作协同育人的成效进行适当的监督与评价反馈。

学徒、企业与学校三者作为学徒制直接参与的主体，对于学校与企业的关系，双方通过根据有关规定订立合同等形式的契约，实现招工招生的一体化，双方共同参与学徒培养的全过程，学校与企业要共同承担教学任务，进行人员互聘和双向挂职，进行专业团队的建设，加强双向师资的力量，在各个领域进行深度的专业建设和联合技术研发。此外，还要注重合作的持久性。只有从宽领域及持久性的合作出发，才能实现校企双方系统地、高质量地培养新时代技能技术型人才的目标。对于学徒个体与企业的关系，双方签订劳动合同，由企业的师傅对学徒的技能进行专业技能的培训，使学徒参与学校理论学习和企业岗位培训相结合，实现学徒人力资本积累和使用。

二、构建中国特色学徒制的意义

（一）顺应中国职业教育改革发展的需要

2019年，国务院印发《国家职业教育改革实施方案》，明确了职业教育与普通教育的同等重要地位，职业教育为我国经济社会发展提供了有力的人才和智力支撑，提出完善国家职业教育制度体系、构建职业教育国家标准、建设多元办学格局等多项重要要求。同年5月，教育部发布《关于全面推进现代学徒制工作的通知》，指明了推进现代学徒制的目标要求，要以习近平新时代中国特色社会主义思想为指导，全面贯彻党的教育方针，落实立德树人根本任务；明确了工作重点并且制定了组织实施的方案，全面总结推广工作经验，这对于我国进一步培养高质量技能技术型人才的发展具有重要的意义。

2021年4月，全国职业教育大会提出了推动技能型社会建设的创新理念和重大战略，提出要"坚持立德树人，优化类型定位，加快构建现代职业教育体系"，要一体化设计职业教育培养体系，深化"三教"改革，提升教育质量。要健全多元办学格局，细化产教融合、校企合作政策，探索符合职业教育特点的评价办法。各地各部门要加大保障力度，提高技术技能人才待遇，畅通职业发展通道，增强职业教育认可度和吸引力。

2022年5月1日，新修订的《中华人民共和国职业教育法》正式实施，其中明确提出推行中国特色学徒制。新职教法的实施，为中国特色学徒制提供了制度保障，使学生学徒双重身份具有了一定的合法性，能够进一步理顺职业院校和企业的关系，明确双方在协同育人中的权力和义务，令各方主体的利益得到了充分的保障，这对于中国职业教育的发展具有重要的意义。

在政策层面，不断加强对现代学徒制的政策支持，形成了中国特色现代学徒制制度体系；在理论层面，通过前期对中国特色学徒制试点的建设，总结经验，探索中国特色学徒制建设和发展的规律；在实践层面，政府、企业和职业院校等多元主体积极探索学徒制，为中国特色现代学徒制的实践提供了参考方向。

（二）推动职业教育高质量发展的需要

通过学徒制培养的人才，具有能够适应一定职业的专业性，为社会的发展提供大量的高素质劳动力，能够加速专用性人力资本积累，有效提升人力资本生产要素质量，职业教育适应性得到增强。推行中国特色学徒制的根本目的，是要为社会主义的建设服务，在学徒的培养过程中，校企双方将职业精神与工匠精神融入教学过程，培养具有家国情怀、爱岗敬业的社会主义建设者和接班人。同时，通过中国特色学徒制所培养的学徒，比以往职业院校单一的人才培养模式更有效，它可以最大程度将理论知识的学习与实践操作相结合，其更注重岗位培训的特点在一定程度上缓解了人才和岗位不对称的情况，增强了学徒对岗位的匹配性和适应性。学徒制是学生成长成才的重要路径，是实现发展人、成就人，培养高素质人才的重要步骤。

职业教育的发展，特别是高质量发展，一个重要的指标就是人才培养的质量，这是中国特色学徒制建设的重要目标。在正确方针政策的指导下，建立中国特色学徒制为人才的培养提供了前提保障。校企双方要提高办学质量，增强吸引力，就必须落实中国特色学徒制，基于国家职业教育改革的需要，抓住职业教育大发展的机遇，将各自的资源进行系统整合，发挥出最大的教育合力，为学徒的学习和岗位培训提供最大的物质条件支持。通过学校和企业的协同育人，实现人才的全面发展，从而推动职业教育的高质量发展。

（三）助力产教深度融合的需要

国家出台了一系列助力产教融合发展的政策，地方院校和企业在实施中国特色学徒制的过程中也积极响应。政府积极引导学校以学徒制为新的培养模式，贯穿产教融合的主线，加强与企业的项目合作。政府、企业和学校在推动中国特色学徒制稳步发展的进程中，认识到产教融合对各自发展的利好性，在认知层面，高度重视产教融合发展。凭借产教融合的跨界优势，深化人才培养和科技成果转化，助推职业学校教育形态的变革及企业创新发展。可以预见，全面推行现代学徒制将成为我国职业教育深化校企合作、产教融合的强劲推力。

对于校企合作方面，以往的合作往往只停留在浅层次，要么在学校里进行教学，要么在企业进行能力的培训，人才培养路径游离于产业发展的现象较为普遍，并没有在深层次互相融合。"职业教育"从名称上也可以看出来是"职业"和"教育"的结合，这就需要同时遵循职业规律与教育规律，打破传统的职业固有思维。中国特色学徒制打通了学校与企业分工间的高墙，一方面，学校可共享企业优质资源，信息互补，为教师提供接触企业的机会，加强教师与企业间的交流，更充分地获取行业发展一手信息，了解行业的需要，更有针对性地组织教学内容，更好将经验收获运用于教学实践，促进教师在授课过程中更加贴近实际，让学生的学习和培训在学校和企业之间交替进行，进而为现代企业发展提供高质量的技术技能人才；另一方面，企业可以按照一定的需要筛选符合条件的学员，按照自身需求培养兼具高技术技能和企业文化认同感的高质量"准员工"，摒弃固有的传统培训模式，利用企业开展员工培训的方法经验，让学生在真实的岗位上以实践模式开展教学，提高学生培养的质量，增强员工的归属感。中国特色学徒制实现职业学校和企业资源的深度整合，推动高校教育改革，可以培养服务于地方经济产业转型升级和发展的技能型人才，助力"产教融合"。

三、推行中国特色学徒制面临的挑战

（一）标准化的规范不健全

探索学徒制培养标准，制定学徒培训规范，是判断学徒制是否完成育人目标的关键。《国家职业教育改革实施方案》指出，要发挥标准在职业教育质量提升中的基础性作用。标准是实施中国特色学徒制的重要基础和依据，推进中国特色学徒制高质量发展，需要制定完善的制度体系，当前我国现代学徒制进行了初步的探索，现在正处于全面推广阶段，但在制度方面亟待进一步进行规范。

在试点阶段，我国一些院校和企业合作，对学徒培训的期限、培训课程中的教学大纲、进度计划和考核要求等方面进行了一定的探索，开发了部分现代学徒制的岗位标准和人才培养方案，但是不同地区、不同机构开发的学徒制相关标准与实施方案，同一机构不同专业开发的学徒标准与实施方案形态各异、缺乏规范。开发的主体、依据和方法不同，开发出来的结果也不同，难以确保学徒制培养高质量人才目标的实现。我国的学徒制缺少开发学徒标准的院校和企业的资格要求，缺乏开发学徒标准的方法和框架建议，所开发出来的标准往往只是体现了部分学校和企业的需要，难以适应不同学校、企业及学徒等多方主体的具体需求。

在育人方面，许多企业由于经验匮乏，对于人才的培养能力还较为薄弱，"双师型""教练型"师傅队伍的建设在试点过程中呈现出不同的特点，还未建立统一的标准，造成各试点企业的师资队伍参差不一，特别是缺乏一支生产技术经验和培训经验都十分丰富的团队。

学徒标准作为统一规定或要实现的目标，是决定学徒制成败的重要因素。中国特色学徒制缺少标准化规范，不利于人才培养的顺利实施，我们国家职业教育在学徒能力的培养、校企双方的协作和助力社会主义现代化建设方面都面临着严峻的挑战。所以我国在中国特色学徒制实施方面还有许多标准和规范需要制定，在此方面，德国、英国、澳大利亚等国家的学徒制建设都取得了一定的成效，我们可以对其优秀部分进行借鉴，在教学方面制定具有中国特色学徒制特点的教学标准、课程标准等，在制度上规范学校和企业合作的身份地位、建立全方位多层次的学徒培养质量评价标准，使学徒标准真正能够发挥方向性的指引作用，促进中国特色学徒制的持续发展。

（二）多主体间的合作不协调

根据中国特色学徒制前期探索的实践表明，中国特色学徒制在推行的过程中存在着多主体间合作的不协调问题，主要表现为政府行业主管部门管理不到位、校企合作不深入、第三方机构失位等情况。

对于政府部门来说，我国虽然出台了多项政策来支持中国特色现代学徒制的发展，但是这些政策只是笼统地规定了中国特色学徒制的发展方向，并没有在具体方面对中国特色学徒制的发展进行明确，比如没有明确学徒制在我国的合法地位，也没有通过法律的形式确切地划分职业院校和企业双方的责任和义务，从而使双方在执行中国特色学徒制建设的过程中缺乏强制性的约束，造成各地方试点学徒制建设的形态各异。任何制度的推行都需要有相关的配套政策来配合，国家和地方各级政府尚未建立健全扶持现代学徒制实施的法律体系与相关政策，配套制度不够完善，政府在推动中国特色学徒制建设和发展的过程中还需发挥更大的协同作用。

在校企合作的过程中，职业院校传统的育人模式已经根深蒂固，一些职业院校尚未转变传统的育人思想。职业院校与企业之间的合作是依靠合同的形式来实现的。依托于这种合同校企双方所进行的资源共享、教师互派交流学习及学徒进入企业实习等形式只能停留于联合育人的表层，且这种协议形式的人才培养是有期限的，缺乏长期发展的可持续性，真正的深层次合作还需在教学、课程、教材、技术等方面进行全方位的对接。从另一个方面看，职业院校是以学生为对象传授知识、提高技能，实现人的发展为目标的教育组织，强调学徒面向社会和现代产业的适应性和可持续发展能力。而企业是为了追求利益，以现实效益最大化为目标的社会组织，其功利性比较强，需要的是在短期内以最小的成本培养出急需的技术技能人才。这两种属性完全不同的组织就从根本上决定了两者协同育人中存在的矛盾。企业在中国特色学徒制中作为重要的育人主体，参与合作的积极性一直不高，对企业来说，利益是第一位的，这种截然不同的理念在育人中也会表现出不同的行为。企业对学徒的培训，需要花费大量的人力、物力和财力，但是其回报与投入不一定成正比，存在人力资本投资的风险。人才的培养并不是一蹴而就的，需要一定的时间，学徒真正成为企业的员工在时间上具有滞后性，而且自己花费力气所培养的员工，还具有跳槽风险，相比来说，企业直接从其他企业"挖人"更能够节省人才培养的成本。因此企业面临一定的潜在风险，往往参与联合育人的意愿会更低。

学校和企业在性质上的本质区别决定了二者在根本目标上很难趋于一致，这就需要有一种作为桥梁和纽带的组织将二者联系起来进行沟通协调，加强二者的合作。这种组织就是行业协会，但是我国的行业协会相较于西方国家来说发展历史较短，完全规范的行业制度和标准还未完全建立，我国的行业协会大部分在本质上还是依附于政府，出现权力重叠和职能不明的状况，其对于学校和企业的中国特色学徒制发展只是具有沟通协调和建议的权力，它对于学徒制发展效果的监督与评价作用尚未完全发挥，在执行上并没有强制性的权力。所以这就导致我国的行业协会或者一些第三方组织的社会公信力较低，其在中国特色学徒制发展的过程中还有很大的发展空间，在建立行业标准、加强监督与评价、建立学徒制信息管理系统等方面任重而道远。

中国特色学徒制涉及多个利益主体，需要建立完善规范的运作机制才能保障其协调地运行。但我国在机制体制的建设方面还有一段路要走，政府、职业院校和行业企业在管理机制、保障机制、评价机制、激励机制等方面还需进一步探索建立和逐步完善。

（三）人才培养的机制不完善

中国特色学徒制不同于以往一般的校企合作，其需要校企双方在联合招生、培养过程和评价考核等方面深度合作。学校不是人才培养过程的主导者，同时企业也不是学校的辅助者，他们在学徒制中发挥同等重要的作用，都是不可替代的重要主体，它们需要贯穿从招生到人才产出的全过程。

在"招生即招工"的过程中，发挥主导作用的更多是学校，学校按照自己的标准进行招生。然而，学校与企业对于学员的标准是不同的：学校更多的是关注学生文化知识课的掌握情况，但是对于企业来说，不仅要求学员有扎实的基础知识，更重要的是学徒的实践和操作能力。在这个过程中，企业所发挥的作用十分有限，对于学员的招收缺乏主体性的认识。

在课程管理方面，学校依然更重视理论课程的学习，重视知识的积累，未赋予实践性课程同等重要的地位，对于实践性课程的设计和实施在深度和广度上未达到要求。实践性课程的设计没有充分体现出高技术技能型人才所需要的职业素养，其和理论课程的结合不够紧密。在教学管理方面缺乏完善的规章制度，一些企业没有制定相关的教学管理制度，只是根据以往的经验传承进行教学，也有一些企业参照学校的教学制度进行管理，但是由于学校的理论教学和企业的实践教学存在一定的差异性，所以学校的教学管理制度并不适合企业的教学。关于学生的成绩评价，主要是在学校里做出的，主要是以试卷的方式来考核学生对于基础理论知识的掌握，或通过撰写研究报告和论文等；对于学生在企业实习效果的评价缺乏客观的标准，评价形式单一，多为某项实践技能的单一测试，综合性的操作和职业技能等级认定评价还未全面普及，并不能针对技术技能型的人才培养目标进行全面考核。

（四）社会的认可度不高

尽管我国在大力推进中国特色学徒制的建设，但是社会公众对于学徒制的社会认可度普遍不高，这也是制约中国特色学徒制发展的一个重要因素。中国特色学徒制的目的是培养高质量的技能技术型人才，以适应社会发展的需要，但是社会公众的认同感低，这就造成进入中国特色学徒制学习的学徒数量少且质量低。在之前，一些无法通过文化课选拔进入普通高中的学生会进入职业学校学习，所以职业教育一直被社会公众看作社会的兜底教育，这种根深蒂固的观念对职业教育的发展产生了很大的影响。

根据中国特色学徒制前期探索与实践可以看出，学徒制社会认可度不高的原因主要集中在以下几个方面：一是传统观念的影响。人们普遍认为，学习就是在学校里学习文化知识课。而在职业学校的学习并不被社会大众所接受，并不会把这种教育看作一种真正意义上的学习。由于中国特色学徒制是一种新兴的学习模式，人们对于它的特点缺乏基础的了解，对于学徒制的优势认识有限，人们的思想并未彻底转变，所以对于在学校和企业进行交替学习培训的中国特色学徒制的认同感不强。二是学徒制的学历"天花板"效应。由于中国特色学徒制在我国的实践探索时间不长，且主要在中职和高职层次开展，学历"天花板"效应明显。社会公众普遍认为，经过普通高中学习升入大学的学生拥有更多发展的机会，而经过职业教育学习的学生毕业后只能进入企业，其未来发展的可能性较低。我国在促进职业教育与普通教育的学习成果融通、互认方面还需进一步加强，发展职教本科，以此提升职业教育地位。三是部分参与中国特色学徒制的企业没有明确的准入标准，为学员提供的培训条件和师资力量较差，缺乏联合培养的经验，从而使参加中国特色学徒制试点建设的企业的培养水平参差不齐，培养的学生质量也未必能达到社会对于人才需要的标准，为此，学徒对于企业的信任度不高。

四、探索中国特色学徒制的路径

（一）建立中国特色学徒制标准体系

标准决定质量，只有建立高质量的标准体系，才能培育出高质量的技术技能型人才。中国特色学徒制要依据新时期职业教育高质量发展的要求，遵循育人和人才发展的客观规律，在教学标准、课程标准、岗位实践标准等方面进行探索，建立中国特色学徒制标准体系。

1. 教学质量标准

中国特色学徒制实现了由以往学校单一主体培养的教学模式向校企合作"双主体"的培养模式转变，所以要建立校企"双导师"标准，将课堂教学与岗位培训进行充分的融合，使学徒可以在学中做、在做中学。对于教学，要充分发挥学校和企业的教育作用，充分利用两个场所的各自优势，由学校的教师向学生讲授专业知识，由企业的师傅传授相关的技术技能，将二者有机融合。参与培养的企业必须具有向学徒传授职业所需的知识和技能的能力，具有必要的设施和设备，所提供的学徒岗位能满足学徒培养的基本要求，这就涉及学徒岗位、实训场所、设备设施等资源在内的标准体系。学徒培养的内容要体现出鲜明的时代性，要根据社会的需要对学徒传授相关的知识和技能，学校和企业进行知识技能的对接，并且要具有一定的前瞻性，对知识体系进行及时的更新，从而形成新的内容体系。要加快建设涵盖学徒制培养全过程的学徒制质量标准，形成学徒制框架体系。

2. 评价体系标准

评价体系是保障人才培养质量的关键。职业院校和企业作为学员培养的重要主体应积极协调政府相关部门以及相关行业对中国特色学徒制本身的发展以及学生的学习效果进行评价，建立规范的评价体系。

首先是对于中国特色学徒制项目本身的发展的评价。其评价的主体主要为政府部门以及相关行业协会，同时二者也起到一定的监督及建议的作用。通过政策文件等方式赋予评价主体相关合法性，定时对中国特色学徒制的发展做出定性和定量评价，为职业学校和企业更好地联合育人提供一定的建议。关于校企对中国特色学徒制的具体落实情况的评价，要构建起贯穿学校教育、企业培训全过程的评价认证体系。关于评价的标准，要看是否促进了学生知识技能的提升，促进了学生全方位的发展，是否为社会培养了所需的高质量的技术技能型人才。在评价的主体方面，要将学生自评和双元教师评价结合起来，主要涉及学生自身、学校教师、企业师傅。由教师、师傅在教学和实践过程中对于学生的表现进行记录作为评价的依据，对学生在学习过程中的发展提高和最终所达到的成绩进行综合评价，并将评价结果及时反馈给学生，为学生不断进行自我调整提供依据。

（二）健全多方治理体系

随着新职业教育法的颁布和出台，政府要按照新职教法的规定进一步将政策进行细化，将方向性的指导转变为具体可执行的行动方案，并落实到中国特色学徒制建设的方方面面。政府相关部门要做好统筹工作，建立健全政策保障机制，平衡各个主体的利益，需要进一步明确学校和企业在参加中国特色学徒制过程中的权力和职责，提高二者的主动性。另外，政府要通过设立专项基金、奖励性补助和税费减免等优惠政策，降低企业在学徒制的人才培养中的成本，对企业积极投入学徒制的建设增强吸引力，解决学校和企业在根本目标上的利益冲突。

中国特色学徒制要以校企互利共赢为目标导向，着力打造校企命运共同体，提升职业教育吸引力，由企业和院校联合培养高素质的技术技能型人才。构建校企命运共同体，进行协同育人，就要促进双方的目标趋于一致。中国特色学徒制要实现学校和企业的互利共赢，就要有明确的价值引导，辩证地看待学校育人目标与企业利益导向的冲突，寻找双方利益的最佳平衡点，增强双方的价值认同。

建立健全国家及地方专家队伍，指导学徒制工作开展，对中国特色学徒制的运行情况进行及时的评估并进行政策咨询，给出专业的建议，助力中国特色学徒制的高质量发展。专家团队要研究行业协会、第三方社会组织等如何有效参与学徒制，要为这些社会组织赋予什么样的社会权力及地位；要怎样发挥工会作为维护和保障职工合法权益的组织优势，切实保障学徒各项权益。在明确之后，要加快培育学徒制第三方服务机构，构建政府、行业、学校、企业和社会等共同治理的协同机制。行业协会及第三方组织是独立于学校和企业之外的，要加强行业协会的能力建设，协助政府制定和实施学徒制的行业标准、学徒岗位标准等，要保障其独立性，并且在学徒制的发展过程中将学校和企业连接起来，并且对学徒制的现实执行情况进行有效的监督和评价，推动中国特色学徒制高效实施。

（三）完善学生管理机制

1. 明确学徒身份

《中华人民共和国职业教育法》的修订和实施，进一步完善了职业教育类相关政策和法律法规，学校和企业双方在具体执行的过程中，应根据企业和学校的实际情况来做出细微的调整，使其更具有针对性。在"招生招工一体化"之初，就要建立学徒档案，针对学生个性特长和职业规划对其分配师傅进行指导，企业要与学员签订合同来确定自身的合法地位，在合同中明确规定学徒在企业培训的年限以及所享受的福利待遇，甚至在合同中明确学徒毕业后正式转入企业的条件和考核标准。

2. 健全学生管理制度

没有规矩不成方圆，制度是展开中国特色学徒制的全部工作的基础。中国特色学徒制的教学在校企交替展开，学生管理的难度相较于以往职业院校单一培养学生的模式大大增加。所以应当根据以往制度建设的经验，健全学生的职业道德制度，在日常学习和培训中的学生考勤制度、学习规章制度、考试评价制度等。另外，企业还应建立相应的学徒报酬制度、安全管理制度等来保障学徒的合法权益。通过完善学生管理制度体系，为教师和师傅的教学与过程管理、学生的学习生活管理提供指导，提高人才培养的质量。

3. 建设学生管理队伍

由于学生是在学校和企业交替进行学习和培训，所以对于学生的管理主要由学校的教师和企业的师傅两方面来承担，学生干部起到一定的辅助作用。学校中学生管理的队伍主要包括：辅导员、班主任和各科任课教师；企业中主要包括学徒师傅和企业管理人员；学生干部主要由本班的学生担任。要明确各个学生管理部分的职责与权限，进行明确的分工，学校教师要关注学生基础知识的学习情况，要定期进入企业与企业的师傅进行交流，针对学生在企业的培训状况进行及时的沟通交流，以便在生活上和心理上对学生进行指导和帮助。企业的师傅要向学徒传授岗位所必备的相关技能，提高学生的实践操作能力，关注学生的生活，对学生的培训成果进行真实客观的评价。学生干部既是学徒，又是学生的管理者，其作为学校教师与企业师傅连接的桥梁要配合好双方的工作，协助学校和企业开展学生的管理工作。

（四）加强宣传与引导

对于职业教育的传统认知，是影响中国特色学徒制吸引力的一个重要因素。政府、学校、企业和行业协会等各个主体要加强对学徒制的宣传，及时普及学徒制的发展建设的成果，让社会公众更确切地了解学徒制在我国的合法地位，强化岗位培养在职业教育体系中的作用，建立起"岗位"培养等于学习的社会认知，了解中国特色学徒制对于个人就业和对促进社会发展的重要意义，提高社会公众对于校企联合育人的认可，增强中国特色学徒制的吸引力。

在试点阶段，由于不同的企业的学徒容纳数量不同以及所培养人才的规格标准不同，造成人才培养的水平参差不齐。所以要提高参与中国特色学徒制企业的准入门槛，加强对企业培养人才质量的监督管理，保障学徒在企业培训时的合法权益，对企业进行全面的规范以增强职业教育对于社会公众的吸引力。要根据新职业教育法加快落实职业教育与普通教育的同等地位。完善资格认定相关规定，推动职业教育的专业化发展。另外，要加快修订完善与职教本科相对应的职教学士专业学位，并与硕士专业学位对接，为学位学徒制的开展提供制度支持。

五、中国特色学徒制的未来走向

学徒制在我国对于推进职业教育的高质量发展和培养技能技术型人才发挥着重要的作用。我国自从2014年对学徒制在全国展开试点工作以来，得到了全国各单位的积极响应，在制度设计、实施过程和经验推广等方面进行了一定的探索，逐步建成了富有中国特色的现代学徒制。中国特色社会主义进入新时代，我们要坚持新发展理念，走中国特色社会主义道路，发展建设中国特色学徒制。为了满足人民日益增长的美好生活需要，完善职业教育体系、为社会提供高质量的劳动力，中国特色学徒制在未来需要突显学徒制特色、聚焦学生成长发展、全方位服务社会等方面对学徒制进行持续的探索。

（一）立足实际，面向未来

学徒制在我国有着非常悠久的历史。在古代，由于生产力发展水平的限制，社会分工并不细致，手工业技艺的传承主要通过师傅和孩子或者徒弟来进行，宗法制的家庭和宗族观念在我国影响深远，造成了技艺不外传的普遍现象，这种现象在我国两千多年的封建社会里一直存在。在近代社会，新兴工商业崛起，中国传统工业生产力发生了深刻变革，为了救亡图存，展开了振兴传统手工业的思潮，由于生产关系、经营方式等方面的变化，我国传统学徒制在形式上也发生变化，如在工厂内附设教育组织机构，开展教育活动，将经济利益和社会利益相结合，体现了中华民族的家国情怀，对中国特色学徒制建设做出了宝贵探索，是传统学徒制向近代学徒制过度的一种方式。回顾我国学徒制发展的历史可知，我国学徒制的发展有着深厚的基础，从中可以借鉴大量的经验。

中国特色学徒制在总结现代学徒制的基础上，进一步丰富了"高层次""高质量"的时代新内涵，具有强大的生命力，应该立足于我国学徒制发展的历史和现实社会的实际，探索现代学徒制与我国传统学徒制的共性，坚定不移走中国特色社会主义教育发展道路，坚持正确的方向，充分结合中国国情，借鉴传统学徒制的成功经验，培养产业急需的高层次技术技能人才，从制度政策、运行机制等方面发力，构建起与经济社会高质量发展高度匹配的职业教育体系，并不断进行改革创新注入时代内涵以适应我国的现代化发展，努力培养具有职业精神、工匠精神和健全人格的高素质复合型技术技能人才。我们不仅要继承传统，还要博采众长，国外学徒制的发展也可以为我们提供大量的经验。在近代学徒制的发展进程中，西方国家对此进行了大量的探索并且总结了成功的经验，创立了适合本土的成功模式。中国特色学徒制需要发展，就不可避免地需要借鉴吸纳西方学徒制的优秀探索经验，并进行中国本土化改造。

中国特色学徒制是一种适合中国国情，扎根中国大地的校企协同育人制度，充分学习吸收我国学徒制的成功实践并借鉴其他国家的成功经验，有利于探索出中国特色学徒制适应我国经济、政治、社会发展的有效路径。

（二）关注学生，聚焦成长

我国目前对于中国特色学徒制的发展研究有许多方向，但最重要的核心还是要关注学徒本身。中国特色学徒制在本质上是一种教育制度，教育的目的和宗旨就是要培养人，促进人的全面发展。当前我国学徒制的建设正在推广普及，现在及未来的一个重点就是关注学生的成长发展，以学生成长为中心助力现代学徒制的人才培养模式。

人才培养的质量决定了中国特色学徒制发展的质量和水平。政府、职业院校、企业和行业协会等第三方组织关注的重点，还应该是人才的培养这个根本目标。在对人的研究中，要以学生本位作为出发点，在关注知识与技能提升的同时，还要注重立德树人，通过潜移默化的形式将职业道德和职业精神内化于学生的心中，将学生的成长发展纳入中国特色学徒制的研究中。

聚焦于人，发展为人。建立以学徒成长为中心的人才培养模式，以此来展现现代学徒制的特色创新方向和灵魂，在人才培养模式制度的建设中，将价值塑造、技能训练合二为一，从关注教育主体转变到关注学生的成长与发展，培养高质量人才，建设现代职业教育体系，助力产业转型发展。

（三）融入互联网，实现数字化

进入21世纪以来，随着科学技术的迅速发展，整个社会进入到数字化时代，自从2015年"互联网+"一词在政府工作报告中提出以来，各行各业都在寻找融入互联网的入口，借助互联网的优势实现数字化发展。数字化发展已经成为现在和未来一种不可阻挡的趋势，职业教育也应该顺应这个潮流，针对我国的实际情况，利用"互联网+"等形式变革中国特色学徒制发展模式，走出具有中国特色的职业发展道路。

中国特色学徒制实行"互联网+"的战略以促进职业教育的数字化发展必须首先关注人才培养的方案，由于所培养的人才是面向未来的，所以对于人才产出的预期不能只局限于眼前，应该结合该行业在互联网战略中的改革对未来社会做出前瞻性的预测。要明确未来的职业岗位，并且对职业岗位所需要人才的素质进行充分的考虑，其将直接关系到职业教育的未来发展和学徒未来的职业生涯。

随着以人工智能、大数据等为代表的现代科技的快速发展，智能技术的应用在未来不可避免地会成为中国特色学徒制实施过程中的重要组成部分。校企要共建教学科研平台，坚持开放性和持续性的理念，共同开展技术、科研项目课题合作，建设优质共享型教学资源库。让学生在校企"双导师"的带领下，不仅掌握必备的知识，而且提高学生的创新创造能力和现实解决问题的能力。校企利用现代信息技术将学生的选拔、培养和就业进行一体化处理，可以在教学和培训的过程中，节省大量的人力、物力和财力，利用信息技术建立现代化管理平台，进一步扩大学校的开放性，使教师、学生和家长都可以迅速地获取所需要的资源，并且了解学生的学习情况，逐渐实现职业教育的数字化发展，增强学校的竞争力。

随着元宇宙等概念的流行，虚拟现实技术成为当下社会的一个热点，在未来必然还有很大的发展空间。当然，这种方式也可在未来应用于职业教育，它可以通过接入互联网的方式普遍实现"虚拟现实（VR）"和"增强现实（AR）"，甚至将来学生在家中就可以体验到与学校或企业同等质量的培训条件。在这种技术的支持下，学生可以体验到最真实的学习环境和实践环境，它可以打破时间和空间的限制，并且相较于传统的实体培训岗位或车间可以节省大量的资金。利用人工智能（AI）等技术进行学习，可以对学员的实习情况进行及时的反馈和纠正，提高学习的质量。

中国特色学徒制利用一些新兴技术融入互联网进行跨界结合可以对传统的学徒制进行不断的优化，在新兴技术的加持下可以对学徒制的实现手段与方式进行创新，在教学过程中更容易进行因材施教，关注每个学生的发展，是未来发展一种不可阻挡的趋势。

（四）总结经验，持续推广

中国特色学徒制已成为国家深入推进产教融合、促进职业教育特色化发展、培养创新技术技能型人才的重要方式。经过一段时间的试点工作，许多学校和企业都积累了成功的经验，一些优秀育人方式在全国范围内进行推广。但是中国特色学徒制的运行和发展是一个动态的过程，要根据社会的变迁和对于人才的需求在经验推广中进行持续的改进。

要集中专家学者和制定相应的指标，对中国特色学徒制的成果进行诊断、分析和评估，并进行全方位的横纵向对比，全面分析影响指标达成的薄弱环节和关键因素，进而找出改进的重点，最终提出改进的措施。将这些优化后的措施进行总结，形成相关的经验；梳理典型经验成果，集中力量进行推广。在众多的成功经验中，要再次集中专家进行仔细的评估筛选，选出最具有典型性和示范性且最适合在全国范围内推广的普遍性成功经验。这些经验在其他单位进行落实的过程中，还要简单易于操作，具有可复制性。

制定推广经验的计划，组织相关专家分析中国特色学徒制发展现状，充分考虑典型经验的可行性，对推广经验进行审定，提出相关改进融合意见，制订推广应用时间进度表，明确阶段性工作内容、预期成效等，为下一步工作开展奠定基础。针对典型经验的推广，从推广的开始到最终的落地实行进行全过程的效果评价，通过评价及时对偏差进行纠正，以此来不断完善推广过程，提升典型经验，促进中国特色学徒制执行的成效。

搭建推广交流平台，创新推广模式。在宣传的过程中，将传统方式进行创新，结合互联网等途径扩大推广范围，丰富宣传形式和方法，构建传统宣传培训和网络互动融合等模式交流平台，优化、理顺宣传推广中各环节、各主体的关系。

只有在经验推广中持续改进，才能不断地为中国特色学徒制的发展注入新的活力，才能更好地发挥中国特色学徒制在职业教育人才培养中的价值和优势，助力高质量的技能技术型人才的培养。

第二节　推行中国特色企业新型学徒制

2015年7月，《关于开展企业新型学徒制试点工作的通知》（人社厅发〔2015〕127号）印发，决定在北京、天津、上海、辽宁等十二个省（区、市）启动企业新型学徒制试点工作。2018年10月，《关于全面推行企业新型学徒制的意见》（人社部发〔2018〕66号）印发，提出在全国范围内开启全面推行企业新型学徒制工作。为全面贯彻落实新时代的精神，进一步加强培养适应新时代发展要求的技术技能人才，2021年6月，《关于全面推行中国特色企业新型学徒制　加强技能人才培养的指导意见》（人社部发〔2021〕39号）进一步明确了在国有企业、民营企业以及中小微等各类企业全面推行中国特色企业新型学徒制。为深入贯彻党的二十大精神，2022年底，《加强和改进新时代中国特色企业新型学徒制工作方案》（人社部发〔2022〕62号）出台，为我国企业新型学徒制的进一步发展指明了方向。企业新型学徒制经历了从试点到全面推广，到特色化发展，再步入加强改进阶段，是我国特色学徒制实践的重要组成部分，是新时代提高人才培养质量的重要方式。

一、中国特色企业新型学徒制的内涵与特征

（一）中国特色企业新型学徒制的内涵

企业新型学徒制是我国职业教育在探索人才培养模式改革过程中的重要实践，就其内涵而言，"它是一种给予学徒员工和学生'双身份'，通过现场职业训练与职业学校教学、训练相结合的方式，以企业为主进行培养和评价、企业实训基地和院校培训基地共同培养、企业导师和院校导师共同指导的校企合作式培养模式"[①]。中国特色企业新型学徒制是指将企业新型学徒制与我国发展特点和国情进行有机融合，探索出符合我国职业教育发展的人才培养模式。中国特色企业新型学徒制以企业作为办学主体，通过政府财政支持和政策推动，结合我国产业发展特点和态势，以与企业签订了一定年限劳动合同的岗位新招聘和转岗等人员为主要培养对象，协调职业培训机构、技工院校共同发挥作用，借助弹性化的人才培养方式开展联合培训，旨在提升企业岗位在岗人才的质量，充实企业后备人才资源。

（二）中国特色企业新型学徒制的特征

1. 以企业为主导的多方共同协调培养

五部委联合印发的《关于全面推行中国特色企业新型学徒制　加强技能人才培养的指导意见》（人社部发〔2021〕39号）（以下简称《指导意见》）明确提出："按照政府引导、企业为主、院校参与的原则，在企业全面推行新型学徒制培训，进一步发挥各类企业主体作用，通过企校合作、工学交替方式，组织企业技能岗位新入职、转岗员工参加企业新型学徒制培训。"中国特色企业新型学徒制明确规定了以企业作为培育人才的主体，由各级人力资源社会保障部门、财政部门等政府机构给予相关的政策支持，企业和职业培训机构、技工院校、职业院校等共同协作完成学徒培养任务。传统学徒制培养主体单一、学徒没有自主权的弊端使其难以适应现代人才培养质量要求，现代学徒制虽然采用了企业与职业院校"双主体"的育人模式，但在实际培养过程中，企业的话语权仍然相对有限，

---

① 　许远：《企业新型学徒制技能人才培养模式的中国实践》，《职教论坛》2022年第9期，第110–120页。

这导致了企业在参与职业教育育人过程时积极性并不是很高。企业新型学徒制以企业作为培养主体的方式，在很大程度上激活了企业育人的积极性，在一定程度上弥补了传统学徒制和现代学徒制的不足。企业作为培养主体，其作用的发挥主要表现在三个方面：第一，企业有权自主确定培养对象。企业新型学徒制的培养对象主要是与企业至少签订了一年以上劳动合同的技能岗位新招用和转岗人员，在实际开展学徒培养过程中，企业可以结合自身实际和生产特点，自主地确定参与学徒培养的人员。第二，学徒培训目标、具体任务是由企业来确定的。《指导意见》中明确提出，"学徒培养目标以符合企业岗位需求的中级工、高级工及技师、高级技师为主"，企业可以根据自身发展规划对岗位人才的需求来确定学徒培训方向，以提升和充实企业人才资源库质量。第三，企业承担学徒培养的主要职责。企业在正式开展学徒培养活动之前，需要签订两份重要的协议，一份是与学徒共同签订的培养协议，里面需要明确学徒培训目标、内容、方式、质量标准等方面的规定，一份是与培训机构签订的学徒培训合作协议，里面需要明确规定双方的具体责任，以确保学徒培养任务的顺利完成，使培养质量获得保障。

2. 企业为主、政府为辅的成本分担投入机制

我国企业新型学徒制主要采用的是"企业为主、政府为辅"的成本分担投入机制。在中国特色企业新型学徒制中，企业需要承担的成本主要来源于四个方面：一是在学徒培训期间，企业需要根据劳动合同法的规定向学徒支付相应工资，且支付的工资不能低于当地的最低工资标准；二是企业需要根据合作协议的规定，向合作的培训机构支付学徒培训所产生的费用；三是在企业中承担带徒任务的企业导师可以享受一定的津贴，具体津贴由企业来确定并支付；四是开展学徒在岗培训、研修等在企业内部所发生的费用。政府对企业新型学徒制的成本投入则主要以补贴的形式呈现。针对开展学徒制培训的企业，政府根据相关规定给予一定的补贴，补贴的资金主要来源于职业技能提升行动专账资金或就业补助资金，具体补贴标准则由企业所在市（地）以上人力资源社会保障部联合财政部一同确定，其中学徒每人每年的补贴标准原则上5000元以上，具体补贴年限则根据学徒培训实际期限（一般为1—2年，特殊情况可延长至3年）进行计算。企业需要在正式开展学徒培训前，将相关材料报送到有关人力资源社会保障部进行备案，相关部门审核通过后向企业预支补贴资金。在学徒培训任务结束后，企业还需要向当地人力资源社会保障部提交毕业证书、职业资格证书、等级证书、相关培训材料等证明，以领取其余补贴资金。

3. 弹性化的人才培养方式

由于企业新型学徒制的培养对象多为技能岗位新招入或者转岗的人员，这就决定了企业开展人才培养的方式可以具有多样性、灵活性。第一，就培养目标而言，企业可以根据自身岗位的需求，灵活地调整学徒培养的具体类型，以补充企业所缺乏的具有相应技能的中级、高级技工和技师。第二，就教学形式而言，企业可以结合自身规模实际采用不同的培训方式，对于规模较大的各类企业来说，可以根据企业长期发展规划和学徒个人职业发展愿景，通过开办日常培训班、集中培训营等形式，采用弹性的学制和学分管理制，"一班一方案"地开展培训活动。对于规模较小的中小微型企业来说，由于受到自身规模和参与培训人数的限制，凭借一己之力开办学徒培训的难度较大，因此，可由所在地人力资源社会保障部和相关行业协会、商会等牵头，协调同类型的中小微型多家企业一同开办培训。第三，在培养内容方面，企业新型学徒制则要求要兼顾功利和人文，除了紧跟时代发展需求的岗位技能培训、职业工种培训等专业内容，职业道德规范、人文素养、工匠精神等人文内容也是对学徒进行培训的重点。第四，在对学徒进行考核评价时，新型学徒制推崇企业全面、自主地开展评价，鼓励企业将对学徒的技术技能评价融入到日常的生产实践中，结合过程评价、模块评价、绩效评估等方式，灵活地确定评价标准，客观地评价学徒培训效果。

二、推行中国特色企业新型学徒制的意义

（一）促进我国职业教育改革

人才培养模式改革一直以来都是我国职业教育改革重点探索和实践的内容，其最终的目的就是为了提高职业教育人才培养质量。推行中国特色企业新型学徒制是我国人才培养模式改革的一大创举，有利于促进职业教育改革。就外部国际发展的大背景来看，企业新型学徒制是当前诸多职业教育发达国家的共同选择，是发达国家提高人才培养质量的重要途径，也是目前国际公认的职业教育发展趋势和主导模式；就国内发展的环境来看，实现教育强国、人才强国、科技强国，全面提升劳动力供给侧质量，对我国职业教育提出了更高的要求，需要职业教育改革作出创新性的突破。我国职业教育改革的重点任务在于建立健全技能型人才培养体系，在数千年的文明发展进程中，传统学徒制作为培养技术技能人才的重要方式，可以说是我国早期开展职业教育的雏形，直到有目的、有计划、有组织、成体系的学校职业教育出现之后，才逐步取代传统学徒制成为培养技术技能

型人才的主要方式。现代学徒制和企业新型学徒制的出现，则可以说是赋予了传统学徒制新时代的内涵。现代学徒制主要针对的是职业学校学生，而企业新型学徒制主要针对的是企业在职员工，两者互相补充，共同构建了我国社会主义新时代的职业教育体系。因此，全面推行中国特色企业新型学徒制，是进一步完善技术技能人才培养体系，提高人才培养质量，促进我国职业教育改革的必由之路。

（二）激活企业人才培养活力

为了达到培养高质量技术技能型人才的目标，我国职业教育一直在探索，先后进行了订单式培养、现代学徒制等培养模式改革。就现代学徒制改革工作来说，自2014年启动以来，我国先后进行了三次试点工作，并于2019年全面推广。现代学徒制对于实现学校教学过程与劳动市场生产过程的对接，加强职业院校专业结构设置与市场行业产业人才需求结构的有机衔接发挥了重要作用。可以说，现代学徒制的推行大大提升了职业教育人才培养质量。但我们仍然需要看到，在现代学徒制推行的过程中，企业的积极性一直有待提高，主要的原因在于：一方面，由于角色定位模糊和相关法律权限的限制，企业在职业教育人才培养模式改革中一直较难发挥关键性的作用；另一方面，在经过投入—产出比例的衡量之后，企业发觉其自身存在投入与产出不对等的风险较大时，再参与职业教育人才培养模式改革的意愿也就大大降低了。要解决以上的难题，关键就在于要激活企业参与职业教育人才培养的活力，发挥企业的主观能动性。企业新型学徒制在吸纳传统学徒制和现代学徒制优点的基础上，融入了现代职业教育的要求，通过政府指导、企业主导、企校联合的全新培养模式，形成政府推动，企业、院校优势互补的良好局面，使企业在人才培养过程中拥有了清晰的站位，进而能够明确自身的责任，更好地发挥自身的积极性和能动性。

（三）缓解社会就业结构矛盾

我国人力资源丰富，不仅劳动人口数量众多，人才结构丰富，而且劳动力整体素质较高。与劳动力资源相对应的"就业"一直是重要的民生话题，伴随而来的就业结构性矛盾问题也成了社会民众关注的热点。就业结构矛盾是指人力资源供给与岗位需求之间的不匹配。近年来，受到国际宏观经济环境和国内市场变化的影响，我国尽管在就业工作方面进行了积极的改进和努力，但总体的就业压力仍然比较大。就业结构存在着明显的矛盾，企业单位"招工难"和劳动者个人"就业难"这两种问题并存的奇怪现象，是造成就业压力大的重要原因之一。我国产业结构的转型升级，对高级技工、复合型技工等人才的需求日益迫切，更是使"招工难"和"就业难"的矛盾现象愈演愈烈。而建立弹性合理的人才培养体系，是有效缓解就业结构性矛盾、推动产业转型成功升级的有效途径。因此，通过在全国范围内推行中国特色企业新型学徒制，根据企业中长期发展规划要求，制定企业人才发展方向和路径，构建企业与培训机构协同参与的培养体系，能够促进人力资源供给与企业岗位需求相互适配，有利于培养高素质、高质量的技术技能型人才，适应产业转型升级需要，满足企业各级各类岗位的用人需求。

（四）充实大国工匠精神内涵

工匠精神作为一种职业精神，是职业素养、职业道德、职业品质、职业能力的集中体现，是岗位从业者对其所从事的职业所表现出来的价值选择和思想认识。作为社会文明进步的重要标尺，工匠精神是企业发展进步的文化资本，是劳动者个体成长的方向指南，也是我国产业行业前行的精神动力。大国工匠精神集中表现为"敬业、专注、精益、创新"等精神内涵，想要培养大国工匠精神，单靠劳动者个体的自我觉悟是远远不够的，还需要依赖社会群体创造客观环境，有意识地进行培养。中国特色企业新型学徒制作为符合当下市场人才诉求的培养模式，有利于提升职业教育的人才素质，是培育大国工匠精神的重要途径。第一，企业新型学徒制所要求的"坚持终身培训"的原则，符合大国工匠精神"专注"的内涵要求，是培育大国工匠的先决条件；第二，企业新型学徒制的目标在于培养中级技工、高级技工和技师，符合大国工匠精神"精益"的内涵要求，能满足技术技能人才队伍梯度发展需要；第三，企业新型学徒制的主要对象是企业员工，是针对从业人员的再教育，这为大国工匠的培育开辟了关键途径；第四，企业新型学徒制所采用的"双导师""师带徒"等形式，是传承工匠精神、培育大国工匠的主要方式。

三、企业新型学徒制人才培养模式的构成要素

（一）培养目标

企业新型学徒制的人才培养模式是以建设高质量技术技能人才队伍为导向的，旨在推动产业转型升级，满足企业的发展规划需求，促进从业者高质量就业，因此，企业新型学徒制的人才培养模式在确定其培养目标时，需要兼顾产业经济、企业发展和职工个人价值三者的需要。第一，要坚持创新导向，坚持以适应技术变革、产业变革、组织变革的人才为培养目标，鼓励学徒参与技术创新，

攻克技术难关，壮大产业升级人才队伍，为社会经济的发展提供强有力的人才支撑。第二，要坚持需求导向、以用为本的原则，明确企业中长期发展规划的人才需要，合理安排人才培养规格，促进实现企业人力资源价值最大化，弥合企业高级技能应用型人才匮乏的缺口。第三，要始终坚持贯彻以人为本的理念，以培养兼具职业综合能力和岗位专业能力的职工为出发点和落脚点，关注学徒个性发展和终身发展，帮助学徒实现更充分就业、更高质量发展。企业新型学徒制的具体培养目标的确立，则需要参照国家职业标准对相关职业的规定，结合企业发展实际和具体岗位需求，由企业和培训单位联合制定，力争使岗位新入职员工都有机会接受岗前专业培训，以更好地满足岗位对人员素质的要求，使转岗人员都有机会接受技能储备培训，以达到转岗便能顶岗的效果。

（二）培训对象

企业新型学徒制招收的培养对象主要是与企业至少签订了一年以上劳动合同的技能岗位新入职和转岗人员，而最终参与培训的学徒，除了与企业确立劳动关系之外，还需要与企业签订培养协议，以明确员工作为学徒和职员的"双身份"，明确学徒参与培训所应享受的待遇、权利和所应承担的责任，切实保障学徒的权益。具体来说，企业新型学徒制中学徒的招收要经过以下五个步骤：一是企业发布招收学徒的相关通知；二是新员工招录或者在职员工报名，提交申请表；三是企业按照相关岗位从业标准，组织对报名人员的综合素质和专业能力进行摸底测试；四是确定参与学徒培养的名单，并进行公示；五是确定参与培训的学徒与企业签订培养协议。经过这五个步骤，新型学徒制的培训对象才算最终确定。

（三）培训机构

合作开展培训的机构需要企业根据所在地相关部门的规定，根据自身发展需要，遴选与之相匹配的培训机构作为合作对象，其中培训机构包括职业院校、技工院校、职业培训机构、企业培训中心等在内。在合作对象明确之后，企业需要与之签订学徒培训合作协议，委托培训机构承担部分的学徒培训任务，同时明确学徒培训的具体方式、培训内容、薪酬费用、培训年限，以及企业和机构双方对培训所应负的具体责任等，以保证学徒在企业享有工作实践机会的同时，能够在培训机构中学到系统的、前沿的职业知识和技能，及时更新自身的知识储备。

（四）培养方案

新型学徒制的人才培养方案一般是由企业委托合作的培训机构制定的，在签订学徒培养合作协议时，企业和培训机构已经明确了培训费用、年限、双方责任等内容，对于培养人才的具体计划，则需要通过制定培养方案来进一步加以细化。具体来说，人才培养方案需要包含以下五个方面内容：一是对岗位需求进行调查，并明确相关岗位所需掌握的理论知识、技术操作、职业资格、技能等级认定等内容。二是进一步明确学徒参与培训所应达到的目标，包括专业知识、岗位技能、职业素养等所应达到的具体分数、等级，以及学习至毕业所应获得的学分。三是规定课程设置，确定培训总课时，以及职业素质课程、专业基础课程、岗位专业技能课程等各门课程所占的课时数量，对每一门课程所占的学分也应进行明确规定，同时划分理论类课程和实践类课程的各自占比，原则上来说实践类课程的占比应不低于理论类课程。四是开发课程内容，建立企业新型学徒制课程体系，开发培训教材、教辅，明确每门培训课程内容，即基于专业知识、操作技能、职业素养、工匠精神、法律常识、安全生产规范等方面的灵活组合。五是明确教学实施，一方面，需要明确培训的组班形式，企业新型学徒制的培训组班形式可以根据实际情况进行灵活安排，一般来说，大型企业可以单独组织培训班，同类型的中小企业可以由行业、企业协会组织协调，联合成班，集中于同一区域的小、微企业可由所在地人力资源社会保障部门牵头组织联合成班；另一方面，需要明确相应的教学管理设计，比如开班时间、教学场所安排、指导教师聘任、学生成绩评定、保障措施等。培训机构需将拟定的培养方案交由企业进行确认，两者相互沟通和协调，进行必要的调整之后，确定最终培养方案。

（五）师资安排

企业新型学徒制实行的是企业导师和院校导师"双导师"的形式，企业导师由企业选拔优秀的高级技术技能型人才来担任，主要负责指导学徒进行岗位技能操作训练，帮助学徒逐步掌握并不断提高自身的技能水平和职业素养，使之在培训任务结束之后，能够达到职业技能标准和岗位要求，具备从事相应技能岗位工作的能力。因此，在正式开展培养活动之前，需要明确规定每名企业导师的带徒人数，将学徒与企业导师进行一一配对，使培养责任具体化。院校导师则由培训院校安排专门人员来负责，主要承担学徒在培训学校的教学任务，强化学徒的理论知识学习和职业素质培育，以做好与企业实践技能培养的衔接。在企业新型学徒制的人才培养模式中，师资的安排合理与否是人才培养的关键因素，它直接决定了学徒培养质量的高低，因此，选拔合格且优质的企业导师和院校导师显得尤为重要，这需要企业和培训院校共同合力，合理安排利用指导教师资源，以获得人才培养最优方案。在此基础上，企业和院校还需要注重建立企业导师和院校导师的沟通系统，以方便双方及时、准确地掌握学徒发展情况，为下一步教学安排提供合理依据。

（六）资料管理

开展学徒培训的相关资料需要企业和培训机构进行妥善整理、保管，以备人力资源社会保障等相关部门查验。企业新型学徒制的培训资料主要可以分为两大类别：一类是培训组织材料，主要包括培训学徒签到表、打卡记录、培训教案、指导教师授课日志、学徒学习日志、培训视频、照片、课程试卷等组织开展培训活动的材料；一类是培训管理材料，主要包括培训方案、日常培训检查记录表、培训进度检查表、培训效果评价调查、满意度调查、校企沟通纪要等。培训资料是企业新型学徒制的重要组成部分，缺乏科学合理的培训资料管理，整个人才培养活动就难以顺利进行。培训资料的作用主要表现在两个方面：第一，培训资料是企业向人力资源社会保障部门、财政部门等有关政府申请财政资金补贴的重要依据，只有符合申报标准，而且证明材料齐全，企业才能获得相关补贴；第二，学徒的培训资料是检验学徒培训质量的重要依据，它可以帮助企业和院校发现培训过程中出现的问题，以利于及时调整培训计划和策略，在培训结束之后，它是评估检验学徒培养成效的重要材料，同时也可以为后面开展学徒培养活动提供借鉴，实现企业新型学徒制的人才培养的不断优化升级。

（七）效果评价

企业新型学徒制的培养效果评价以国家规定的职业技能标准为指导，主要是针对学徒学习效果的评价，具体包括三个方面的内容：课程学习评价、岗位专业能力评价、职业综合素质评价。对课程学习的评价，是在每门课程学习结束之后，严格按照培养方案对课程的评定办法，对学徒的课程学习情况做出考核，学徒只有在达到了相应的课程考核标准之后，才能获得该门课程的学分。对岗位专业能力的评价，则有两种方式：一是对于那些已有专项职业能力考核规范、行业企业工种岗位规范、国家职业技能标准的工作种类，由职业技能等级认定单位或者相关鉴定机构按照具体的考核标准进行评价，合格者方能取得相应的技能等级证书、职业资格认证、专项职业能力证书等相关证明；二是由企业联合培训机构，共同组织对学徒的岗位专业技能进行考试，通过考试要求的学徒可以取得岗位技能培训合格证书。对学徒职业综合素质的评价，则主要包括职业道德、安全生产规范、工作绩效等内容，主要由企业和培训机构根据学徒在参与培训期间的具体表现来加以评定。开展培养效果评价的具体指标，需要企业和培训机构进行全面、多方位的联合评估，以建立健全学徒学习效果评价机制。此外，对学徒的培养效果实施评价，除了企业、培训机构以及相关行业协会、商会之外，还可以依托专业的第三方评价鉴定机构来加以完成。

四、推行中国特色企业新型学徒制的困境

（一）企业人力资本投资存在风险

企业新型学徒制的成本投入由企业负主要责任，企业需要承担学徒工资、向培训机构支付的学徒培训费用、参与学徒培养的企业导师津贴、培训所带来的企业内部费用这四个方面的支出。按照相关规定，政府对开展学徒培训的企业给予一定的财政补贴，但财政补贴主要针对的是学徒培训费用这一部分，且补贴力度是按照一定比例列支的，其余的大部分成本仍然需要企业来承担，这对企业来说成本投入压力过大。除此之外，开展新型学徒制培训，还需要企业投入其他要素资源，例如为学徒配置专门的技术导师，提供业务研修、在岗培训的条件和机会，承担由培训所造成的设备损耗等，这些在一定的程度上影响了导师的工作效率和速度，进而影响了企业的正常生产速度，给企业增加了隐形的资本投入。另外，完成企业新型学徒制的学徒培养任务需要耗费1—2年，甚至3年的年限，这对企业来说时间成本较大。显性的成本投入、隐性的资本支出以及较长的时间成本，使得企业开展学徒培训的人力资本投资过大，企业不得不进行仔细斟酌。

企业作为以营利为主要目的的社会团体，其参与新型学徒制的人才培养的本质就是进行人力资本投资，其最终的目的就在于获得更高的人力资本回报，只有在确保收益为正的情况下，企业才会有参与的意愿。因此，在前期需要投入较大成本并且没有全额补贴的情况下，企业所面临的人力资本投资风险较大，必然需要进行充分的考虑和衡量。学徒在完成培训任务之后，需要工作数年，才能补充其参与培训所耗费的企业成本。然而在培训期间或者培训期满之后，学徒则有可能选择解约离职，虽然在培养协议中规定了违约需要承担一定违约金，但根据我国法律规定的违约金数额不超过用人单位提供的培训费用，也就是说学徒违约只需要支付培训费用这一部分，这与企业初始的成本投入是远远不对等的。硬性的高投入和不确定性的收益使得企业投资风险被放大，企业参与新型学徒制的人才培养活动的意愿和积极性自然也就大大降低了。

（二）缺乏专业组织机构监管

企业新型学徒制的开展涉及政府、企业、培训院校、学徒个人等多个主体的利益，需要多方共同协调推进，但由于各个主体的立场和观点不同，所追求的利益也不同，如果缺乏相应的专业监管，可能会使人才培养的质量大打折扣，难以达到期望目标。在我国，当前企业新型学徒制的实施框架还不是十分完善，尤其是在专业组织机构监管方面，仍然存在较大的改进空间，相关的行业协会、商会、工会等部门在参与企业学徒人才培养的监督管理时所发挥的作用也十分有限，这给新型学徒制的实施带来了较大弊端。具体表现为：第一，学徒培养最终合格与否是以其在培训任务结束之后是否取得相应职业资格证书作为评判依据的，而当前部分职业资格证书是否具备与相应岗位相匹配的含金量，仍然遭到质疑。除此之外，某些开展职业资格考核和评定的机构，本身就是与企业合作参与学徒培养的培训机构，这对学徒培养质量评价的客观性也带来了巨大的挑战。第二，企业所获得的财政资金补贴主要是用于支付委托培训机构教学而产生的费用，具体能够申报到的补贴金额，则由学徒培养的合格率决定。由于专业监督机构的缺失，企业为了尽可能多地获得政府补贴，可能利用自身的便利条件开展寻租活动，以谋求更多利益，也可能会盲目追求合格率，与培训机构、评价鉴定机构等同流合污，导致学徒培养质量难以得到保证。第三，企业新型学徒制赋予了企业在人才培养过程中的主体地位，使其拥有更大的自主权，但由于受到培养经验的限制和专业指导的缺失，企业培养规划、培养方案、培养过程、培养手段等是否科学合理，仍然有待考量。

（三）优秀企业导师的配备存在困难

企业新型学徒制中的企业导师主要来源于企业中具有较深资历的技术从业人员，与培训院校指导教师实践经验少不同，企业导师有着丰富的实践经验，他们长期居于工作的一线，熟练掌握着岗位相关的技术工艺，这给开展学徒培养带来了巨大的优势。但开展学徒培养活动，要求企业导师除了要具备较强的专业技能和成为教师的基本道德素养之外，还要求导师要能够对培训知识做系统化、教学化处理，以便学徒在获取直接经验的同时，学会知识的内化与迁移。由于企业导师缺乏相关教育学、心理学方面的基础知识作为支撑，其对教学方法的应用和教学手段的选择仍然存在困难，这对企业导师来说便成为了一项巨大的挑战。此外，从本质上来说，企业导师和学徒一样，都是企业的员工，其工作的首要目的在于获取满意的经济回报，而承担学徒培养活动并不完全是一项经济活动，它还带有明显的教育性和公共性，虽然企业导师能够获得一定的津贴，但承担带徒任务之后，难免会给导师的正常工作效率和质量带来影响，从而降低了工作绩效，影响了正常收入，这对企业导师来说得不偿失，其带徒的积极性必然就会降低。目前，在我国企业新型学徒制的推进过程中，对于企业导师的选拔和考核尚未有明确的指标体系，为新型学徒培养配备具有基本师德、高超专业技术、教学能力、教学艺术的优秀企业导师，仍然是急需破解的重要难题。

（四）职工参与学徒培训的积极性有待提高

目前，我国企业职工参与新型学徒制培训的积极性仍然有待提高，其原因来自学徒权益保障不足、社会认同度较低、培训压力等多个方面。在权益保障上，一是由于学徒双重身份的特殊性，导致企业、培训机构乃至学徒自身对身份的定位认识不清，使得对学徒人身健康、安全保护等方面的保障措施有所欠缺；二是在企业新型学徒制中，企业拥有较大的自主权，出于使自身利益获得最大化的考虑，企业可能会将学徒的工资压缩到所在地规定的最低标准，这也就意味着，一旦职员参与了学徒培训，在2—3年内，他们都必须接受低预算收入；三是对于部分不在国家职业资格目录中的工种，学徒完成培训任务后，只能获得结业证书，而没有相应的职业资格等级证书，在企业职工发展通道没有得到很好完善的情况下，学徒的未来发展可能会受到一定影响。在社会认知方面，从本质上来说，企业新型学徒制是职业教育的一种形式，受到传统观念和当前学历"高消费"现象的影响，如何吸引更多年轻人选择参与培训，关乎企业新型学徒制的动力机制问题，是始终无法回避的。在培训压力方面，由于学徒培养质量的结果关乎企业获得的政府财政补贴，这部分压力在一定程度上被嫁接到了学徒身上，学徒除了在培训期间要接受相关检查和考核，在培训结束之后，还必须按照相关规定通过结业考核、技能鉴定等。另外，学徒还需要考虑在完成培训任务之后，收入是否增加、晋升是否更加顺畅等问题，以衡量参加学徒培训的性价比。种种因素的综合作用，导致了吸纳职工参与新型学徒制培训的困难，员工参与的积极性仍然亟待提高。

五、推行中国特色企业新型学徒制的建议

（一）提升学徒留任率以降低企业人力资本投资风险

降低企业的人力资本投资风险，是提高企业参与新型学徒制的人才培养意愿和积极性的主要途径。为此，除了进一步完善政府的财政资金补贴机制，给予参

与培训的企业更多优惠政策，减轻企业的硬性成本负担之外，更重要的是要进一步提升学徒的留任率，确保企业获得与投入成正比的收益回报。具体来说，可以从以下方面入手：首先，企业可以通过与学徒订立劳动合同，明确学徒在完成培训任务之后，需要在企业工作的一定年限，以覆盖企业为其培训所投入的成本，这种通过合同强制维系关系的方式虽然能在一定程度上降低学徒违约的风险，但由于受到我国现有法律的相关规定，其发挥的作用却十分有限，且可能挫伤学徒参与的积极性，造成学徒从一开始就不愿参与培训。其次，企业可以通过提高学徒对企业的归属感，强化学徒与企业之间的心理契约，使学徒意识到留任比离职具有更良好的发展前景，更有利于实现个人价值和抱负。在这一方面，我国可以参考借鉴德国的经验，吸纳更多的大中型企业参与新型学徒制培训，构建企业内部的人力资源市场，使员工能在内部进行流动，实现持续的职业成长，提高留任意愿，对企业来说，通过内部人才市场就能实现其对人才招聘的需求，因此也便很少通过外部的渠道去招聘员工，如此形成了"高培训率—高留任率"的良性循环模式。最后，企业可以通过完善员工的薪酬待遇等级制度和畅通职业晋升制度，给予在企业长期工作的员工培训、晋升、福利等方面的优待政策，按职位等级确定薪酬待遇，按成就贡献划定工作绩效，规定职称晋升，提高学徒对企业的信赖和依赖程度。

（二）设立专业组织机构以健全监督管理体系

随着企业新型学徒制的深入发展，设立由政府、行业、企业、培训机构四方联合组成的专业化组织机构，成为破解企业新型学徒制全面推进的障碍，推动人才培养质量提升的重要手段。专业化组织机构的职责主要包括四个方面，第一，组织协调。负责沟通协调政府、企业、培训机构、学徒等各利益相关主体，帮助缓解他们之间的利益冲突，以保障企业新型学徒制的人才培养模式的顺利运行。第二，监督管理。负责协助政府筛选符合开班办学条件的企业和培训机构，并定期对其进行质量检测，监督管理企业和培训机构对自身职责和义务的履行情况。第三，考核评价。负责定期对企业和培训机构的教学质量进行检查，考察和评价学徒培养质量的高低，以此作为政府财政补贴拨款的重要依据。第四，指导改进。负责对新型学徒制进行研究，结合行业前景和发展动态，针对学徒制实践过程中出现的问题，对典型案例进行深入研究，并积极寻找对策，以指导企业和培训机构改进培养方式。在构建专业化组织机构的过程中，一方面，要健全培养质量评价监管体制，通过立体、多维的评价指标体系，对企业和培训机构进行培养绩效评价，并利用合理的退出机制，动态地调整参与人才培养的主体单位，持续进行过程反馈和优化，加强对学徒培养质量评价的监管，结合过程评价、模块评价，提高职业技能等级证书的含金量，保障人才培养的质量。另一方面，要积极建立完善培养质量服务和管理平台，利用"大数据""互联网+""云空间"等信息技术，开发企业新型学徒制的人才培养公共电子服务平台和监督管理平台，优化信息反馈渠道，实现人才培养信息的透明化和社会共享。

（三）构建企业导师资格认证体系以提升导师配备质量

发挥政府相关部门的领导作用，联合行业协会、商会，推动构建企业导师资格认证体系，提升企业导师配备质量，是破解企业新型学徒制的人才培养难题的重要手段。首先，建立企业导师任职资格标准，在专业技术方面，担任企业导师的员工必须是拥有高素质的技术技能应用型人才，拥有过硬的专业能力、充足的实践操作经验和应对解决突发情况的能力，具备相应的职业技能等级职称；在教师道德方面，企业导师必须具备成为一名教育者的基本道德素养，遵守教师相关道德规范和行为准则，具备崇高师德、爱岗敬业、乐于奉献。企业可以根据任职资格标准，定期对企业导师进行考核和评价，确保企业导师队伍质量。其次，企业可以联合行会、商会、培训机构，共同组织开展针对企业导师的培训活动，提升带徒导师在教育学、心理学等方面的理论水平，帮助导师开展有计划、有组织、成体系的教学活动，提升其应用教学规律和教学方法的技能，建设高水平的企业导师队伍。最后，企业可以采用"学徒—导师责任对应"制度，将学徒的培养质量与企业导师的利益相互挂钩，保证导师带徒的积极性，具体可以通过设立专项的导师奖励基金，对优秀的企业导师给予相应的荣誉奖励和物质奖励，还可以通过将企业导师的带徒任务与工作绩效按一定比例进行转化，增强企业导师带徒的信心和意愿。

（四）加强学徒权益保障以提高学徒参与积极性

加强学徒权益保障，符合企业员工获得更好发展的需求，有利于提高学徒的参与积极性，是壮大企业新型学徒制的人才培养队伍的有效方式。具体可以从以下四个方面入手：第一，进一步明确学徒作为"员工"和"学生"双重身份的特殊地位，理清作为"员工"和"学生"分别适用的劳动协议，为其身份权益提供合理的法律保护，防止企业和培训机构利用法律盲区而逃避自身所应承担的责任；第二，有关部门可以进行适当的调研，在当地最低工资标准的基础上，按照一定比例做适当提升，为参与企业新型学徒制培训活动的学徒设立专门的最低工资标准，以保障学徒参与培训期间的正常生活质量，解决学徒在生活上的担忧；第三，政府应该积极联合相关行业协会、商会，进一步完善职业资格认证体系，健全有关工种职业资格等级证书的发布，争取每个学徒在完成培训任务之后都能获得相应的技能证书傍身，保障学徒的可持续发展；第四，企业应该树立长远的发展目光，与培训机构联合，定期排查学徒的心理问题，帮助学徒缓解培训压力和焦虑，同时要积极打通企业内部的学徒专业发展途径和等级晋升平台，缓解学徒职业焦虑，提升学徒对企业的认同感和归属感。对在培训中表现优异的学徒，企业可以予以一定的奖励，或者在后期的职位晋升中给予一定的优待，使学徒对未来发展有良好预期，并为其他职员参与后期学徒培训提供正面案例，从而激发员工的参与积极性。

第三节　构建以学习者为中心的职业教育人才培养模式

当代中国工业化、自动化的迅猛发展，促进了我国市场对高级技能型人才的需求日益旺盛，这对我国职业教育所培养的人才从数量和质量上都提出了更高的要求。推进我国职业教育的现代化发展，关键就在于培养高质量的技术技能人才和高层次应用型人才。构建以学习者为中心的职业教育人才培养模式，有利于改善我国职业教育"忽视学习者需求"的弊端，从内部激发学习者的学习动机，从而提升职业教育培养人才质量，促进职业教育现代化发展。

一、以学者为中心的职业教育人才培养模式的意义

（一）理论意义

1.调整"社会本位"的偏向

在教育目的的价值取向上，自古以来争论最多、影响最大的两个观点是社会本位论和个人本位论，社会本位论强调教育目的是由社会需要所决定的，培养社会需要的人才是教育应当追求的目标，教育应该按照社会对人的要求来进行设计；个人本位论则强调人的价值，认为教育目的应当由人的本能和本性来决定，教育的根本目的在于促进人的发展。简而言之，两者争论的焦点就在于教育是应该满足社会发展需求，还是满足人的发展需求。在我国，由于受到传统封建官僚主义思想和长期计划经济的影响，强调教育要满足社会发展需要的社会本位论，一直处于主要地位。伴随着教育理论的丰富和人们认识水平的提高，"以人为

本"的思想逐渐受到人们的重视，个人本位的价值取向被更广泛地接纳，从这一意义层面上来讲，强调以学习者为中心的职业教育人才培养模式的教育理念，有利于调整"社会本位"的偏向，更加符合"以人为本"的思想，使职业教育更好地体现教育的内外部规律。

2. 推动教育学与心理学深度融合

从心理学意义上来看，学习者参与教育活动的根本目的在于促进自身发展，达成自我实现的目标，以学习者为中心的人才培养模式所倡导的自由发展、自我实现、尊重信任、非指导性原则等均符合学习者的内部需要，因此，无论是从动机理论的角度还是从人本主义心理学理论的角度出发进行分析，"以学习者为中心"的理念都较好地体现了教育学与心理学这两大学科的交叉融合，既为心理学在教育学领域的探索和发展拓宽了道路，又为心理学开阔了教育学视野。

（二）现实意义

1. 推动职业教育适应现代化发展

1983年，邓小平同志提出"教育要面向现代化，面向世界，面向未来"。"三个面向"首次对教育提出了"现代化"的要求，至此开启了我国教育现代化的征程。2019年，中共中央、国务院印发了《中国教育现代化2035》，进一步强调了新时代我国教育迈向现代化的前进方向，提出到2035年，总体实现教育现代化，迈入教育强国行列，推动我国成为学习大国、人力资源强国和人才强国，为到本世纪中叶建成富强民主文明和谐美丽的社会主义现代化强国奠定坚实基础。2035年主要发展目标是：建成服务全民终身学习的现代教育体系、普及有质量的学前教育、实现优质均衡的义务教育、全面普及高中阶段教育、职业教育服务能力显著提升、高等教育竞争力明显提升、残疾儿童少年享有适合的教育、形成全社会共同参与的教育治理新格局。实现社会现代化，需要以实现人的现代化为重要抓手。学校教育对于提高人的现代化具有显著作用，就职业教育来说，构建以学习者为中心的人才培养模式，是推动职业教育培养现代化人才、适应现代化发展要求的迫切需要。这就要求职业教育要进一步深化改革，着眼于学习者身份、需求、环境等方面的变化，从教育理念、体系、内容、模式、资源等方面入手，全面提升教育教学质量，提高职业教育的服务能力和竞争能力，使职业教育紧跟现代化发展队伍。

2. 提高职业教育人才培养质量

受"学而优则仕"的传统观念影响，我国大部分家长都希望自己的孩子能通过较高的学历来获得一份较满意和体面的工作，而职业教育则被挂上了"低层次""低水平"等标签，加之对"职普分流"的理解不恰当和措施不到位，导致教育焦虑在学生和家长之间蔓延，最终造成了人民大众对职业教育的不信任。究其根本原因，就在于职业教育所培养的人才尚未能很好地适应新形势下的就业环境，满足人们的教育期待。近年来，我国重视职业教育的发展，不断注重提升职业教育的地位，推进职业教育深化改革，紧跟专业产业变革要求，调整结构布局，优化专业设置，更新教学内容和方式，使得我国的职业教育取得了巨大进步。伴随着整个国家教育体系的健全，我国现代职业教育体系也在不断发展和壮大，职业教育的招生规模、办学质量以及其所面临的外部环境和市场需求都发生了巨大变化。虽然较之传统的职业教育，我国现代职业教育的人才培养质量有了大幅提升，但不断改革和创新人才培养模式，进一步提高职业教育人才培养质量，办好让人民满意的职业教育，仍然是提升职业教育认可度的重要途径。

3.缓解职业教育忽视学习者需求

"忽视学习者需求"是职业教育人才培养模式存在的根本问题。职业教育现代化发展的核心在"人"，其根本目标就在于促进学习者全面而又自由地发展，使学习者由"生物人"成长为"社会人"，成为适应社会发展需要的人。当前职业教育人才培养模式忽视学习者的需求，已然成为阻碍现代职业教育质量提升的重要问题。具体体现在以下几个方面：在教育理念层面，现代职业教育人才培养未能较好地体现人本主义思想，对学习者的职业情感、人格修炼和可持续发展能力的培养关注度不够；在教学内容层面，现代职业教育课程体系难以满足职业教育学习者全面发展的要求，学习者的全面发展需要系统性的课程体系作为支撑，而单门课程与整体课程体系之间的联系是否紧密，课程体系与人才培养方案之间的逻辑是否清晰，仍然是现有职业教育人才培养需要去进一步研究和解决的问题；在教学实施层面，确保学习者的主体地位仍然处于进行时，"把课堂还给学生"依然是教学活动改革的重要呼声，现代职业教育也不例外；在教育评价层面，单一的教育评价方式有悖于人的发展的多样性和人才培养的复杂性，使得职业教育人才培养目标被"窄化"，难以实现真正意义上的培养全面发展人才的教育目标。基于以上四个问题，构建以学习者为中心的人才培养模式，有利于缓解职业教育忽视学习者需求的根本问题，进一步深化和落实职业教育人才培养模式改革，适应职业教育现代化发展需要。

二、以学习者为中心的职业教育人才培养模式的内涵和构成要素

（一）以学习者为中心的职业教育人才培养模式内涵

职业教育学习者是指参与职业教育学习活动，与职业教育教师在教学中进行交流互动，以期自身在知识、技能、道德、情感、心理、体魄等方面获得全面发展的人。职业教育学习者既是职业教育培训活动的对象，又是学习活动的主体。在终身教育理念的指导下，职业教育学习者的含义获得了极大的丰富，其涵盖的范围由原来的适龄青少年，逐步拓展到了包含适龄青少年在校生、应往届毕业生、岗位在职人员、成人无学历者等人群，其涵盖的身份也由原来的学生群体扩展到了包含学生、公司员工、农民、工人等广大劳动人民。

以学习者为中心的职业教育人才培养模式是指，在"以学习者为中心"的人本主义教育理论思想的指导下，遵循国家教育规划总目的，以高级技能应用型人才为培养目标，合理利用各级各类教育资源，依托系统性、实践性的课程体系，围绕职业教育学习者这一中心开展教育教学活动，并强调学习者进行自我评价的人才培育设计。它包含了以下几个重要的方面：一是这种人才培养模式需要"以学习者为中心"的教育理论作为指导，遵循人本主义思想；二是职业教育学习者始终处于教育教学活动的中心位置；三是系统、优质的课程体系是关键；四是提高人才培养质量是最终目的。

（二）以学习者为中心的职业教育人才培养模式构成要素

1.以高级技能应用型人才为标准的培养目标

从构成要素分析来看，职业教育培养目标是一切教学培训活动的出发点和落脚点，是构建课程结构、选择教学内容、组织教学方式的依据，所有教育教学活动的开展都必须紧紧围绕培养目标这一核心。实现社会主义现代化发展对职业教育所培养人才的综合素质提出了更高的要求，以往只注重要求学习者掌握专业相应知识和操作技能的人才培养目标已经难以适应社会现代化发展的需要，培养高级技能应用型的人才，已经成为时代的呼声。以学习者为中心的职业教育人才培养模式要求以培育高级技能应用型人才为目标，关注学习者的个体独立性，注重学习者专业技能发展。具体来说，以学习者为中心的职业教育人才培养模式的培养目标可以从以下两个层面加以理解：一是从国家层面来看，要以培养德、智、体、美、劳全面发展的高质量劳动者为目标，为我国社会主义事业发展进步培育高素质建设者和接班人。二是从学习者个人层面来看，要以提升学习者道德素养

和职业能力为培养目标：一方面，要使学习者成为身心健康、品行端正，能够接受社会道德约束的"社会人"；另一方面，使学习者成为具备包含职业理论知识、操作技能、实践学习等职业能力的高级专业技术人员。

在实际开展教育的过程中，以学习者为中心的职业教育人才培养模式要求以人本主义教育思想为指引，遵循"以学习者为中心"的教育理念，在教学实训中引入情感因素，尊重学生主体地位，在学生身心获得健康发展的基础上，注重提升学生个人专业技能素质，通过课堂与实训相结合的方式，引导学生个人专业技能向精、深的方向发展，培育适应现代化发展需要的高级技能型人才，并积极引导学生挖掘个人兴趣和特长，掌握相关行业发展的前沿动态，规划个人职业发展，促进学生成为兼具人文素养和职业素养的人，成为"自我实现"的人。

2. 注重系统性和实践性的课程体系

职业教育课程体系是经过筛选、加工和编排而形成的知识、技能体系，作为人才培养模式的重要因素，它以培养目标为指导，是职业教育人才培养目标的具体化，包含了课程内容、课程结构、教学进度等方面。我国传统职业教育课程设置和开发体系存在着以学科为中心、只注重追求学科发展而忽视人的需求的现象，而以学习者为中心的职业教育人才培养模式则强调在设置和开发课程体系时要紧紧围绕学习者这一中心，其特征表现为：在课程内容设置方面，以学习者为中心的职业教育人才培养模式强调以追求学习者成长作为构建课程内容体系的价值取向，既注重通识知识、学科专业知识、技术方法理论等方面的间接经验知识体系的建构，也注重活动经验、技术操作等直接经验的获取；在指导学习技术方法方面，注重培养学习者的整体意识，教导学习者学会从整体把握，了解某种技术的缘起和发展进程，并注重让学习者在实践应用的过程中掌握这种技术，学会在实践中举一反三，从而使学习者具备良好的学习能力和迁移能力；在课程开发方面，强调职业教育院校应与企业、行业进行深度的合作，积极开发以项目为导向、以任务完成为驱动力的课程，建构系统化、实践化、情景化、社会协调化相一致的课程体系，帮助学习者实现个人价值愿景。

3. 以学习者为活动中心的教学方式

教学方式是为了实现培养目标而采取的各种方法、手段的总和，包含教师怎么教和学生怎么学这两个层面。传统教学方式以教师进行班级授课、群体施教为主，教师是知识的传授者、给予者，学习进度按统一制定的教学计划来，学习者被"牵着鼻子走"，处于被动接受的地位。而以学习者为中心的教学方式则强调围绕学习者的"自我实现"展开教学活动,以开展意义学习为主,学习者是主观地、动态地去获取知识,而教师则发挥着指导者、促进者、辅助管理者的角色。具体来说,在"怎么教"方面,教师要积极在教学过程中贯彻"非指导性"教学原则,将学习者作为独立个体来看待,强调以学习者为本,注重实施个性化指导,根据学习者个体需求安排教学进度和方式,同时,重视在实际情境下进行学习引导,帮助学生在实训课堂积累个人经验,促进从"以教定学"向"以学定教"转变。在"怎么学"方面,学习者要在明确学习目标的基础上,结合自身的学习情况和学习能力,合理安排自己的学习进度,并且,选择适合自己的学习方式,如小组讨论、课堂学习、在线课堂等,学习者自己承担自身的学习责任,自觉推动自身综合素质深入发展,为更好地实现个人职业发展需求做好铺垫。

4. 物质化与数字化合理配置的教育资源

教育资源在推进职业教育现代化发展中起着基础性作用,教育资源的数量、质量深刻影响着教育教学活动,合理配置各级各类教育资源,对于提升教育质量、促进教育公平有着十分重要的作用。"以学习者为中心"进行教育资源配置,意味着要紧紧围绕学习者成长和成才需要,建设包含校园文化环境、教学基础设施、实训作业设备、教师专业队伍等一系列职业教育资源。

当代社会,计算机网络和通信技术等领域的高精尖发展,极大地拓展了教育资源的发展和辐射领域,教育资源不再仅仅局限于以往的课堂、教材、设备、环境等物质形式,而是逐步拓展到智慧化、影音化等数字领域,打破了传统教育资源在时间和空间上存在壁垒的问题,信息互通、资源共享成为主流形式。以学习者为中心的职业教育人才培养模式强调要合理配置物质化和数字化的教育资源,具体表现为:首先,不断加强校内基础、生产实践实训设备等硬性条件建设,为学生个体技术技能发展提供充足、优质、合理的资源;其次,在合理整合规划校内已有课程、教学资源的基础上,积极引进其他高校、企业的精品课程,或者通过互联网技术实现名师远程授课、课堂同步,形成高效、合理的资源利用格局;再次,利用互联网和信息技术手段,根据教学需要开发特色数字资源,为师生搭建丰富的免费资源利用平台;最后,职业教育在进行资源建设时尤其要关注企业、行业资源的开发利用,学校在遴选合作企业时,应该面向学生未来职业规划需求,利用企业、行业的高精尖技术和丰富的资源为职业教育添砖加瓦。

5. 以学习者自评为主的评价方式

教育评价在整个教育过程中发挥着监督、指导、改进、激励等功能,是构建人才培养模式必不可少的一个环节。教育评价的本质在于对所培养的人才的质量做出价值判断，因此，教育评价需要回归对学习者的关注。尽管传统由教师主导、以考试成绩为主要评定标准的他人评价方式拥有较长的发展历史和较高的客观性，但其所造成的片面追求考试成绩而忽视学生过程发展，造成偏离人才培养目标的弊端仍然不容忽视。以学习者为中心的职业教育人才培养模式更加强调在教育评价中突出学习者的自主性地位，学习者本身既是评价的对象，又是评价的主体，承担评价的主要责任。在职业教育学习者自我评价中，学习者自己确定标准，自己开展学习评价，评价的重点聚焦在他们对于自身所获得的知识、技能、综合素质等方面的满意程度，教师在职业教育评价中则发挥着促进者、反馈者的作用，教师需要引导学习者树立正确的评价观念，掌握评价方法，合理进行自我评价，并正确看待评价结果，在自我评价中发现自身的优势和不足，为进一步开展学习指明前进方向。

三、以学习者为中心的职业教育人才培养模式的特征

（一）以学习者为中心的职业教育办学主体

1.办学主体多元化

根据《中华人民共和国职业教育法》（2022）："企业可以利用资本、技术、知识、设施、设备、场地和管理等要素，举办或者联合举办职业学校、职业培训机构。""国家鼓励、指导、支持企业和其他社会力量依法举办职业学校、职业培训机构。""联合举办职业学校、职业培训机构的，举办者应当签订联合办学协议，约定各方权利义务。地方各级人民政府及行业主管部门支持社会力量依法参与联合办学，举办多种形式的职业学校、职业培训机构。"政府、企业、行业、社会力量、学校共同成为我国职业教育的办学主体，具有不同社会属性的知识、技术、资本等生产资料共同参与职业教育办学，整体上实现了办学主体多元化。以学习者为中心的职业教育人才培养模式在职业教育办学主体多元化的环境下，更加突出强调发挥学校和企业的作用，形成以校企"双主体"为主的办学模式。

2.多元主体优势互补

从主体的优势分析，我国职业教育院校拥有较完整的育人体系，包含教育目的、课程体系、教学环境、教师队伍、学习资源、校园文化环境等，因而能为职业教育学习者提供系统性的教学，帮助学习者建立成体系的知识框架和技能系

统。我国企业、行业则拥有雄厚的资源实力和系统的生产技术模式，拥有先进的管理理念、管理方式、企业文化，以及具有丰富实践经验的技术操作人员。其他社会力量则拥有较为雄厚的财力资源和较完整的社会关系网络，能为职业教育的发展助力。多元主体之间通过联合培养、相互协作，形成优势互补的局面，是以学习者为中心的职业教育人才培养模式的必然要求。

（二）以学习者为中心的职业教育学习者

1. 学习者向劳动人口延伸

在"终身教育"理念的指导下，我们强调教育不仅要包括正式教育、非正式教育等各种类型的教育，更要持续人的一生，包含人的发展的各个阶段。目前，我国职业教育仍主要以学校教育为主，学习者主要指各级各类中等、高等职业教育院校的青少年适龄在校生。以学习者为中心的职业教育学习者所涉及的人口范围则更加广泛，它不仅包含适龄在校学生，还包括应往届毕业生、在职人员、无学历社会人士等，职业教育学习者的范围从职业教育的适龄人口向覆盖整个劳动适龄人口转变，学习者的年龄将从16岁延伸到60岁。

2. 处于建构意义学习的中心

传统"填鸭式"的被动学习方式使得学习者在发展认知策略、进行自我决策、自我调整、自我监督等方面存在着一定的障碍，因此，学习者在学习时容易出现厌恶的情绪。在以学习者为中心的教育活动中，学习者处于中心地位，建构自我学习的意义。学习者开展学习的动力来源于个体需求，在建构有意义知识的过程中，成功的学习者能够从自身的兴趣和特长出发，开发符合自身实际情况的认知需求，并善于发展不同的认知策略，善于将问题、情境与知识相结合，将新知识与旧知识进行重组、融合，来构建自己的知识体系，而在这一系列活动的过程中，学习者始终处于中心地位。

（三）以学习者为中心的职业教育教师角色

1. 学习动机的启发者

根据动机理论，动机是指以一定方式引起并维持人的行为的内部唤醒状态，主要表现为追求某种目标的主观愿望或意向，是人们为追求某种预期目的的自觉意识。动机是由需要产生的，当需要达到一定的强度，并且存在着满足需要的对象时，需要才能够转化为动机。可见，动机来源于主体内部需要。对于学习者来说，开展学习的动机就来源于学习者自身发展的需要，但对于大多数学习者来说，由于他们年龄较小、资历尚浅、经验不足，激发他们的学习动机则需要借助外部力量。在以学习者为中心的教育活动中，教师扮演着学习者学习动机启发者的角色。"以学习者为中心"要求教师不能把学习者看成简单的认识个体，而是要在充分了解每个学习者的心理特征、个性品质、认知水平、学习能力的基础上，帮助学习者激发内部学习动机，促进学习者实现自我发展目标。

2.学习活动的促进者

在以学习者为中心的职业教育人才培养模式的教学活动中，教师不再是权威，不能只是呈现知识，而应该在充分了解学习者的基础上，倾听学习者的愿望和意见，帮助学习者进行有意义的学习，即教师需要完成由传统的知识传递权威者到学习活动促进者的身份转变。在这种人才培养模式中，虽然教师不再处于教学活动的中心，但这并不意味着教师作用的减弱，教师仍然肩负着"立德树人"的重任。教师作为学习活动的促进者，其作用主要表现在：第一，促进学习者适应学习环境。部分学习者在进入新的环境时，难以在较短的时间内调整和适应过来，教师需要帮助学习者了解教学体系、学习资源、校园环境、设施设备等，帮助学习者更好地融入新环境。第二，指导学习者确定学习目标和制定学习计划。目标的确立是学习者开展学习活动的前提，有了正确的目标，学习者才有了前进的方向，在学习目标的指引下，教师还需要指导学习者在充分了解自身能力、需求的基础上，制定合理的学习计划，有条不紊地开展学习活动。第三，指导学习者选择正确的学习方式和手段。不同学习者对于知识的认知程度和接受能力不同，所适用的学习方法自然不同，例如有些学习者能够在自学中获得较好的学习效果，但有些学习者则在小组讨论、集体学习等形式中收获更多，因此教师需要引导学习者选择适合自身发展情况的学习方式，最大程度地挖掘自己的潜能。第四，指导学习者正确进行自我评价。以学习者为中心的教学模式虽然不再强调教师评价，但并不意味着教师在教学评价中不起作用，相反，这种人才培养模式对教师的评价指导能力提出了更高的要求，要求教师要具备正确指导学习者进行科学、合理的自我评价的能力，帮助学习者在自我评价中正确认识自己。

（四）以学习者为中心的职业教育教学管理

1.对教学过程的管理

教学过程是由教师的"教"和学生的"学"组成的双边活动，包含教师、学生、教学内容和教学手段等基本要素。对教学过程的管理，就是按照教学规律来决定教学工作的安排，通过科学、合理的方法手段来实现教学目标的活动过程。以学习者为中心的人才培养模式在教学过程中更加突出强调对学习者的管理，即更加强调学习者的"学"，主要表现为：在学习活动开始前，学习者已经明确了自己的学习目标；学习者可以根据自身实际情况安排适合自己的学习进度；学习者可以自由地选择自己的学习方式；在职业教育中，对学习者的考核以其对操作技术的掌握为主；学习者对自己的学习活动承担主要责任。

2.对学习效果评价的管理

合理开展对学习者学习效果的评价，有利于发挥评价的反馈、指导、改进功能，促进学习者综合能力的提升。以学习者为中心的人才培养模式对职业教育学习者的学习效果评价管理提出了新要求：第一，在确立学习效果评价目标和标准时，应指向促进职业教育学习者的自我实现；第二，要为学习者提供开展自我评价的环境和氛围，交给学习者正确进行自我评价的原理和方法；第三，学习者在进行自我评价之前，已经明确相应的评价内容和考核标准；第四，允许对学习者单个操作技能的学习效果进行评价，评价结果对终结性评价产生影响。

四、以学习者为中心的职业教育人才培养模式的实施策略

（一）以"大职教观"引领职业教育人才培养模式改革

职业教育人才培养模式的改革需要科学、合理的教育观为指导。以学习者为中心的人才培养模式要求转变教育观念，摆脱狭隘的传统职业教育观，以融合科学性、开放性、系统性为一体的"大职教观"来引领职业教育人才培养模式改革。黄炎培先生主张的"大职业教育"就强调把教育对象扩展到全体社会成员，横向是使教育渗透社会各个方面，纵向是使教育贯穿人的一生。从个体发展层面来看，职业教育需要以终身教育理念为指引，从"大"处着眼，向"全"面发展，突出强调学习者能力本位，关注个人兴趣特长、职业发展愿景，承认差异，注重对学习者实施个性化教育，促进学习者的个性全面发展，并且，依托社会各项资源搭建终身学习平台，满足职业教育学习者在毕业离校后的素质提升需求，帮助其更新知识技能，成为与时俱进的高级技能应用型人才。

（二）建设以学习者为中心的职业教育人才培养制度环境

职业教育人才培养模式的改革离不开制度环境的支持，这需要政府在一定程度上加以干预。政府可以从两个层面在构建以学习者为中心的职业教育人才培养模式中发挥宏观调控作用，具体表现为：在法律方面，加强对职业教育相关法律的修订与完善，对职业教育学习者和教育者的权利和义务做出明确、具体的规定，使两者明确各自的责任，从而达到以法律的方式巩固学习者主体地位的目

的；在制度设计方面，从"出""入"两个环节入手，在人才"输入"环节，调整院校招生考试制度，扩大职业教育学习者辐射范围，为毕业生和在职人员开展进一步学习提供准入机制，满足职业教育学习者技能提升需求，在人才"输出"环节，通过企业、行业与学校的人才培养衔接，加强学生实训的制度设计，使学习者能够根据自身发展需要有针对性地提升相应技能，为学习者提供良好的自主择业和创业环境，并积极促进实现职业资格认证与文凭互认，提高职业教育"含金量"；在资源配置方面，充分整合国家、地区、院校的职业教育资源，包括职业教育学校教材资源、设施设备资源、教师队伍资源等，搭建职业教育公共资源平台，加强开放性职业教育实训基地建设，形成职业教育院校内部和外部的资源互通，为所有职业教育学习者创设开放、充足的资源环境。

（三）构建兼顾市场人才和学习者需求的协调匹配机制

学校人才培养脱离社会市场需要是我国教育存在的通病，在职业教育领域，近年来通过校企合作、产教融合、工读结合等形式开展教学活动，使得这一问题得到了一定程度的缓解，但这些人才培养模式更多的关注点还在于市场需求，对于学习者需求的关注度仍然不够。以学习者为中心的人才培养模式强调关注每名学习者的经验能力、个性需求、职业动机，把学习者当作一个个独立的个体，而不是整个群体来看待，有针对性地开展教学实训活动，促进学习者能力的自我建构，提升职业教育学习者的综合竞争力。同时，对市场发展态势进行合理分析，归纳整理市场对于人才需求的结构和质量标准，再利用大数据和信息技术将其与职业教育学习者的就业期望进行匹配，搭建兼顾市场人才需求和学习者就业需求相互协调匹配的长效机制。为此，在进行以学习者为中心的职业教育人才培养模式改革中，需要体现劳动力市场对于人才需求的变化趋势。一方面，要加强职业教育院校与劳动力市场的联系，通过多方信息交流与互换，建立学校与市场间的沟通互动机制；另一方面，职业教育院校要紧跟时代发展，不断增强自身软、硬实力，通过深入调查分析产业结构和经济环境变化，帮助职业教育学习者明确自身发展需求和职业规划，增强学习者自主择业的能力。

（四）明确企业在职业教育中的办学主体地位

对办学主体进行分析，以学习者为中心的职业教育人才培养模式强调在办学主体多元化的基础上，突出发挥学校和企业的作用，形成以校企"双主体"为主的办学模式。在我国目前的法律环境下，虽然在相关教育法中提及了政府、企业、社会团体等多方力量参与职业教育办学，但在实际的教育实践中，建立校企合作长效机制仍然存在问题，企业尚未在职业教育中找准自身的定位。因此，要想构建以学习者为中心的职业教育人才培养模式，还需要进一步明确企业在职业教育中的办学主体地位。这就要求相关法律要进一步明确企业在职业教育培养目标制定、课程体系构建、教学模式开发、顶岗实训作业、学生考核评价、人才需求分析、学生就业创业等方面的作用，明确企业在参与职业教育办学后所应享有的减税、补贴等优惠政策，以法律的方式确立企业参与职业教育办学的权力和责任，明确企业的办学主体地位，解决企业在职业教育中地位模糊的问题，从而提升企业参与职业教育办学的积极性。

（五）贯彻"以学习者为中心"教育理论来指导教学活动

长期以来，虽然我国在职业教育人才培养模式改革实践中进行了大量的探索和创新，但职业教育人才培养质量问题仍未得到彻底的解决，究其根本原因，在于以教师为教育教学活动中心的传统理念仍没有得到彻底改变。因此，回归人本主义教育理念，贯彻"以学习者为中心"教育理论来指导教学活动，是进行职业教育人才培养模式改革的关键。具体可以从以下四个方面入手：一是树立培养"完整的人"的教学目标，注重对学习者情感与认知相互统一发展的培育设计，积极为学习者创设融洽和谐的人际交往环境，尊重每个学习者的个性特点和发展潜能；二是为学习者创建开展有意义学习的环境，帮助学习者将个人兴趣、特长融入学习活动，促进学习者知识的重组和认知的发展；三是提升教师对"以学习者为中心"教育理念的理解和感悟，提高职业教育教师将"以学生为中心"教育理论运用于教学实践的意识和能力；四是建立以学习者"自我评价"为主的教学评价方式，以满足学习者"自我实现"的需要为导向，根据学习者对自身掌握知识、技能的满意程度来衡量学习效果，并将评价结果反馈于之后的学习活动中。

（六）加强以学习者为中心的人才培养教师队伍建设

人才培养始终离不开教师的引领作用，以学习者为中心的人才培养模式对职业教育教师的能力提出了更高的要求，因此进行以学习者为中心的职业教育人才培养模式改革，就需要加强对人才培养教师队伍的建设。一方面，从教师个人层面出发，以学习者为中心的人才培养模式要求职业教育教师，首先，要是一名合格的教育者，不仅要具备成为一名教育者的道德情操和情感素质，还要具备开展理论教学的素养，能灵活驾驭课堂，具备开展实训教学的技能，拥有宽厚的职业实践教学能力，能弹性地处理教学过程中出现的各种意外情况；其次，以学习者为中心的人才培养教师队伍建设还要求教师要转变教育观念，摒弃以自我为中心的教育理念，转而关注学习者个性发展需求，引导学习者学会自主学习，树立"自我实现"意识；最后，以学习者为中心的教育理念还要求职业教育教师要具备与学生进行情感交流的能力，能够在教育教学过程中加入情感因素，深入地体会学习者的情感变化，倾听学习者需求，帮助职业教育学习者增强学习自信心。

另一方面，从教师群体层面出发，政府和职业院校应注重加强以学习者为中心的人才培养专业教师队伍建设，一是加强职业教育师范人才培养，依托专业师范院校或其他高水平大学的教育学部，在人本主义理论指导下，努力构建以学习者为中心的师范教育课程体系，从源头提升职业教育教师质量，培育专业人才师资队伍；二是加强职业教育教师岗前培训，促进职业教师从观念、知识、技能、情感等方面获得全面提升；三是对职业教育在职教师实施在职培训，例如通过定期开展集体学习教育理论、邀请专家对在校教师进行培训、组织教师学习新兴技术等形式，帮助职业教育教师将具体教学实践与教育理论进行更深度的融合，紧跟时代发展变化对人的素质提出的要求，不断更新观念和知识技能，更好地适应社会的育人要求。

总而言之，人才培养模式改革是一个需要政府、学校、企业等多方共同努力、长期实践的过程。完整的人才培养模式需要有系统、科学的教育理论作为前提基础，有先进的教学体系作为核心部分，有充足的教育资源作为物质支撑，有完备的法律体系作为保障。现代职业教育应更加注重对学生通识能力和专业能力的培养。构建以学习者为中心的职业教育人才培养模式，需要多方共同发力，政府应该从宏观层面加以设计，整合学校、企业、行业、社会团体等多方的优势力量，统筹规划职业教育发展路径，优化职业教育办学定位，使职业教育人才培养紧跟时代发展对人才提出的新要求，全面提高我国职业教育人才培养质量。职业教育院校本身应该积极调整专业结构、课程设置、教学模式，积极探索与企业、行业合作育人的新形式，聚焦学习者需求和劳动力市场需求，合理整合人文本位和能力本位，帮助学习者提高对自我的认知，明晰对自身发展的定位。职业教育学习者本身应该不断增强"学习主体"意识，明确个人发展愿景，积极向职业教育教师寻求帮助和合作，主动承认和承担学习责任。

参考文献

[1] 周明星. 高职教育人才培养模式新论——素质本位理念[M]. 天津：天津教育出版社，2005.

[2] 王启龙，徐涵. 职业教育人才培养模式的内涵及构成要素[J]. 江苏技术师范学院学报（职教通讯），2008（6）：21-24.

[3] 徐涵. 三种职业教育人才培养模式的基本特征与评价[J]. 江苏技术师范学院学报（职教通讯），2008（6）：25-28.

[4] 潘祥超. 李大钊与马克思主义中国化研究[D]. 西安：陕西师范大学，2011.

[5] 彭湃. 海丰农民运动[M]. 北京：作家出版社，1960.

[6] 张鹏飞. 延安时期的职业教育研究[D]. 西安：西北农林科技大学，2011.

[7] 王哲. 抗日战争时期职业教育发展综述[J]. 吉林工程技术师范学院学报，2018，34（2）：49-52.

[8] 王文晓，梁玉玮. 西柏坡时期党的职业教育实践摭谈[J]. 职教论坛，2010（13）：90-92.

[9] 林润燕. 中国共产党技术教育思想研究[D]. 广州：华南理工大学，2017.

[10] 张维强. 解放区职业教育发展概论[A]. 纪念《教育史研究》创刊二十周年论文集（11）——中国革命根据地教育史研究，2009（6）：7-12.

[11] 王定华，王名扬. 中国共产党领导高等教育百年的发展脉络、历史经验与未来走向[J]. 中国高教研究，2021（6）：1-8.

[12] 高奇. 中国职业教育四十年[J]. 教育与职业，1989（9）：6-9.

[13] 周明星，刘晓，王良，等. 中国四代领导人职业教育思想初探[J]. 职教论坛，2008（13）：59-64.

[14] 高明，林小琦，吉小岑. 改革开放以来中国共产党领导职业教育现代化的历程、经验与展望[J]. 当代职业教育，2022（3）：54-61.

[15] 教育要面向现代化，面向世界，面向未来[EB/OL]. http：//cpc.people.com.

cn/n1/2017/0208/c69113-29066863.html，2017-02-08.

[16] 中共中央关于经济体制改革的决定[EB/OL]. http：//www.gov.cn/test/2008-06/26/content_1028140_2.htm，2008-06-26.

[17] 中国教育改革和发展纲要[EB/OL]. https：//www.edu.cn/zhong_guo_jiao_yu/zheng_ce_gs_gui/zheng_ce_wen_jian/zong_he/201007/t20100719_497964_1.shtml，2010-07-19.

[18] 王扬南. 中国共产党指引职业教育发展的百年探索[J]. 中国职业技术教育，2021（12）：12-20.

[19] 面向21世纪教育振兴行动计划[EB/OL]. https：//www.gmw.cn/01gmrb/1999-02/25/GB/17978%5EGM3-2505.HTM，1998-12-24.

[20] 第四次全国职业教育工作会议[EB/OL]. http：//www.zjchina.org/mms/shtml/216/news/1459.shtml，2002-07-28.

[21] 全国职业教育工作会议召开[EB/OL]. http：//news.sina.com.cn/o/2004-06-20/06412854212s.shtml，2004-06-20.

[22] 国务院关于大力发展职业教育的决定[EB/OL]. http：//www.gov.cn/zwgk/2005-11/09/content_94296.htm，2005-11-09.

[23] 全国职业教育工作会议召开　温家宝发表重要讲话[EB/OL]. http：//www.gov.cn/ldhd/2005-11/07/content_93124.htm，2005-11-07.

[24] 胡锦涛在党的十七大上的报告[EB/OL]. http：//news.sina.com.cn/c/2007-10-24/205814157378.shtml，2007-10-24.

[25] 国家中长期教育改革和发展规划纲要（2010—2020年）[EB/OL]. http：//www.moe.gov.cn/srcsite/A01/s7048/201007/t20100729_171904.html，2010-07-29.

[26] 职业教育年招生1100万[EB/OL]. http：//news.youth.cn/wztt/201207/t20120705_2252863.htm，2012-07-05.

[27] 学者观察：党的十八大以来治国理政十个理论创新[EB/OL]. http：//theory.people.com.cn，2016-02-23.

[28] 习近平总书记在参加十二届全国人大三次会议广西代表团审议时的讲话[N]. 人民日报，2015-03-09（1）.

[29] 辛向阳. 准确把握党中央治国理政新理念新思想新战略的科学内涵和基本要义[N]. 光明日报，2016-06-03（3）.

[30] 郭文革. 教育的"技术"发展史[J]. 北京大学教育评论，2011，9（3）：

137–157+192.

[31] 李玉静.中国梦与职业教育发展[J].职业技术教育，2013（16）：1.

[32] 中共中央宣传部.习近平总书记系统重要讲话读本[M].北京：人民出版社，2016.

[33] 李新生.卓越产业人才：高等职业教育人才培养目标的新视角[J].职业技术教育，2016（19）：14–18.

[34] 李玉静，刘海.十八大以来中国特色现代职业教育理念发展报告[J].职业技术教育，2017，38（24）：21–28.

[35] 王鹤，于志晶，刘娇.十八大以来中国特色现代职业教育发展道路探索报告[J].职业技术教育，2017（24）：11–20.

[36] 欧阳开宇.全国职业教育工作会议召开　习近平作指示李克强接见代表[EB/OL].http：//www.chinanews.com/gn/2014/06–23/6311537.shtml，2014–06–23.

[37] 陈诗慧，张连绪."中国制造2025"视域下职业教育转型与升级[J].现代教育管理，2017（7）：107–113.

[38] 孙锦涛.教育政策学[M].北京：中国人民大学出版社，2010.

[39] 中国职业技术教育学会课题组."十二五"以来我国职业教育重大政策举措评估报告[J].职业技术教育，2017（12）：10–32.

[40] 付卫东，林婕."中国制造2025"战略下职业教育的应对之策[J].职业技术教育，2016（243）：62–66.

[41] 孟凡华，郭丹.十八大以来中国特色现代职业教育政策推动报告[J].职业技术教育，2017（24）：29–36.

[42] 党的十八大以来我国职业教育政策分析[EB/OL].https：//www.sohu.com/a/425748919_497872，2020–10–19.

[43] 人人出彩　技能强国——党的十八大以来我国职教改革发展成就综述[EB/OL].http：//www.moe.gov.cn/jyb_xwfb/s5147/202104/t20210412_525824.Html，2021–04–12.

[44] 职业教育发生格局性变化——党的十八大以来我国职业教育改革发展纪实[EB/OL].http：//www.moe.gov.cn/jyb_xwfb/xw_zt/moe_357/ jjyzt_2022/2022_zt09/03zyjy/202205/t20220527_631280.html，2022–05–27.

[45] 王哲，董衍美.十八大以来中国特色现代职业教育人才培养质量工作报告[J].职业技术教育，2017（24）：53–59.

[46] 陈子季. 推动新时代职业教育大改革大发展[J]. 国家行政学院学报，2019（5）：3-5.

[47] 总书记同我们共话中国梦——习近平同全国劳动模范代表座谈侧记[N]. 光明日报，2013-05-01（1）.

[48] 林亮.制造业振兴从重视技工做起[N]. 经济日报，2017-03-17（9）.

[49] 习近平给"国培计划（2014）"北京师范大学贵州研修班参训教师回信[EB/OL]. http：//www.xinhuanet.com//politics/2015-09/09/c_1116512833.htm，2015-09-09.

[50] 习近平在庆祝"五一"国际劳动节暨表彰全国劳动模范和先进工作者大会上的讲话（2015年4月28日）[N]. 人民日报，2015-04-29（1）.

[51] 张剑，吴丽华. 略论习近平新时代职业教育理念[J]. 国家教育行政学院学报，2018（7）：34-39.

[52] 习近平就加快职业教育发展作出重要指示[N]. 人民日报，2014-06-24（1）.

[53] 习总书记谈职业教育：人人皆可成才、人人尽展其才[EB/OL]. http：//www.moe.gov.cn/jyb_xwfb/xw_zt/moe_357/jyzt_2017nztzl/2017_zt11/17zt11_xjpjysx/201710/t20171016_316450.html，2017-10-16.

[54] 看清形势适应趋势发挥优势善于运用辩证思维谋划发展[N]. 人民日报，2015-06-19（1）.

[55] 把思想政治工作贯穿教育教学全过程开创我国高等教育事业发展新局面[N]. 人民日报，2016-12-09（1）.

[56] 习近平. 决胜全面建成小康社会夺取新时代中国特色社会主义伟大胜利——在中国共产党第十九次全国代表大会上的报告[N]. 人民日报，2017-10-28（1）.

[57] 孙翠香. 新时代职业教育高质量发展的内涵、特征与推进策略[J]. 教育与职业，2022（3）：5-12.

[58] 王扬南. 建立国家资历框架助力职教发展[N]. 中国教育报，2019-03-20（4）.

[59] 教育部等九部门关于印发《职业教育提质培优行动计划（2020—2023年）》的通知[EB/OL]. http：//www.moe.gov.cn/srcsite/A07/zcs_zhg g/202009/t20200929_492299.html，2020-09-16.

[60] 肖鹏.技术经济学[M].北京：对外经济贸易大学出版社，2013.

[61] Acemoglu D，Restrepo P. Automation and New Tasks： How Technology Displaces and Reinstates Labor [J]. Journal of Economic Perspectives，2019，33（2）：3–30.

[62] 世界银行.2019年世界发展报告：工作性质的变革[R].华盛顿特区：世界银行，2019.

[63] 黄荣怀，高媛.2018中国职业教育技术展望：地平线项目报告[R].北京：北京师范大学智慧学习研究院，2018.

[64] 石伟平，林玥茹.新技术时代职业教育人才培养模式变革[J].中国电化教育，2021（1）：34–40.

[65] 姜志坚，赵兴民，卢德生.人工智能背景下职业教育发展的策略[J].中国职业技术教育，2017（30）：54–59.

[66] 徐国庆.智能化时代职业教育人才培养模式的根本转型[J].教育研究，2016（3）：72–78.

[67] 党的二十大报告[EB/OL].https：//gongyi.sohu.com/a/ 595415004_501883，2022–10–16.

[68] 雷亚美.人工智能时代下职业教育发展的机遇与挑战[J].职教通讯，2018（12）：43–48.

[69] 规划司.《中国制造2025》解读之一：中国制造2025，我国制造强国建设的宏伟蓝图[EB/OL]. http：//news.fjsen.com/2015–05/19/content_16107655.htm，2015–05–19.

[70] 曾小兰.基于"中国制造 2025"的职业教育人才培养模式变革[J].教育与职业，2017（12）：18–23.

[71] 国家统计局.2011—2015年我国制造业中高职院校毕业生数[EB/OL]. http：//data.stats.gov.cn/easyquery.htm?cn=C01，2016，2017–03–15.

[72] "中国工匠"从哪里来？[EB/OL]. http：//edu.people.com.cn/n1/c1053–29146591.html，2017–03–15.

[73] 中国制造2025来了？教育体系应如何培养制造业人才？[EB/OL]. http：//world.people.com.cn/n1/2017/0227/c1002–29110124.html，2017–02–27.

[74] 制造业人才变形记工人变工匠，"蓝领"变"灰领"[EB/OL]. http：//news.xinhuanet.com/video/sjxw/2017–03/27/c_129519461.htm，2017–03–27.

[75] 陈鹏，薛寒. "中国制造2025"与职业教育人才培养的新使命[J]. 南京大学学报（社会科学版），2018（1）：77-83+190.

[76] 中国职业技术教育学会. 职业教育若干专题研究报告汇编[M]. 北京：高等教育出版社，2018.

[77] 刘福军，成文章. 高等职业教育人才培养模式[M]. 北京：科学出版社，2007.

[78] 蔡媛莉. 职业教育工学结合、半工半读培养模式的研究[D]. 天津：天津大学，2007.

[79] 徐国庆. 中等职业教育的基础性转向：类型教育的视角[J]. 教育研究，2021，42（4）：118-127.

[80] 新华社. 中华人民共和国职业教育法[EB/OL]. http：//www. gov. cn/xinwen/2022-04/21/content_5686375.htm，2022-04-21.

[81] 徐涵. 工学结合概念内涵及其历史发展[J]. 职业技术教育，2008，29（7）：5-8.

[82] 李志强，匡维. "校企合作、工学结合"人才培养模式的内涵与特征[J]. 职业教育研究，2011（3）：8-10.

[83] 王隽. 高职院校工学结合人才培养模式探讨[J]. 沙洲职业工学院学报，2018，21（3）：25-28.

[84] 黄尧. 职业教育学——原理与应用[M]. 北京：高等教育出版社，2009.

[85] 成军. 高职教育工学结合人才培养模式的价值判断、困境及对策[J]. 中国高教研究，2012（2）：89-92.

[86] 张军. 高职院校"工学结合"人才培养模式研究[D]. 咸阳：西北农林科技大学，2008.

[87] 朱晓红. "订单式"人才培养模式的实施与改进[J]. 商丘职业技术学院学报，2006（4）：108-109.

[88] 陈解放. 合作教育的理论及其在中国的实践[D]. 上海：华东师范大学，2002.

[89] 魏慧敏，闫志利. 订单式人才培养模式的主要类型及推进措施[J]. 职业技术教育，2011，32（20）：5-9.

[90] 陈瑚. 高等职业教育人才培养模式创新研究[D]. 武汉：中国地质大学，2008.

[91] 刘梅梅，陈云奔.杜威教育思想的社会价值取向[J].教育评论，2013（1）：159-161.

[92] 刘晓波."教学做合一理论"的后现代思考与实践[J].吉林教育学院学报，2012（10）：16-19.

[93] 关晶.西方学徒制研究[D].上海：华东师范大学，2010.

[94] 关于加快发展现代职业教育的决定（国发[2014]19号）[EB/OL].http：//www.moe.gov.cn/jyb_xxgk/moe_1777/moe_1778/201406/t20140622 _170691.html，2014-05-02.

[95] 关晶，石伟平.现代学徒制之"现代性"辨析[J].教育研究，2014，35（10）：97-102.

[96] 徐国庆.从分等到分类——职业教育改革发展之路[M].上海：华东师范大学出版社，2018.

[97] Akoojee，P. Gonon，U. Hauschildt，C. Hofmann. Apprenticeship in a globalized world： premises，promises and pitfalls. Coorganisers and cooperation partners of the INAP conference 2013（17）.

[98] Zhiqun Zhao，Felix Raunner，Ursel Hauschildt. Assuring the acquisition of experience： apprenticeship in the modern economy. Beijing： Foreign Language Teaching and Research Press，2011：23.

[99] 潘建峰.基于现代学徒制的高端制造业人才培养研究与实践[J].中国职业技术教育，2016（5）：46-49.

[100] 徐国庆.如何发展现代学徒制[J].职教论坛，2015（36）：1.

[101] 人力资源社会保障部办公厅、财政部办公厅关于开展企业新型学徒制试点工作的通知[EB/OL].http：//www.mohrss.govcn/gkml/xxgk_qt/2015 08/t20150803_216720.html，2015-08-05.

[102] 张璇.建强人才队伍 激发创新活力[N].中国组织人事报，2022-01-19（4）.

[103] 徐细雄.企业新型学徒制赋能制造业高质量发展[J].人民论坛，2022（21）：87-89.

[104] 许远.企业新型学徒制技能人才培养模式的中国实践[J].职教论坛，2022，38（9）：110-120.

[105] 关于全面推行中国特色企业新型学徒制 加强技能人才培养的指导意见

[EB/OL]. http：//www.mohrss.gov.cn/SYrlzyhshbzb/rdzt/zyjntsxd/zyjntsxd_zxbd/202106/t20210624_417019.html，2021–06–24.

[106] 关于开展企业新型学徒制试点工作的通知[EB/OL]. http：//www.mohrss.gov.cn/xxgk2020/fdzdgknr/qt/201508/t20150803_216720.html，2015–07–14.

[107] 张晶晶，崔发周. 我国两种学徒制改革模式的融合途径[J]. 职教论坛，2020，36（5）：29–35.

[108] 莱夫，温格.情境学习：合法的边缘性参与[M]. 上海：华东师范大学出版社，2004.

[109] 龚添妙，杨虹. 企业新型学徒制的内涵特征、发展瓶颈及推进策略[J]. 教育与职业，2020（22）：34–39.

[110] 沈阳职业技术学院.沈职等你|2021招生宣传季巡礼之九：软件学院[EB/OL]. https：//mp.weixin.qq.com/s/sAHTReVe8EZf9urZLBvLAQ，2021–06–22.

[111] 吕善广. 山东商业职业技术学院股份制办学[J]. 职业技术教育，2008，29（6）：50–51.

[112] 周昊天.“工学结合”理念下人才培养模式的探索与实践——以重庆工商职业学院国际商务专业为例[J]. 北方经贸，2020（8）：158–160.

[113] 金融界. 校企合作典范！双汇与漯河一高校合作成立“双汇学院”[EB/OL]. https：//baijiahao.baidu.com/s?id=1623327526042764642&wfr=spider&f or=pc，2019–01–22.

[114] 李小强，李晨阳. 高职电子信息类专业“五级渐进式”订单培养模式的探索与实践——以河南职业技术学院为例[J]. 职业技术教育，2021，42（8）：39–42.

[115] 王核心，史琳芸，张静.“双高计划”引领下职业院校“订单式”人才培养模式创新与实践——以宝鸡职业技术学院为例[J]. 装备制造技术，2022，No.330（6）：190–192+205.

[116] 武汉警官职业学院.武汉警官职业学院信息工程系：以就业为导向，以能力为本位 [EB/OL]. https：//mp.weixin.qq.com/s/ojBY9kiPSqmSFddeJ5_ycQ，2022–08–05.

[117] 贵州工商职业学院. 贵州工商职业学院以就业为导向彰显现代职业教育使命担当[EB/OL]. https：//mp.weixin.qq.com/s/cAzbs42lGIRIYOo0MyWVsQ，2023–04–14.

[118] 石伟平.职业教育办学模式改革研究[M].北京：经济科学出版社，2021.

[119] 齐鲁网·闪电新闻.已培养3.98万人！山东全面推行企业新型学徒制为经济高质量发展提供技能人才支撑[EB/OL].https：//sdxw.iqilu.com/w/article/YS0yMS03OTgyMTk3.html，2021–07–16.

[120] 徐国庆.智能化时代职业教育人才培养模式的根本转型[J].教育研究，2016，37（3）：72–78.

[121] 李红琼.德国"双元制"职教模式研究[D].成都：四川师范大学，2009.

[122] 王伟进，唐丽霞.德国双元制职业教育的经验与启示[N].中国经济时报，2021–5–31（3）.

[123] 罗毅.德国更新实施17个职业培训大纲[J].世界教育信息，2015（23）：75.

[124] 蔡跃，祝孟琪，张建荣.德国"双元制大学"模式发展现状及趋势研究[J].高等工程教育研究，2019（6）：180–185+200.

[125] Bubdesinstitut fur Berfsbildung：Emplehlung des Hauptausschusses des Bundesinstituts fur Berufs–bildung.Positionspapier der BIIB–Hauptausschuss AG zum dualen Studium.Beschlus des BIIB–Hauptausschusses vom 21.Juni 2017 in Bonn.

[126] 杨冠琼.中世纪晚期至近代英国传统学徒制的演变[D].天津：天津师范大学，2017.

[127] 沈雕.英国"普职融合"的资格证书框架体系研究[D].重庆：西南大学，2017.

[128] David，Hodgson. UK Training Policy and the Role of TECs [J]. International Journal of Manpower，1993，14（8）：3–16.

[129] 陈志铅.英国现代学徒制发展研究（20世纪60年代以来）[D].福州：福建师范大学，2020.

[130] 王玉苗.理查德学徒制评论与英国未来的学徒制改革[J].职业技术教育，2014，35（13）：82–87.

[131] 吴凡.英国层级化现代学徒制人才培养及其对我国的启示[J].教育与职业，2019（12）：79–85.

[132] 董甜园，王正育.强化雇主作用：英国现代学徒制下的"开拓者"项目与影响[J].职教论坛，2016（10）：81–85.

[133] Department for Education. Skills for jobs： lifelong learning for opportunities

and growth[Z]. https：//www.gov.uk/government/publications/skills–for–jobs–lifelong–learning–for–opportunityand–grovvth，2021–01–21.

[134] 苑大勇. 英国现代学徒制改革趋势研究：基于开拓者项目的分析[J]. 北京财贸职业学院学报，2014（3）：8–12.

[135] 王辉，张永林，王玉苗. 英国精英大学参与现代学徒制现象分析——以罗素集团大学为例[J]. 比较教育研究，2017（7）：63–70.

[136] 李丽坤. 英国现代学徒制的演进历程、发展趋势及经验启示[J]. 高等职业教育探索，2022，21（1）：41–46.

[137] The Skills Commission. Progression through Apprenticeships： The Final Report of the Skills Commission's Inquiry into Apprenticeships [R]. London： The Skills Com–mission，2009：16.

[138] 张天添. 英国现代学徒制产生的动因、运行机制及发展态势[J]. 河北大学成人教育学院学报，2021（2）：67–73.

[139] Alan Barcan. A History of Australian Education[M]. Wellington： Oxford University Press.1980.

[140] 国家教育委员会发展与政策研究中心. 当代国际高等教育改革的趋向[M]. 北京：高等教育出版社，1988.

[141] Gillian Goozee. The Development of TAFE in Australia，SA： National Centre for Vocational Education Research[M]. Ltd 3rd edition，2001.

[142] 劳动保障部培就司赴澳考察团. 澳大利亚的新学徒制[J]. 中国培训，2003（5）：48–49.

[143] 任梦，蔡晓棠，槐福乐. 澳大利亚TAFE发展历程、特点及启示[J]. 职教通讯，2021（1）：122–127.

[144] 宋保兰. 澳大利亚TAFE职业教育对我国的启示[J]. 教育与职业，2018（12）：110–112.

[145] EELLS W C.Present status of junior college terminal education[M]. Menasha，WI： George Banta Publishing Copany，1941.

[146] COHEN A M，BRAWER F B. The American community college[M]. 5th ed.Sanfrancisco，CA： Jossey–Bass，2008.

[147] Empowering Community Colleges to build the Nation's Future： An Implementation Guide[R]. AACC，2014.

[148] Stackable Credentials Tool Kit.[R]. Center For Occupational Research and Development in partnership with Social Policy Research Associates，Community College Career& Technical Education（CET）Stackable Certificates Initiative，U.S. Department of Education，2018.

[149] H.B.皮利片科，陈一筠译.关于社会决定论问题[J]. 哲学译丛，1985（4）：65–69.

[150] 杨成明，张棉好. 职业教育发展的社会决定论[J]. 教育与职业，2014（29）：8–10.

[151] 韩庆祥，庞井君. 马克思的人学理论——对马克思的思想体系的一种新解释[J]. 中共中央党校学报，1997（1）：35–44.

[152] 吴同喜. 马克思主义人学视域下我国高职教育人才培养模式构建[D]. 长春：东北师范大学，2018.

[153] 霍华德·加德纳. 多元智能理论[M]. 沈致隆，译. 北京：新华出版社，1999.

[154] 夏光祥. 多元智能理论视域下职业教育改革的五重逻辑[J]. 广州职业教育论坛，2016，15（2）：22–25+64.

[155] 文萍，覃壮才. 心理学[M]. 桂林：广西师范大学出版社，2010.

[156] 黄碧玲. 罗杰斯"学生为中心"的教学理论及其对成人教学的启示[J]. 成人教育，2007（10）：53–55.

[157] 王伟廉. 人才培养模式：教育质量的首要问题[J]. 中国高等教育，2009（8）：24–26.

[158] 更好支持和帮助职业教育发展　为实现"两个一百年"奋斗目标提供人才保障[N]. 人民日报，2014–06–24（1）.

[159] 习近平对职业教育工作作出重要指示强调：加快构建现代职业教育体系培养更多高素质技术技能人才能工巧匠大国工匠[N]. 人民日报，2021–04–14（1）.

[160] 习近平谈治国理政（第三卷）[M]. 北京：外文出版社，2020.

[161] 习近平在庆祝"五一"国际劳动节大会上的讲话[EB/OL]. http：//www.xinhuanet.com/politics/2015–04–28/c_1115120734.htm，2015–04–28.

[162] 习近平回信中国劳动关系学院劳模本科班学员[N]. 人民日报，2018–05–01（1）.

[163] 靳诺. 立德树人：高等教育的根本任务和时代使命[J]. 中国高等教育，

2017（9）：8–12.

[164] 宋凌云，王嘉毅. 教育改革发展的新理念新思想新要求[J]. 教育研究，2017（2）：4–11.

[165] 刘亚敏. 我国专业学位研究生培养模式改革的价值取向[J]. 研究生教育研究，2016（4）：1–5.

[166] 中共中央关于制定国民经济和社会发展第十四个五年规划和二〇三五年远景目标的建议[EB/OL]. http：//www.gov.cn/zhengce/2020–11/03/content_5556991.htm，2020–1–03.

[167] 佛朝晖. 中国特色学徒制：价值、内涵与路径选择[J]. 职业技术教育，2021，42（28）：6–11.

[168] 中共中央办公厅. 国务院办公厅印发《关于推动现代职业教育高质量发展的意见》[J]. 广东职业技术教育与研究，2021（5）：1–4.

[169] 张连城. 大力推进中国特色学徒制　助力职业教育高质量发展[J]. 北京经济管理职业学院学报，2022，37（3）：5–9.

[170] 中国政府网. 国务院关于印发国家职业教育改革实施方案的通知[EB/OL]. http：//www.gov.cn/zhengce/content/2019–02/13/content_5365341.htm，2019–02–13.

[171] 赵鹏飞，刘武军，罗涛，等. 推行中国特色学徒制四大关键问题的思考——基于新《职业教育法》的实施背景[J]. 中国职业技术教育，2022（19）：28–33.

[172] 高芳. 中国特色学徒制助力技能型社会建设的现实困境与实践理路[J]. 中国职业技术教育，2022（25）：18–23+56.

[173] 雷前虎，来文静. 中国特色学徒制传承的近代探源[J]. 职教论坛，2022，38（2）：23–30.

[174] 张晓敏，张成涛. 中国特色现代学徒制研究：反思与展望[J]. 南宁职业技术学院学报，2021，29（6）：33–39.

[175] 龚添妙，杨虹. 企业新型学徒制的内涵特征、发展瓶颈及推进策略[J]. 教育与职业，2020（22）：34–39.

[176] 常明. 全面推行企业新型学徒制坚持走具有中国特色的现代职业教育发展之路[J]. 中国培训，2019（1）：14.

[177] 宋启平. 企业新型学徒制试点中存在的问题与对策[J]. 教育与职业，2018（14）：25–31.

[178] 中国教育现代化2035[EB/OL]. http：//www.moe.gov.cn/jyb_xwfb/s6052/moe_838/201902/t20190223_370857.html，2019-02-23.

[179] 唐智彬，欧阳河，任陈伟."以学习者为中心"：论职业教育现代化人才培养模式变革[J]. 职教论坛，2017（34）：14-19.

[180] 中华人民共和国职业教育法[EB/OL]. http：//www.moe.gov.cn/jyb_sjzl/sjzl_zcfg/zcfg_jyfl/202204/t20220421_620064.html，2022-04-20.

[181]高明. 面向2030：构建以学习者为中心的职业教育人才培养模式[J]. 教育与职业，2018（4）：19-25.

[182] 萧浩辉，陆魁宏，唐凯麟.决策科学辞典[M].北京：人民出版社，1995.

[183] 苏辛. 大职教观[J]. 中国远程教育，2014（7）：1.

后 记

本书是国家社会科学基金"十三五"规划2020年度教育学一般课题"类型教育视野下我国高层次应用型人才培养模式变革研究"的阶段性研究成果。在写作过程中，从类型教育的视角，坚持用历史的思维总结过去、观照现实和眺望未来，坚持以开放的格局放眼世界、增强活力和聚集资源，力求在新时代、新阶段和新战略对职业教育提出新要求的基础上，探讨职业教育人才培养模式的本源性问题，分析职业教育人才培养模式的深层次问题，总结国内外职业教育人才培养模式改革的经验，建构我国职业教育人才培养模式的理论框架和实践探索。

本书由我提出研究框架、研究要点、撰写要求并负责统稿。全书研究框架及执笔人如下：

第一章：职业教育人才培养模式的理论概述（高明）；

第二章：我国职业教育人才培养模式的探索（柯婧秋、黄小容）；

第三章：国外职业教育人才培养的典型模式（齐红阳、丁洪宾）；

第四章：新时代我国职业教育人才培养模式的建构（高明）；

第五章：新时代职业教育人才培养模式改革的展望（高明、黄小容、丁洪宾）。

职业教育人才培养模式涉及职业教育体系内外部的诸多因素，涉及各级党委和政府部门、行业企业、协会学会、科研机构和职业院校等职业教育人才培养的相关主体，也涉及职业教育人才培养的定位、招生、方案、课程、教学、实训等多个环节，既要凸显与其他类型教育人才培养模式的区别和特色，也要体现作为一种类型教育内部不同层次职业教育人才培养模式的差异。为此，我们深感对于职业教育人才培养模式的研究仍任重而道远，还有继续深化和创新的空间。

在撰写过程中，我们参阅和引用了国内外诸多学者的研究成果，在此表示诚挚的谢意！若有标注遗漏之处，在此向原作者致以深深的歉意。受研究水平所限，书中的疏漏和不妥之处，恳请专家学者、职教同行和读者朋友不吝赐教。

高明

2023年5月